全国高职高专建筑类专业系列规划教材

建筑工程资料管理实务

主　编　吴建敏
编　者　张慧洁　刘　宏
　　　　吴小雷　何怡芝

北京邮电大学出版社
·北京·

内容简介

本书依据《建设工程文件归档整理规范》(GB/T 50328—2001)标准规定，主要介绍建筑工程资料的形成、整理、组卷和归档移交的整个管理过程。本书遵循“规定、简明、实用、能力”的指导思想，通过教学和实训，达到在建筑工程资料管理中“资料形成规范化、项目编排系统化、资料管理统一化、能力培养专业化”的目的。

图书在版编目(CIP)数据

建筑工程资料管理实务/吴建敏主编. --北京：北京邮电大学出版社，2010.7

ISBN 978-7-5635-2313-9

Ⅰ.①建… Ⅱ.①吴… Ⅲ.①建筑工程—技术档案—档案管理 Ⅳ.①G275.3

中国版本图书馆 CIP 数据核字(2010)第 132889 号

书　　名：建筑工程资料管理实务
主　　编：吴建敏
责任编辑：周虹霖
出版发行：北京邮电大学出版社
社　　址：北京市海淀区西土城路 10 号(邮编：100876)
发 行 部：电话：010-62282185　**传真**：010-62283578
E-mail：publish@bupt.edu.cn
经　　销：各地新华书店
印　　刷：北京源海印刷有限责任公司
开　　本：787 mm×1 092 mm　1/16
印　　张：16.75
字　　数：412 千字
印　　数：1—3 000 册
版　　次：2010 年 7 月第 1 版　2010 年 7 月第 1 次印刷

ISBN 978-7-5635-2313-9　　定　价：30.00

· 如有印装质量问题，请与北京邮电大学出版社发行部联系 ·

前　言

建筑工程资料是建设项目全过程所形成的全部文件和记录，它记载了建设项目从项目论证开始，经过项目准备、工程施工、竣工验收、工程移交等各个阶段的全部活动内容和结果，它既是项目竣工验收的必备条件，又是城市档案的重要组成部分。

建筑工程资料在内容上的详实性、格式上的完好性和整理、归档等方面的质量，直接影响到城市建设档案的质量，对使用者及未来城市建设和改造，尤其是对建筑工程质量及安全事故的处理具有重要的作用。

为了满足高职高专建筑类专业资料管理课程的教学要求，我们编写了本书。本书执行《建设工程文件归档整理规范》(GB/T 50328—2001)标准规定，遵循“规范、简明、实用、能力”的指导思想，通过课程的教学和实训，达到在建筑工程资料管理中“资料形成规范化、项目编排系统化、资料管理统一化、能力培养专业化”的目的。

本教材具有内容体系完整、整体布局合理、教学重点突出的特点。在内容安排上力求对应工程资料的形成过程和资料管理的操作过程，书中附有采用实际案例的实训内容，突出学生的职业专项能力的培养，从根本上改善学生知识与能力分离的被动局面。

本书适用于高职高专建筑工程类专业《建筑资料管理》课程的教学，也可以作为专业资料管理人员的参考资料和培训用教材。本教材建议教学课时为 60～70 学时，其中第 9 章的实训内容应为 20～25 学时。

本书由吴建敏担任主编，第 1、2、3、4、6 章由吴建敏编写，第 5 章由张慧洁编写，第 7 章由刘宏编写，第 8 章由吴小雷编写，第 9 章由何怡芝编写。最后由吴建敏审定。

本书在编写过程中，得到了李耀辉、张玉生、刘增峰等同志的大力协助，本书还参考了书后所附文献的部分内容，在此表示衷心的感谢。

由于时间和编者的水平有限，书中难免有错误和不妥之处，恳请提出批评指正。

编　者

目　录

第1章 建筑工程施工质量验收

教学目的

本章主要介绍建筑施工质量验收标准及标准的实施，详细介绍建筑工程施工质量验收的划分及有关术语。通过本章的教学应达到以下目的：

1. 了解建筑工程施工质量验收统一标准和配套使用的系列规范；
2. 熟悉建筑工程施工质量验收的基本规定和相关术语；
3. 掌握建筑工程施工质量验收的组织程序；
4. 掌握建筑工程施工质量验收的划分原则。

能力要求

能熟练进行建筑工程施工质量验收的划分。

1.1 建筑工程施工质量概述

1. 建筑工程施工质量的概念

国家《建筑工程施工质量验收统一标准》(GB 50300—2001)对建筑工程质量定义为“反映建筑工程满足相关标准规定或合同约定的要求，包括其在安全、使用功能及其在耐久性能、环境保护等方面所有明显和隐含性能的特性总和。”该定义包含了两个方面的含义：

(1) 对建筑工程质量的衡量标准是相关标准规定和合同约定要求。而相关标准规定是强制性的条款，合同约定则是以设计和使用要求为基础的合同条款；

(2) 建筑工程质量是建筑(构筑)物全部性能特性的总和，性能内容包括安全性能、耐久性能和环保等方面，其表现形式包括明显的和隐形的。

2. 合格的建筑工程施工质量的基础

合格的建筑工程施工质量应该建立在：

(1) 健全的质量管理体系：施工现场质量管理应有相应的施工技术标准；施工质量检验制度和综合施工质量水平评定考核制度等。

(2) 严格的施工过程质量控制：主要材料、半成品、成品、建筑构配件、器具和设备应进行现场验收；各工序应按施工技术标准进行质量控制，每道工序完成后，应进行检查；相关专业工种之间，应进行交接检验，并形成记录，未经监理工程师(建设单位技术负责人)检查认可，不得进行下道工序施工。

(3) 规范的工程质量验收制度：工程质量验收要依据相应的标准和规范，按照规定的组织程序操作，并对验收结果形成记录。

1.2 建筑工程施工质量验收规范

1. 建筑工程施工质量验收系列规范

国家对建筑工程施工质量验收制定了统一标准和各专业质量验收规范。统一标准是规定各专业规范质量指标设置、质量验收程序及组织的规定、单位工程的验收划分、程序和标准，各专业相应规范是各检验批工程、分项工程质量验收指标的具体内容(验收到分部工程)。

(1) 建筑工程施工质量验收标准

《建筑工程施工质量验收统一标准》(GB 50300—2001)。

(2) 建筑工程施工质量验收系列规范

《建筑地基基础工程施工质量验收规范》(GB 50202—2002)，《砌体工程施工质量验收规范》(GB 50203—2002)、《混凝土工程施工质量验收规范》(GB 50204—2002)、《钢结构工程施工质量验收规范》(CB 50205—2001)、《木结构工程施工质量验收规范》(GB 50206—2002)、《屋面工程施工质量验收规范》(CB 50207—2002)、《地下防水工程施工质量验收规范》(GB 50208—2002)、《建筑地面工程施工质量验收规范》(GB 50209—2002)、《建筑装饰工程施工质量验收规范》(GB 50210—2001)、《建筑采暖、给排水工程施工质量验收规范》(GB 50242—2002)、《通风、空调工程施工质量验收规范》(GB 50243—2002)、《建筑电气工程施工质量验收规范》(GB 50303—2002)、《建筑电梯工程施工质量验收规范》(GB 50310—2002)、《建筑智能工程施工质量验收规范》(GB 50339—2003)、《建筑节能工程施工质量验收规范》(GB 50411—2007)。

(3) 建筑工程施工质量验收规范的实施

① 在执行统一标准时，必须同时执行相应的各专业质量验收规范。

② 质量验收规范应与国家有关工程质量的法律、法规、管理标准和有关技术标准相配套。

③ 执行系列规范，应完善技术支持体系。

(4) 建筑工程施工质量验收规范与企业标准的关系

质量验收规范必须有企业标准支持，企业标准是施工操作、上岗培训、质量控制、质量验收的基础，用来保证质量验收规范的有效实施，使施工质量得到有效控制和科学管理，使质量验收的指标数据化。

要实现质量验收指标的数据化，必须有完善的检测试验手段、试验方法和规定的检测设备，使质量指标既有可比性，又有规范性。

2. 建筑工程质量验收规范的支持体系

建筑工程质量验收规范的支持体系见图 1-1。

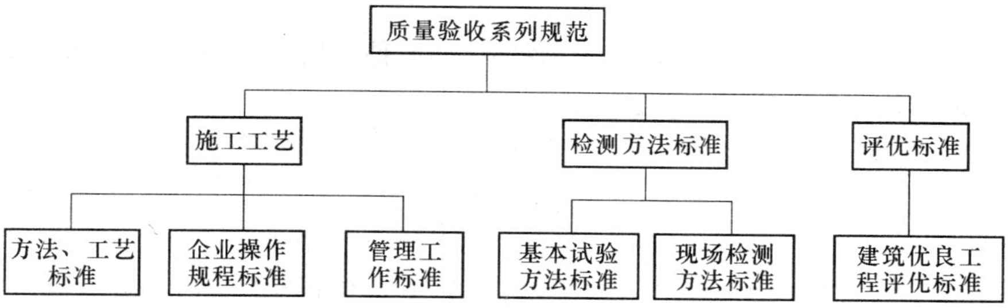

图 1-1　建筑工程施工质量验收规范支持体系

3. 基本术语

(1) 建筑工程(building engineering)

为新建、改建或扩建房屋建筑物和附属构筑物设施所进行的规划、勘察、设计和施工、竣工等各项技术工作和完成的工程实体。

(2) 建筑工程质量(quality of building engineering)

反映建筑工程满足相关标准规定或合同约定的要求,包括其在安全、使用功能及其在耐久性能、环境保护等方面所有明显和隐含能力的特性总和。

(3) 验收(acceptance)

建筑工程在施工单位自行质量检查评定的基础上,参与建设活动的有关单位共同对检验批、分项、分部、单位工程的质量进行抽样复验,根据相关标准以书面形式对工程质量达到合格与否做出确认。

(4) 进场验收(site acceptance)

对进入施工现场的材料、构配件、设备等按相关标准规定要求进行检验,对产品达到合格与否做出确认。

(5) 检验批(inspection lot)

按同一的生产条件或按规定的方式汇总起来供检验用的、由一定数量样本组成的检验体。

(6) 检验(inspection)

对检验项目中的性能进行测量、检查、试验等,并将结果与标准规定要求进行比较,以确定每项性能是否合格所进行的活动。

(7) 见证取样检测(evidential testing)

在监理单位或建设单位监督下,由施工单位有关人员现场取样,并送至具备相应资质的检测单位所进行的检测。

(8) 交接检验(handing over inspection)

由施工的承接方与完成方经双方检查并对可否继续施工做出确认的活动。

(9) 主控项目(dominant item)

建筑工程中的对安全、卫生、环境保护和公众利益起决定性作用的检验项目。

(10) 一般项目(general item)

除主控项目以外的检验项目。

(11) 抽样检验(sampling inspection)

按照规定的抽样方案,随机地从进场的材料、构配件、设备或建筑工程检验项目中,按检验批抽取一定数量的样本所进行的检验。

(12) 抽样方案(sampling scheme)

根据检验项目的特性所确定的抽样数量和方法。

(13) 计数检验(counting inspection)

在执行抽样检验方案所抽取的样本中,记录每一样本个体有某种属性或计算样本整体中的缺陷数目的检查方法。

(14) 计量检验(quantitative inspection)

在执行抽样检验方案所抽取的样本中,对每一个体测量其某个定量特性的检查方法。

(15) 观感质量(quality of appearance)

通过观察和必要的测量所反映的工程外在质量。

(16) 返修(repair)

对工程不符合标准规定的部位采取整修等措施。

(17) 返工(rework)

对不合格的工程部位采取的重新制作、重新施工等措施。

1.3 建筑工程施工质量验收的划分

1. 划分原则

(1) 检验批划分

检验批的划分应以便于在工程施工过程中的质量控制和验收为总原则,具体划分应遵循以下原则:

① 原材料、构、配件、设备按批量划分;

② 施工工序按各工种、专业、楼层、施工段和变形缝划分;

③ 同一层按变形缝、区段和施工班组综合考虑划分;

④ 小型工程一般按楼层划分;

⑤ 安装工程按系统、组别划分;

⑥ 特种管道安装工程按不同压力段来划分。

(2) 分项工程划分

分项工程应遵循按主要工种、材料、施工程序、施工工艺、设备类别等进行划分的原则。

① 按主要工种划分,如砌体工程、钢筋工程、模板工程、混凝土工程等;

② 按施工程序划分,如管道安装、管道防腐、管道绝热等;

③ 按材料的不同划分,如木门、防盗门、玻璃门等。

(3) 分部(子分部)工程划分

分部(子分部)划分应遵循按专业、材料、施工程序、专业系统划分的原则。

① 按专业、部位划分；

② 工程较大或较复杂的分部工程，可按材料种类、施工特点、施工程序、专业系统等划分为若干个子分部工程。

(4) 单位(子单位)工程划分

① 以具备独立施工条件且工程建成后能形成独立使用功能的建筑物及构筑物为一个单位工程；

② 对于建筑规模较大的单位工程，可将其能形成独立使用功能的部分划分为一个子单位工程。一个单位工程，可划分为若干个子单位工程。

2. 建筑工程的单位(子单位)工程、分部(子分部)、分项工程划分(见表 1-1)

表 1-1　建筑工程分部(子分部)、分项工程划分

序号	分部工程	子分部工程	分项工程
1	地基与基础	无支护土方	土方开挖、土方回填
		有支护土方	排桩，降水、排水、地下连续墙、锚杆、土钉墙、水泥土桩、沉井与沉箱，钢筋及混凝土支撑
		地基处理	灰土地基、砂和砂石地基、碎砖三合土地基，土工合成材料地基，粉煤灰地基，重锤夯实地基，强夯地基，振冲地基，砂桩地基，预压地基，高压喷射注浆地基，土和灰土挤密桩地基，注浆地基，水泥粉煤灰碎石桩地基，夯实水泥土桩地基
		桩基	锚杆静压桩及静力压桩，预应力离心管桩，钢筋混凝土预制桩，钢桩，混凝土灌注桩(成孔、钢筋笼、清孔、水下混凝土灌注)
		地下防水	防水混凝土，水泥砂浆防水层，卷材防水层，涂料防水层，金属板防水层，塑料板防水层，细部构造，喷锚支护，复合式衬砌，地下连续墙，盾构法隧道，渗排水、盲沟排水，隧道、坑道排水，预注浆、后注浆，衬砌裂缝注浆
		混凝土基础	模板、钢筋、混凝土，后浇带混凝土，混凝土结构缝处理
		砌体基础	砖砌体，混凝土砌块砌体，配筋砌体，石砌体
		劲钢(管)混凝土	劲钢(管)焊接，劲钢(管)与钢筋的连接，混凝土
		钢结构	焊接钢结构、栓接钢结构，钢结构制作，钢结构安装，钢结构涂装
2	主体结构	混凝土结构	模板，钢筋，混凝土，预应力、现浇结构，装配式结构
		劲钢(臂)混凝土结构	劲钢(管)焊接，螺栓连接，劲钢(管)与钢筋的连接，劲钢(管)制作、安装，混凝土
		砌体结构	砖砌体，混凝土小型空心砌块砌体，石砌体，填充墙砌体，配筋砖砌体
		钢结构	钢结构焊接，紧固件连接，钢零部件加工，单层钢结构安装，多层及高层钢结构安装，钢结构涂装，钢构件组装，钢构件预拼装，钢网架结构安装，压型金属板
		木结构	方木和圆木结构，胶合木结构，轻型木结构，木构件防护
		网架和索膜结构	网架制作，网架安装，索膜安装，网架防火，防腐涂料

续表

序号	分部工程	子分部工程	分项工程
3	建筑装饰装修	地面	整体面层基层，水泥混凝土面层，水泥砂浆面层，水磨石面层，防油渗面层，水泥钢(铁)屑面层，不发火(防爆的)面层，板块面层，基层，砖面层(陶瓷锦砖、缸砖、陶瓷地砖和水泥花砖面层)，大理石面层和花岗岩面层，预制板块面层(预制水泥混凝土、水磨石板块面层)，料石面层(条石、块石面层)，塑料板面层，活动地板面层，地毯面层，木竹面层，实木地板面层(条材、块材面层)，实木复合地板面层(条材、块材面层)，中密度(强化)复合地板面层(条材面层)，竹地板面层
		抹灰	一般抹灰，装饰抹灰，清水砌体勾缝
		门窗	木门窗制作与安装，金属门窗安装，塑料门窗安装，特种门安装，门窗玻璃安装
		吊顶	暗龙骨吊顶，明龙骨吊顶
		轻质隔墙	板材隔墙，骨架隔墙，活动隔墙，玻璃隔墙
		饰面板(砖)	饰面板安装，饰面砖安装
		幕墙	玻璃幕墙，金属幕墙，石材幕墙
		涂饰	水性涂料涂饰，溶剂型涂料涂饰，美术涂饰
		裱糊与软包	裱糊，软包
		细部	橱柜制作与安装，窗帘盒、窗台板和暖气罩制作与安装，门窗套制作与安装，护栏和扶手制作与安装，花饰制作与安装
4	建筑屋面	卷材防水屋面	保温层，找平层，卷材防水层，细部构造
		涂膜防水屋面	保温层，找平层，涂膜防水层，细部构造
		刚性防水屋面	细石混凝土防水层，密封材料嵌缝，细部构造
		瓦屋面	平瓦屋面，油毡瓦屋面，金属板屋面，细部构造
		隔热屋面	架空屋面，蓄水屋面，种植屋面
5	建筑给水、排水及采暖	室内给水系统	给水管道及配件安装，室内消火栓系统安装，给水设备安装，管道防腐，绝热
		室内排水系统	排水管道及配件安装，雨水管道及配件安装
		室内热水供应系统	管道及配件安装，辅助设备安装，防腐，绝热
		卫生器具安装	卫生器具安装，卫生器具给水配件安装，卫生器具排水管道安装
		室内采暖系统	管道及配件安装，辅助设备及散热器安装，金属辐射板安装，低温热水地板辐射采暖系统安装，系统水压试验及调试，防腐，绝热
		室外给水管网	给水管道安装，消防水泵接合器及室外消火栓安装，管沟及井室
		室外排水管网	排水管道安装，排水管沟与井池
		室外供热管网	管道及配件安装，系统水压试验及调试，防腐，绝热
		建筑中水系统及游泳池系统	建筑中水系统管道及辅助设备安装，游泳池水系统安装
		供热锅炉及辅助设备安装	锅炉安装，辅助设备及管道安装，安全附件安装，烘炉、煮炉和试运行，换热站安装，防腐，绝热

续表

序号	分部工程	子分部工程	分项工程
6	建筑电气	室外电气	架空线路及杆上电气设备安装，变压器、箱式变电所安装，成套配电柜、控制柜（屏、台）和动力、照明配电箱（盘）及控制柜安装，电线、电缆导管和线槽敷设，电线、电缆穿臂和线槽敷设，电缆头制作、导线连接和线路电气试验，建筑物外部装饰灯具、航空障碍标志灯和庭院路灯安装，建筑照明通电试运行，接地装置安装
		变配电室	变压器、箱式变电所安装，成套配电柜、控制柜（屏、台）和动力、照明配电箱（盘）安装，裸母线、封闭母线、插接式母线安装，电缆沟内和电缆竖井内电缆敷设，电缆头制作、导线连接和线路电气试验，接地装置安装，避雷引下线和变配电室接地干线敷设
		供电干线	裸母线、封闭母线、插接式母线安装，桥架安装和桥架内电缆敷设，电缆沟内和电缆竖井内电缆敷设，电线、电缆导管和线槽敷设，电线、电缆穿管和线槽敷设，电缆头制作、导线连接和线路电气试验
		电气动力	成套配电柜、控制柜（屏、台）和动力、照明配电箱（盘）及控制柜安装，低压电动机、电加热器及点动执行机构检查、接线，低压电气动力设备检测、试验和空载试运行，桥架安装和桥架内电缆敷设，电线、电缆导管和线槽敷设，电线、电缆穿管和线槽敷设，电缆头制作、导线连接和线路电气试验，插座、开关、风扇安装
		电气照明安装	成套配电柜、控制柜（屏、台）和动力、照明配电箱（盘）安装，电线、电缆导管和线槽敷设，电线、电缆穿管和线槽敷设，槽板配线，钢索配线，电缆头制作、导线连接和线路电气试验，普通灯具安装，插座、开关、风扇安装，建筑照明通电试运行
		备用和不间断电源安装	成套配电柜、控制柜（屏、台）和动力、照明配电箱（盘）安装，柴油发电机组安装，不间断电源的其他功能单元安装，裸母线、封闭母线、插接式母线安装，电线、电缆导管和线槽敷设，电线、电缆穿管和线槽敷设，电缆头制作、导线连接和线路电气试验，接地装置安装
		防雷及接地安装	接地装置安装，避雷引下线和变配电室接地干线敷设，建筑物等电位连接，接闪器安装
7	智能建筑	通信网络系统	通信系统，卫星及有线电视系统，公共广播系统
		办公自动化系统	计算机网络系统，信息平台及办公自动化应用软件，网络安全系统
		建筑设备监控系统	空调与通风系统，变配电系统，照明系统，给排水系统，热源和热交换系统，冷冻和冷却系统，电梯和自动扶梯系统，中央管理工作站与操作分站，子系统通信接口
		火灾报警及消防联动系统	火灾和可燃气体探测系统，火灾报警控制系统，消防联动系统
		安全防范系统	电视监控系统，人侵报警系统，巡更系统，出人口控制（门禁）系统，停车管理系统
		综合布线系统	缆线敷设和终接，机柜、机架、配线架的安装，信息插座和光缆芯线终端安装
		智能化集成系统	集成系统网络，实时数据库，信息安全，功能接口
		电源与接地	智能建筑电源，防雷及接地
		环境	空间环境，室内空调环境，视觉照明环境，电磁环境
		住宅（小区）智能化系统	火灾自动报警及消防联动系统，安全防范系统（含电视监控系统、人侵报警系统、巡更系统、门禁系统、楼宇对讲系统、住户对讲呼救系统、停车管理系统）。物业管理系统（多表现场计量与远程传输系统、建筑设备监控系统、公共广播系统、小区网络及信息服务系统、物业办公自动化系统），智能家庭信息平台

续表

序号	分部工程	子分部工程	分项工程
8	通风与空调	送排风系统	风管与配件制作，部件制作，风管系统安装，空气处理设备安装，消声设备制作与安装，风管与设备防腐，风机安装，系统调试
		防排烟系统	风管与配件制作，部件制作，风管系统安装，防排烟风口、常闭正压风口与设备安装，风管与设备防腐，风机安装，系统调试
		除尘系统	风管与配件制作，部件制作，风管系统安装，除尘器与排污设备安装，风管与设备防腐，风机安装，系统调试
		空调风系统	风管与配件制作，部件制作，风管系统安装，空气处理设备安装，消声设备制作与安装，风管与设备防腐，风机安装，风管与设备绝热，系统调试
		净化空调系统	风管与配件制作，部件制作，风管系统安装，空气处理设备安装，消声设备制作与安装，风管与设备防腐，风机安装，风管与设备绝热，高效过滤器安装，系统调试
		制冷设备系统	制冷机组安装，制冷剂管道及配件安装，制冷附属设备安装，管道及设备的防腐与绝热，系统调试
		空调水系统	管道冷热(媒)水系统安装，冷却水系统安装，冷凝水系统安装，阀门及部件安装，冷却塔安装，水泵及附属设备安装，管道与设备的防腐与绝热，系统调试
9	电梯	电力驱动的曳引式或强制式电梯安装	设备进场验收，土建交接检验，驱动主机，导轨，门系统，轿厢，对重(平衡重)，安全部件，悬挂装置，随行电缆，补偿装置，电气装置，整机安装验收
		液压电梯安装	设备进场验收，土建交接检验，驱动主机，导轨，门系统，轿厢，对重(平衡重)，安全部件，悬挂装置，随行电缆，电气装置，整机安装验收
		自动扶梯、自动人行道安装	设备进场验收，土建交接检验，整机安装验收

3. 室外工程划分

室外工程可根据专业类别和工程规模划分单位(子单位)工程。室外单位(子单位)工程、分部工程划分见表 1-2。

表 1-2　室外工程划分

单位工程	子单位工程	分部工程
室外建筑环境	附属建筑	车棚、围墙、大门、挡土墙、垃圾收集站
	室外环境	建筑小品、道路、亭台、连廊、花坛、场坪绿化
室外安装	给排水与采暖	室外给水系统、室外排水系统、室外供热系统
	电气	室外供电系统、室外照明系统

1.4　建筑工程质量验收合格规定

建筑工程质量验收合格应符合下列规定：

1. 检验批

(1) 主控项目和一般项目的质量经抽样检验合格；

(2) 具有完整的施工操作依据、质量检查记录。

2. 分项工程

(1) 分项工程所含的检验批均应符合合格质量的规定。

(2) 分项工程所含的检验批的质量验收记录应完整。

实际上，分项工程质量验收是统计过程，没有直接验收内容。但应注意核查检验批的部位、区段是否覆盖分项工程的全部范围，以及检验批的内容及签字、盖章手续是否齐全。

在分项工程验收时，应对检验批验收时有遗留问题的项目进行评定说明，对有全高垂直度要求的项目应进行测评说明。

3. 分部(子分部)工程验收

(1) 分部(子分部)工程所含分项工程的质量均应验收合格；

(2) 分项工程施工质量控制资料应完整；

(3) 地基与基础、主体结构和设备安装等分部工程有关安全及功能的检验和抽样检测结果应符合有关规定；

(4) 观感质量验收应符合要求。

4. 单位(子单位)工程

(1) 单位(子单位)工程所含分部(子分部)工程的质量均应验收合格；

(2) 分部(子分部)工程的质量控制资料应完整；

(3) 单位(子单位)工程所含分部工程有关安全和功能的检测资料应完整；

(4) 主要功能项目的抽查结果应符合相关专业质量验收规范的规定；

(5) 观感质量验收应符合要求。

5. 工程质量不符合要求时的处置

(1) 经返工重做或更换器具、设备的检验批，应重新进行检查验收；

(2) 经有资质的检测单位检测鉴定能够达到设计要求的检验批，应予以验收；

(3) 经有资质的检测单位鉴定达不到设计要求，但经原设计单位核定认可能够满足结构安全和使用功能的检验批，可予以验收；

(4) 经返修或加固处理的分项、分部工程，虽然改变外形尺寸但仍能满足安全使用要求，可按技术处理方案和协商文件进行验收；

(5) 通过返修或加固处理，仍不能满足安全使用要求的分部工程、单位(子单位)工程，严禁验收。

(6) 建筑工程质量验收划分和验收程序

建筑工程质量验收划分和验收程序如图 1-2 所示。

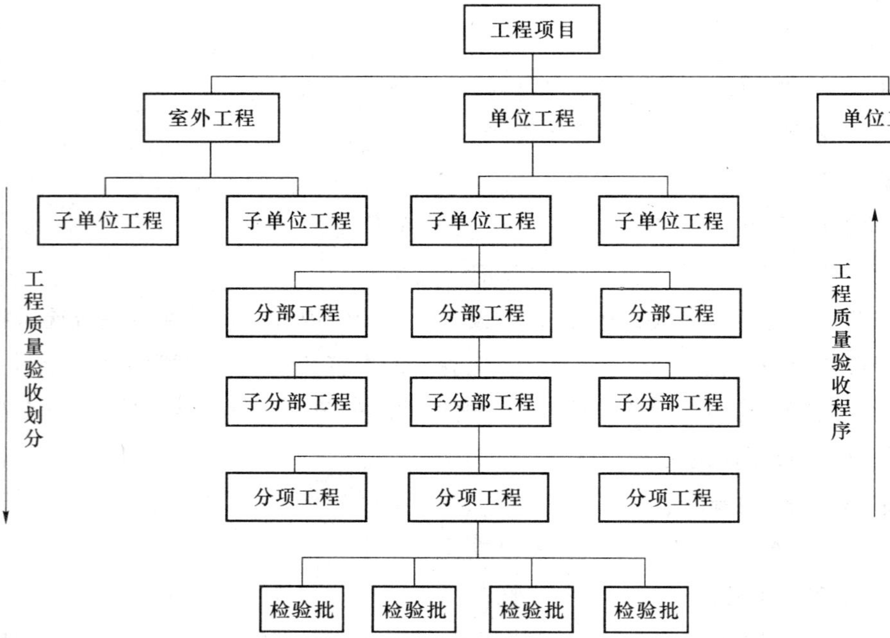

图 1-2 工程质量验收划分及验收程序

1.5 建筑工程质量验收组织

实行委托监理的工程，检验批、分项工程、分部工程验收由监理单位组织，单位工程的竣工验收，由建设单位组织。未实行监理的工程，检验批、分项工程、分部工程、单位工程验收均由建设单位组织。

(1) 检验批及分项工程应由监理工程师(或建设单位项目技术负责人)组织施工单位项目专业质量(技术)负责人等进行验收。

(2) 分部工程应由总监理工程师(或建设单位项目负责人)组织施工单位项目负责人和技术、质量负责人等进行验收。

(3) 地基与基础、主体结构分部工程的验收，勘察、设计单位工程项目负责人和施工单位技术、质量部门负责人也应参加。

(4) 单位工程完工后，施工单位应自行组织有关人员进行检查评定，并向建设单位提交工程验收报告。建设单位收到工程验收报告后，应由建设单位(项目)负责人组织施工(含分包单位)、设计、监理等单位(项目)负责人进行单位(子单位)工程验收。

验收分项及参验人员对照见表 1-3。

(5) 单位工程有分包单位施工时，分包单位对所承包的工程项目应按统一标准规定的程序检查评定，总包单位应派人参加。分包工程完成后，应将工程有关资料交总包单位。

(6) 当参加验收各方对工程质量验收意见不一致时，可请当地建设行政主管部门或工程质量监督机构协调处理。

(7) 单位工程质量验收合格后，建设单位应在规定时间内将工程竣工验收报告和有关文件，报建设行政管理部门备案。

表1-3 验收分项及参验人员对照表

序号	验收项目	质量自检人	质量检验人员		形成文件资料
			验收组织人	参验人员	
1	施工现场质量管理检查	项目经理	项目经理	项目技术负责人 分包单位负责人	施工现场质量管理检查记录表
2	检验批质量验收	班组长	项目专业质量检查员	班组长 分包项目技术负责人 项目技术负责人	检验批质量验收记录表
3	分项工程质量验收	班组长	项目专业技术负责人	班组长、项目技术负责人 分包项目技术负责人 项目专业质量检查员	分项工程质量验收记录表
4	分部、子分部工程质量验收	项目经理 分包单位项目经理	项目经理	项目专业技术负责人 分包项目技术负责人 勘察、设计单位项目负责人 建设单位项目专业负责人	分部、子分部工程质量验收记录表
5	单位、子单位工程质量竣工验收	项目经理	项目经理或施工单位负责人	项目经理、企业技术、质量部门、分包单位项目经理、设计单位项目负责人	单位、子单位工程质量竣工验收记录表
6	单位、子单位工程质量控制资料核查	项目技术负责人	项目经理	分包单位项目经理监理工程师项目技术负责人 企业技术、质量部门	单位、子单位工程质量控制资料核查记录表
7	单位、子单位工程安全和功能检查资料核查及主要功能抽查	项目技术负责人	项目经理	分包单位项目经理 监理工程师 项目技术负责人 企业技术、质量部门	单位、子单位工程安全和功能检查资料核查及主要功能抽查记录表
8	单位、子单位工程观感质量检查验收	项目技术负责人	项目经理	分包单位项目经理 监理工程师 项目技术负责人 企业技术、质量部门	单位、子单位工程观感质量检查验收记录表

第2章 建筑工程资料概述

教学目的

本章主要介绍建筑工程资料的概念、形式、分类和载体。通过本章学习，应达到以下目的：

1. 理解建筑工程资料、建筑工程文件、建筑工程档案的概念；
2. 掌握建筑工程资料的分类原则及编号方法。

能力要求

1. 正确区分建筑工程资料、建筑工程文件、建筑工程档案的差异；
2. 会对建筑工程资料进行分类、整理，并给出正确的编号。

2.1 建筑工程资料的概念及特征

1. 建筑工程资料的概念

建筑工程资料是指建筑工程的建设过程及结果的书面和声像记录。建筑工程资料包括建设规划资料、建设文件资料、施工技术资料、竣工测量资料、竣工图资料和竣工验收资料。

建筑工程资料所记录的是“全部过程与结果”，强调的是其记录的“真实性和有效性”，其载体是“书面和声像等”形式。

2. 建筑工程文件的概念及分类

国家标准《建设工程文件整理归档规范》(GB/T 50328—2001)对建筑工程文件的定义为：在工程建设过程中形成的各种形式的信息记录。建筑工程文件包括工程准备阶段文件、监理文件、施工文件、竣工图及竣工验收文件。

3. 建筑工程档案的概念

国家标准《建设工程文件整理归档规范》(GB/T 50328—2001)对建筑工程档案的定义为：在工程建设活动中直接形成的具有归档保存价值的文字、图表、声像等各种形式的历史记录，也可简称为工程档案。

4. 资料、文件、档案的共性与个性

(1) 三者都是工程建设过程中形成的各种形式的活动记录；

(2) 资料与文件的区别在于文件是对资料的初步整理结果；

(3) 文件与档案的区别在于档案是具有保存价值的文件，按照档案管理的要求整理并已经移交档案管理机构保存文件资料。

5. 建筑工程资料的特征

因为建筑工程资料的形成过程记录了从项目建议到工程竣工验收整个过程的全部活动，且由于建筑工程所具有"周期长、材料品种多、过程繁杂、综合性强、安全要求高"等特点，决定了建筑工程资料具有以下特征。

(1) 复杂性：因为建设工程周期长、阶段性和季节性强、工艺复杂、材料种类繁多，所以，建筑工程资料在内容和形式具有一定的复杂性。

(2) 随机性：因为建设工程的全过程、各个阶段都会有各种活动并产生活动的记录，尤其是影响建设工程的一些因素相当随机，当这些因素发生变化时，也会引发一些特定的活动和活动记录，所以，建筑工程资料具有一定的随机性。

(3) 时效性：对于建设工程资料的时效性，我们可以从两个方面来理解。

首先是它的直接时效性，建设工程文件资料的功能之一就是实现确认，加上施工工序之间的衔接要求，一旦形成文件资料，如不能及时送达，则无法得到应得的确认；其次是它的间接时效性，虽然资料文件随时间的推移，其价值会衰减，但档案文件仍可以被查阅、借鉴和继承。所以，建筑工程资料具有一定的时效性。

(4) 真实性：建筑工程资料必须全面、真实地反映各种信息；事件的真实状态；存在的各种隐患；处理的方式方法及结果等。来不得半点虚假，不然将会对整个过程带来误导。

(5) 综合性：建设项目常常都是一个综合的系统工程，涉及多个专业，经过多工种协同才能完成，如建设工程涉及建筑、市政、消防等多个部门；环境、安全、园林、绿化等多个专业；声、光、美学等多个学科。

2.2　建筑工程资料的分类及编号

1. 建筑工程资料的分类原则

为了便于资料的收集、整理、组卷及归档，建筑工程资料一般按照文件资料的来源、类别、形成的先后顺序以及收集和整理的单位的不同的原则来进行分类。

一般情况下，建筑工程资料是谁形成，谁收集，谁整理。最后按照国家统一规范《建设工程文件归档整理规范》(GB/T 50328—2001)的要求进行组卷和移交。

2. 建筑工程资料的分类

(1) 从整体上，把工程项目整个过程所形成的全部资料按照资料来源划分为 5 大类，即建设单位文件资料、监理单位文件资料、施工单位文件资料、竣工图和竣工验收文件资料。

(2) 在每一个大类中，再按照文件的类别划分小类。建设单位文件资料可以按照资料的类别划分为 6 小类；监理单位文件资料可以按类别划分为 4 小类；施工单位文件资料可根据类别和专业系统划分为 8 小类；竣工图文件可按专业划分为 3 小类和竣工验收文件资料。

(3) 每一小类还可以根据具体文件资料的内容再细分。同一内容的文件资料可按照资料形成的时间顺序排列。

(4) 如果工程项目规模较大，形成的文件资料较多，也可以先按单位工程划分，然后每一个单位工程再按上述要求进行划分。

3. 建筑工程资料的编号方法

(1) 文件资料的大类分别用大写英文字母 A、B、C、D、E 来表示，即 A 类为建设单位文件资料；B 类为监理单位文件资料；C 类为施工单位文件资料；D 类为竣工图文件；E 类为竣工验收文件资料。

(2) 文件资料的小类用文件所在大类的代表字母加上小类文件的顺序号，即用 A1、A2、A3、A4、A5、A6 表示建设单位文件资料中的 6 小类文件；用 B1、B2、B3、B4 表示监理单位文件资料中的 4 小类文件。依此类推。

(3) 对于具体的文件资料按其在小类中的排列顺序进行编号，其编号方式为小类编号后加"-"，再写上文件的顺序号。即 A1-1 代表 A1 类文件中的第一个文件资料(发改部门批准的立项文件)，以此类推。建设工程文件资料的分类及编号详见表 2-1。

表 2-1 建筑工程文件资料分类及编号

类别	归档文件资料名称	资料编号	提供单位	保存单位和保管期限				
				建设单位	施工单位	设计单位	监理单位	档案馆
建设单位(A 类)文件资料								
A1 立项文件	发改部门批准的立项文件	A1-01	建设单位	永久				★
	项目建议书	A1-02	建设单位	永久				★
	立项会议纪要	A1-03	组织单位	永久				★
	项目建议书的批复文件	A1-04	主部门	永久				★
	可行性研究报告及附件	A1-05	咨询单位	永久				★
	项目评估研究资料	A1-06	建设单位	永久			短期	★
	可行性研究报告的批复文件	A1-07	发改部门	永久				★
	初步设计审批文件	A1-08	发改部门	长朋		长期		★
	专家对项目的有关建议文件	A1-09	建设单位	永久		长期		★
	年度计划审批文件或年度计划备案材料	A1-10	建设单位	永久			短期	★
A2 建设规划用地文件	建设项目选址意见书	A2-01	建设单位	永久				★
	规划线测图(航测图)	A2-02	规划部门	永久		永久		★
	建设项目用地定位通知书	A2-03	规划部门	永久		永久		★
	建设用地规划许可证及附图	A2-04	规划部门	永久				★
	建设用地预审	A2-05	国土部门	永久				
	征(占)用地的批准文件和使用国有土地的批准意见	A2-06	地方政府	永久				★
	建设用地批准书	A2-07	国土部门	永久				★
	土地使用证	A2-08	国土部门	永久				★
	拆迁安置方案及有关协议	A2-09	有关部门	长期				★

续 表

类别	归档文件资料名称	资料编号	提供单位	保存单位和保管期限				
				建设单位	施工单位	设计单位	监理单位	档案馆
建设单位(A 类)文件资料								
A3 勘察设计文件	工程地质(水文)勘察报告	A3-01	勘察单位	永久	长期	永久	长期	★
	设计方案(报批图)	A3-02	规划部门	永久		长期		★
	审定设计方案(报批图)的审查意见	A3-03	有关部门	长期		长期		★
	建设工程规划许可证、附件及附图	A3-04	规划部门	永久	短期	长期	短期	★
	初步设计图及说明	A3-05	设计单位	长期		长期		
	施工图设计及说明	A3-06	设计单位	长期		长期	短期	
	设计计算书	A3-07	设计单位	长期		长期		
	施工图审查合格证书	A3-08	审查机构	永久		长期	短期	★
A4 招投标用文件	勘察招投标文件及中标通知书	A4-01	建设、勘察单位	长朗		长期		
	设计招投标文件及中标通知书	A4-02	建设、设计单位	长期		长期		
	监理招投标文件及中标通知书	A4-03	建设、监理单位	长期			长期	
	施工招投标文件及中标通知书	A4-04	建设、施工单位	长期	长期		短期	
	勘察合同	A4-05	建设、察单位	长期		长期		★
	设计合同	A4-06	建设、设计单位	长期		长期		★
	监理合同	A4-07	建设、监理单位	长期			长期	★
	施工合同	A4-08	建设、施工单位	长期	长期		短期	★
A5 工程开工文件	验线合格文件	A5-01	规划部门	永久	长期		长期	★
	建设工程竣工档案责任书	A5-02	城建档案馆	长期				★
	工程质更监督手续	A5-03	质监部门	长期	短期		短期	★
	建设工程施工许可证	A5-04	建管部门	永久	短期		长期	★
A6 商务文件	工程设计概算	A6-01	建设单位	短期		长期		
	施工图预算	A6-02	建设单位	短期	短期		短期	
	工程结、决算	A6-03	合同双方	短期	长期		长期	
监理单位(B 类)文件资料								
B1 监理管理资料	监理规划	B1-01	监理单位	长期			短期	★
	监理实施细则	B1-02	监理单位	长期	短期		短期	
	监理月报	B1-03	监理单位	长期			长期	
	监理会议纪要	B1-04	监理单位	长期	短期		长期	
	监理工作日志	B1-05	监理单位				短期	
	监理工作总结(专题、阶段和竣工)	B1-06	监理单位	长期			长期	
	工程技术文件报审表	B1-07	施工单位	长期	长期		长期	
	分包单位资格报审表	B1-08	施工单位	长期	长期		短期	

续表

类别	归档文件资料名称	资料编号	提供单位	保存单位和保管期限				
				建设单位	施工单位	设计单位	监理单位	档案馆
监理单位(B类)文件资料								
B1 监理管理资料	监理通知	B1-09	监理单位	长期	长期		长期	
	监理通知回复单	B1-10	施工单位	长期	长期		长期	
	工作联系单	B1-11	提出单位	长期	长期		长期	
	工程变更报审单	B1-12	提出单位	长期	长期		长期	
	竣工移交证书	B1-13	监理单位	长期	长期		长期	
B2 监理质量控制资料	施工测量放线报验表	B2-01	施工单位	长期	长期		长期	
	工程物资进场报验表	B2-02	施工单位	长期	长期		短期	
	分部(子分部)工程施工质量验收报验表	B2-03	施工单位	长期	长期		长期	
	监理抽检记录	B2-04	监理单位		短期		长期	
	不合格项处置记录	B2-05	监理单位	长期	长期		长期	
	旁站监理记录	B2-06	监理单位	长期	短期		长期	
	分部(子分部)工程施工质量竣工预验收报验表	B2-07	施工单位	永久	长期		长期	
	见证取样和送检见证人备案书	B2-08	监理单位	长期	长期		长期	
	工程质量评估报告	B2-09	监理单位	长期	长期		长期	★
	质量事故处理资料	B2-10	监理单位	长期	长期		长期	★
B3 监理进度控制资料	工程开/复工报审表	B3-01	施工单位	长期	短期		长期	
	施工进度计划报审表	B3-02	施工单位	长期	短期		长期	
	月工、料、机动态表	B3-03	施工单位		短期		短期	
	工程延期报审表	B3-04	施工单位	长期	短期		短期	
	工程暂停令	B3-05	监理单位	长期	短期		长期	
B4 监理造价控制资料	工程进度(结算)款报审表	B4-01	施工单位	长期	短期		长期	
	工程变更费用报审表	B4-02	施工单位	长期	短期		长期	
	费用索赔报审表	B4-03	施工单位	长期	短期		长期	
	临时签证报审表	B4-04	施工单位	长期	短期		长期	
	工程款支付报审表	B4-05	施工单位	长期	短期		长期	
施工单位(C类)文件资料								
C1 施工管理资料	施工现场质量管理检查记录	C1-01	施工单位		短期		短期	
	建设工程特殊工种上岗证审查表	C1-02	施工单位		短期		短期	
	施工日志	C1-03	施工单位		短期			
	工程停/复工报告	C1-04	施工单位	长期	长期		长期	

续 表

类别	归档文件资料名称	资料编号	提供单位	保存单位和保管期限				
				建设单位	施工单位	设计单位	监理单位	档案馆
施工单位(C类)文件资料								
C2 施工技术资料	单位工程施工组织设计	C2-01-1	施工单位	长期	长期			
	施工组织设计审批表	C2-01-2	施工单位	长期	长期			
	施工组织设计修改审批表	C2-01-3	施工单位	长期	长期			
	施工方法与技术措施	C2-01-4	施工单位	长期	长期			
	临时设施工程计划	C2-01-5	施工单位	短期	长期	长期		
	施工准备工作计划	C2-01-6	施工单位	长期	长期	长期		
	工程量一览表	C2-01-7	施工单位	短期	长期	长期		
	施工进度计划	C2-01-8	施工单位	长期	长期			
	主要材料计划	C2-01-9	施工单位	长期	长期			
	主要机具设备计划	C2-01-10	施工单位	长期	长期			
	成品、半成品、构件加工计划	C2-01-11	施工单位	长期	长期			
	劳动力需求量计划	C2-01-12	施工单位	长期	长期			
	施工现场平面布置图(基础、主体、装饰阶段)	C2-01-13	施工单位	长期	长期			
	专业施工方案	C2-02	施工单位	长期	长期			
	技术、质量交底记录	C2-03	施工单位	短期	长期			
	设计交底记录	C2-04	设计单位		长期		长期	★
	图纸会审记录	C2-05	施工单位	长期	长期		长期	★
	设计变更通知单	C2-06	设计单位	长期	长期		长期	★
	工程洽商记录	C2-07	施工单位	长期	长期		长期	★
	技术联系(通知单)	C2-08	施工单位	长期	长期		长期	★
C3 施工物资资料	材料・构配件进场检验记录	C3-01	施工单位	长期	长期			★
	设备开箱检验记录	C3-02	施工单位	长期	长期		长期	★
	试样委托单	C3-03	施工单位	长期				★
	质量证明文件粘贴表	C3-04	施工单位		长期			
	各类试验报告	C3-05	施工单位	长期	长期			★
C4 测量记录	安装抄测记录	C4-01	施工单位	长期	长期			★
C5 施工记录	交接检查验收记录	C5-01	施工单位		长期		短期	

续表

类别	归档文件资料名称	资料编号	提供单位	保存单位和保管期限				
				建设单位	施工单位	设计单位	监理单位	档案馆
施工单位(C类)文件资料								
C6 隐验记录	隐蔽工程检查验收记录	C6-01	施工单位	长期	长期			★
C7 施工检测资料	现场检测委托单	C7-01	施工单位		长期			
	混凝土、砂浆委托单	C7-02	施工单位		长期			
	施工检测记录	C7-03	施工单位	长期	长期			★
	设备单机试运转记录	C7-04	施工单位	长期	长期			★
	系统调试、试运行记录	C7-05	施工单位	长期	长期			★
C8 施工质量验收记录	检验批施工质量验收记录	执行《黑龙江省建筑工程施工质量验收标准》DB 23/711—2003	施工单位		长期		长期	
	分项工程施工质量验收记录		施工单位		长期		长期	★
	分部(子分部)工程施工质量验收记录		施工单位		长期		长期	★
竣工图(D类)资料								
D1 综合竣工图	总平面布置图(建筑、建筑小品、照明、道路、绿化等)施工文件	D1-01	编制单位	永久	长期			★
	竖向布置图	D1-02	编制单位	永久	长期			★
	室外给水、排水、热力、燃气等管网综合图	D1-03	编制单位	永久	长期			★
	电气(电力、电信、电视系统等)综合图	D1-04	编制单位	永久	长期			★
	设计总说明书	D1-05	编制单位	永久	长期			★
D2 室外专业竣工图	室外给水	D2-01	编制单位	永久	长期			★
	室外雨水	D2-02	编制单位	永久	长期			★
	室外污水	D2-03	编制单位	永久	长期			★
	室外热力	D2-04	编制单位	永久	长期			★
	室外燃气	D2-05	编制单位	永久	长期			★
	室外电信	D2-06	编制单位	永久	长期			★
	室外电力	D2-07	编制单位	永久	长期			★
	室外电视	D2-08	编制单位	永久	长期			★
	室外建筑小品	D2-09	编制单位	永久	长期			★
	室外消防	D2-10	编制单位	永久	长期			★
	室外照明	D2-11	编制单位	永久	长期			★
	室外水景	D2-12	编制单位	永久	长期			★
	室外道路	D2-13	编制单位	永久	长期			★
	室外绿化	D2-14	编制单位	永久	长期			★

续表

类别	归档文件资料名称	资料编号	提供单位	保存单位和保管期限				
				建设单位	施工单位	设计单位	监理单位	档案馆
竣工图(D类)资料								
D3 专业竣工图	建筑竣工图	D3-01	编制单位	永久	长期			★
	结构竣工图	D3-02	编制单位	永久	长期			★
	装修(装饰)竣工图	D3-03	编制单位	永久	长期			★
	电气工程(智能化工程)竣工图	D3-04	编制单位	永久	长期			★
	给排水工程(消防工程)竣工图	D3-05	编制单位	永久	长期			★
	采暖通风空调工程竣工图	D3-06	编制单位	永久	长期			★
	燃气工程竣工图	D3-07	编制单位	永久	长期			★
	电梯工程竣工图	D3-08	编制单位	永久	长期			★
工程竣工验收(E类)资料								
单位(子单位)工程施工质量竣工验收资料	工程概况	E1	施工单位	长期	长期			★
	工程质量事故报告	E2	施工单位	永久	长期		长期	★
	工程质量事故处理记录	E3	施工单位	永久	长期		长期	★
	单位工程验收申请报告	E4	施工单位	永久	长期		长期	★
	建设工程竣工档案预验收意见	E5	城建档案馆	永久				★
	单位(子单位)工程施工质量竣工验收记录	E6	施工单位	永久	长期		长期	★
	单位(子单位)工程施工质量控制资料核查记录	E7	施工单位	永久	长期		长期	★
	单位(子单位)工程安全功能检验资料核查及主要功能抽查记录	E8	施工单位	永久	长期		长期	★
	单位(子单位)工程施工观感质量检查评价记录	E9	施工单位	永久	长期		长期	★
	规划、消防、环保 等部门出据的认可文件或准许使用文件	E10	主部门	永久	长期	长期	长期	★
	房屋建筑工程质量保修书	E11	建设、施工单位	永久	长期			
	住宅使用说明书	E12	施工单位	长期				
	工程开工前、施工过程中、竣工时录像及照片	E13	建设单位	永久	长期	长期		★
	工程竣工总结	E14	建设单位	永久				★

注:“★”表示向城市档案馆移交的资料。

2.3　建筑工程资料的形成及载体

1. 建筑工程资料的内容及形成过程

由于建筑工程文件资料记录了工程过程的全部活动和信息,文件资料的形成与过程及活动密切相关,不同的过程所进行的特定活动形成了相应的记录。所以,对于建筑工程文件资料的形成与过程环节是分不开的。

(1) 建设单位(A 类)文件资料形成过程

建设单位文件资料是建设单位在工程建设项目准备阶段阶段的所有活动的记录,从项目的设想开始,经过项目建议、项目论证、批准立项、编制计划、征用土地、勘测设计、工程招标到工程开工报告等活动内容,形成了相应的文件资料。

建设单位的 6 大类文件资料的形成,基本上遵循了形成的先后顺序的原则。

建设单位文件资料形成过程见图 2-1。

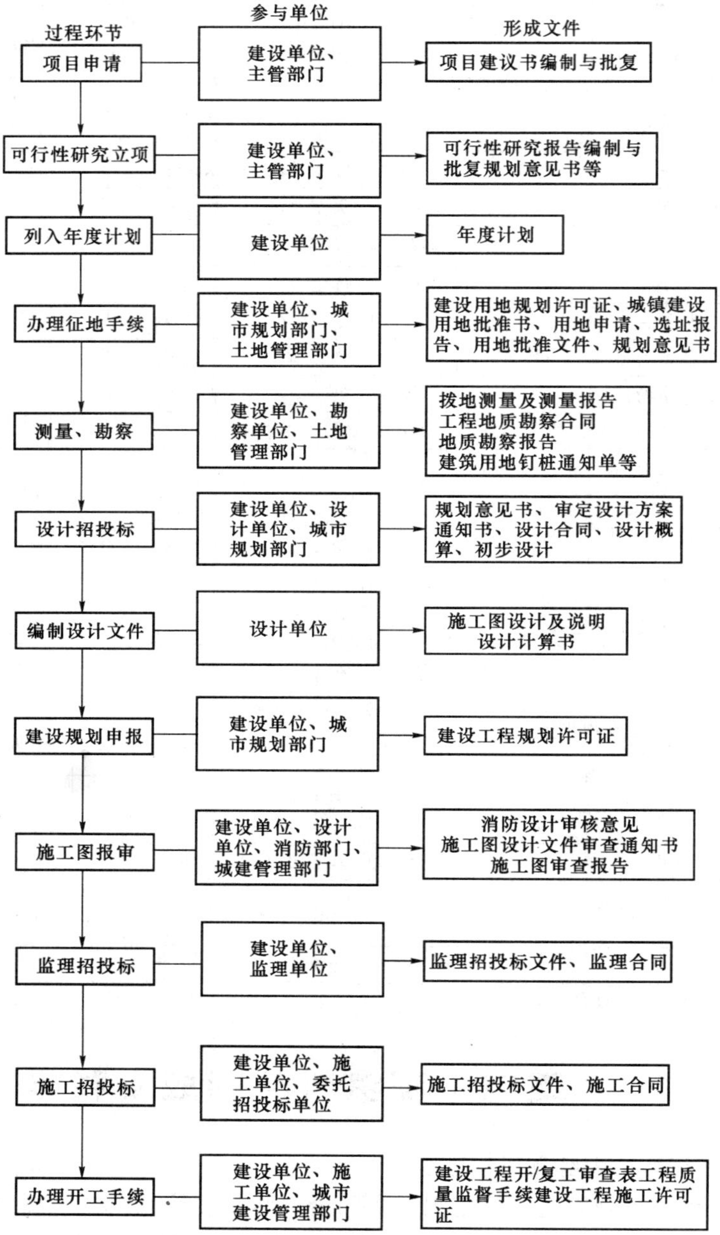

图 2-1　建设单位文件资料形成过程

(2) 监理单位(B 类)文件资料形成的过程

监理单位文件资料是监理单位从接到监理中标通知书开始，到工程竣工移交，参与工程监理的全过程和全部活动所形成的记录，监理单位文件资料的内容与监理单位的工作性质密切相关，监理准备阶段文件资料的形成仍然遵循时间顺序的原则，形成监理管理资料，施工过程形成控制资料。即一管理、三控制。

监理单位文件资料形成的过程见图 2-2。

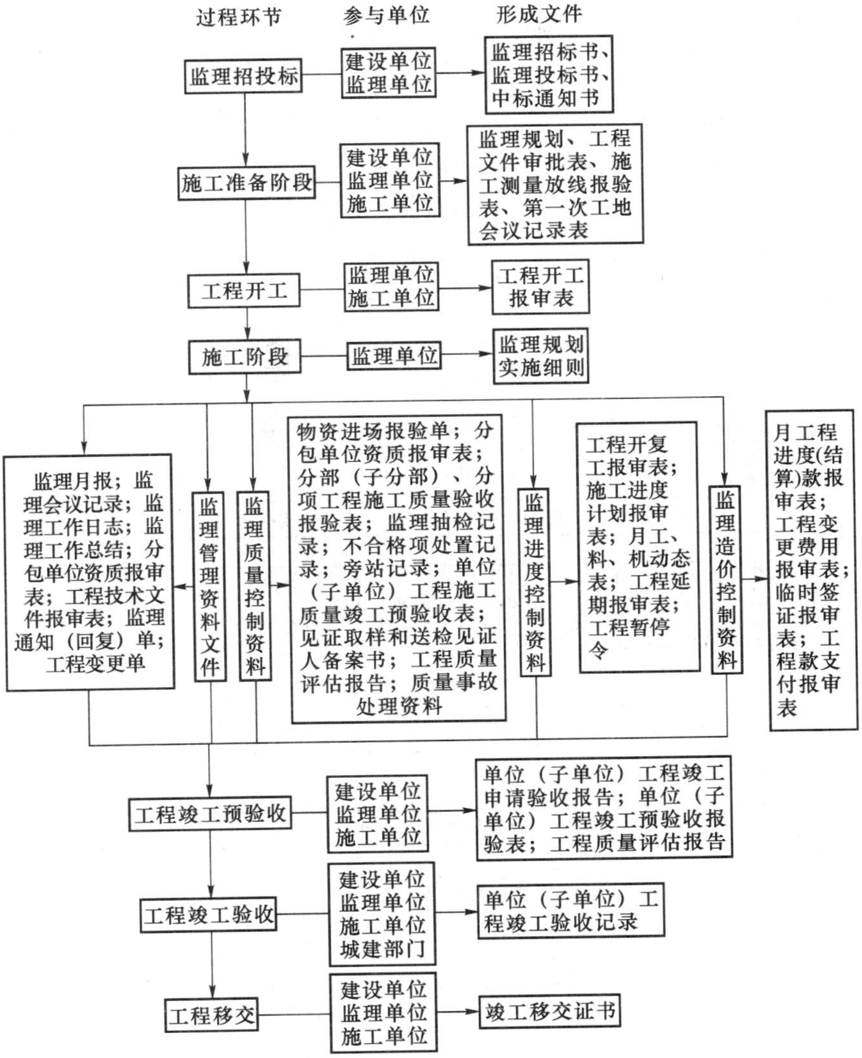

图 2-2　监理单位文件资料形成过程

(3) 施工单位(C 类)文件资料形成的过程

施工单位文件资料是施工单位从接到施工中标通知书开始，到工程竣工移交，参与工程施工的全过程和全部活动所形成的记录，同样，施工准备阶段的文件形成施工管理资料，施工过程形成施工技术资料、施工物资资料、施工检测资料和施工、测量、隐蔽工程验收、施工质量验收记录等。这些资料有一系列报告和记录。

施工单位文件资料形成的过程见图 2-3。

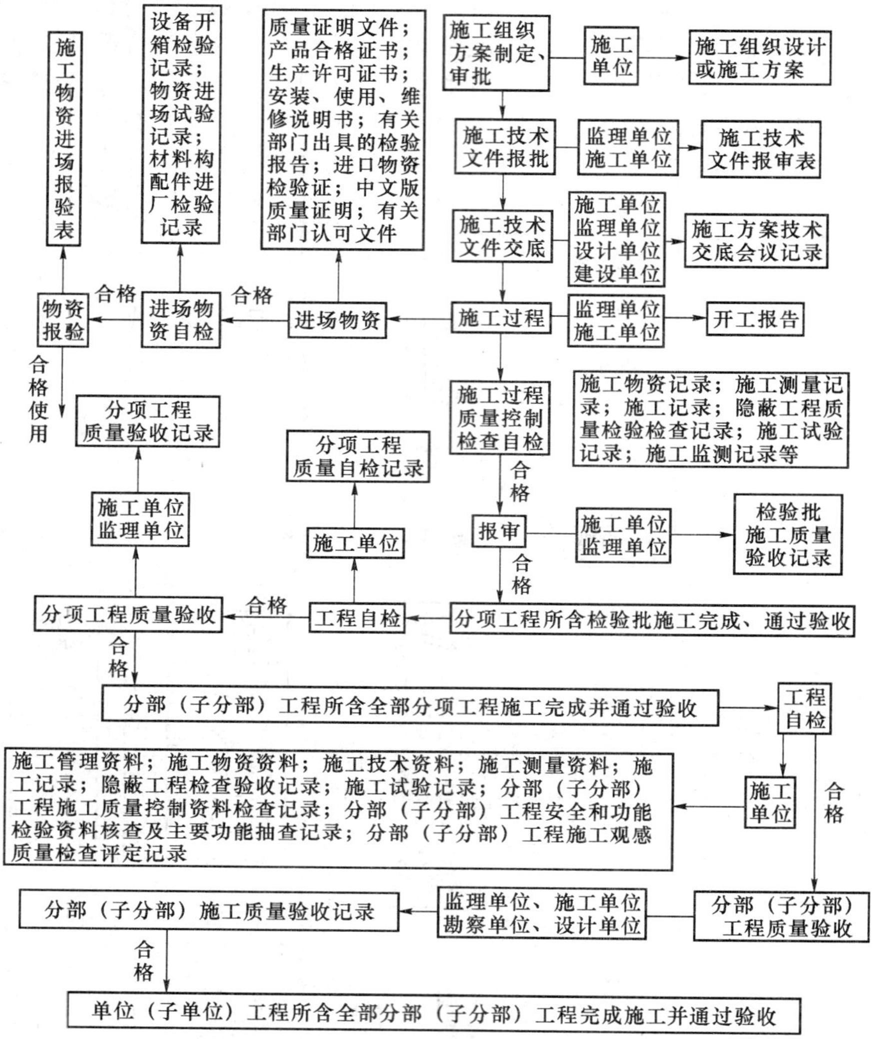

图 2-3　施工单位文件资料形成过程

(4) 竣工图(D 类)文件资料形成过程

竣工图文件资料是工程施工结果的真实写照，从本质上讲就是两个公式。

工程施工过程完全依照设计施工：

竣工图＝施工图＋竣工图章

工程施工过程没有完全依照设计施工：

竣工图＝施工图＋工程变更＋竣工图章

竣工图文件资料形成过程见图 2-4。

(5) 竣工验收(E 类)文件资料的形成过程

竣工验收文件包含工程项目或单位工程竣工验收的记录和交工使用资料。

竣工验收文件资料的形成过程见图 2-5。

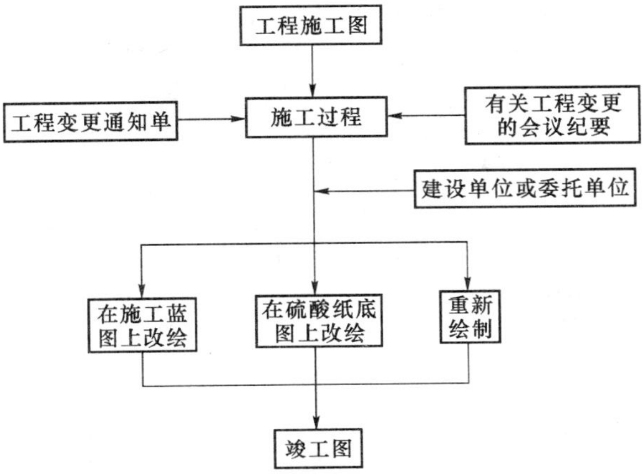

图 2-4　竣工图文件形成过程

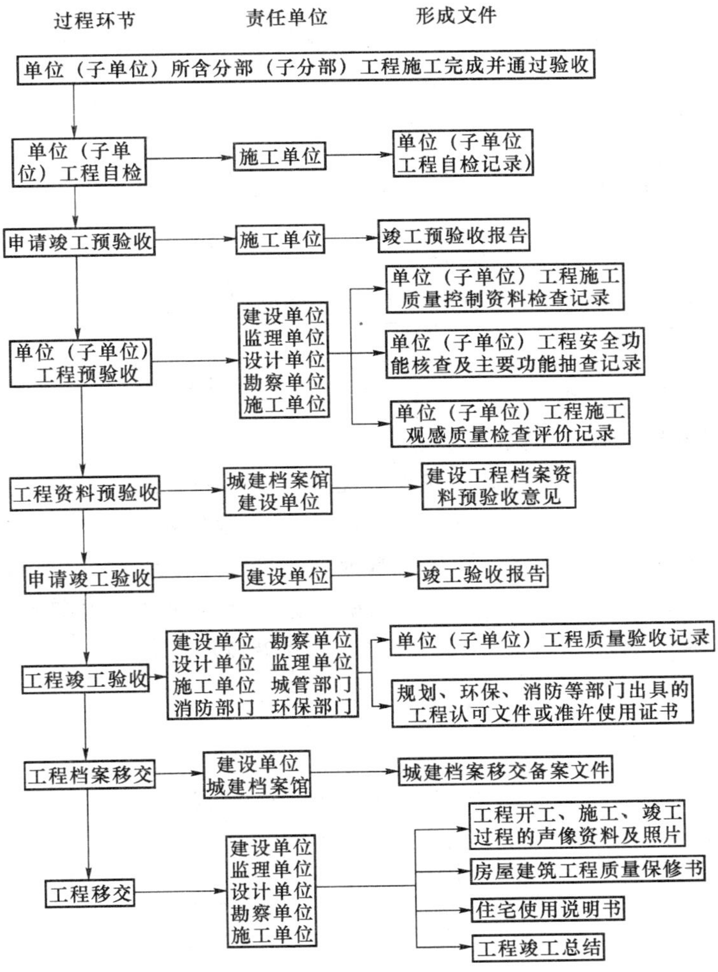

图 2-5　竣工验收文件资料形成过程

(6) 建筑工程文件资料与形成单位之间的关系

建筑工程文件资料与形成单位之间的关系见图 2-6。

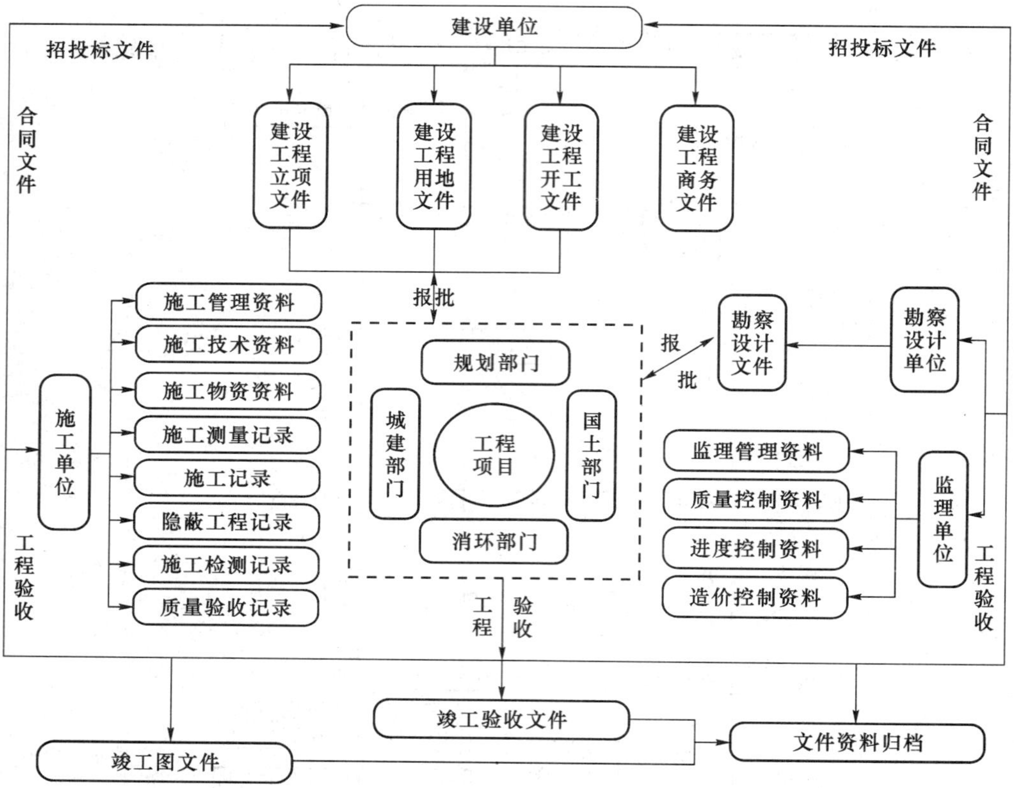

图 2-6　建筑工程资料与形成单位之间关系

2. 建筑工程资料的载体形式

(1) 纸质载体:是以纸张为基础的载体形式。

(2) 微缩品载体:是以胶片为基础,利用微缩技术保存资料的载体形式。

(3) 磁性品载体:是以磁性记忆原理为基础,用磁带、磁盘保存资料的载体形式。

(4) 光盘载体:是以现代计算机技术为基础,用光盘保存资料的载体形式。

纸质载体、光盘载体是当前文件资料保存的主要载体形式。

第3章 工程准备阶段资料（A类）

教学目的

本章主要介绍建设单位在工程准备阶段所形成的（A类）资料文件，重点介绍A类文件资料的内容、形式和形成过程环节。通过本章的学习，应达到以下目的：

1. 了解建设单位文件资料的基本形式，了解文件的报批手续，掌握文件资料的形成过程；

2. 熟悉A类文件的内容，掌握建设单位文件资料的分类和编号。

能力要求

会收集建设单位所形成的文件资料并按照要求进行分类、整理。

工程准备阶段资料是建设单位在工程建设项目准备阶段的所有活动的记录，从项目的设想开始，经过项目建议、项目论证、批准立项、编制计划、征用土地、勘测设计、工程招标到工程开工报告等活动内容，形成了相应的文件资料。建设单位在工程项目准备阶段的主要活动内容有两大项：一是办理建设项目的各种准建手续——报告和批复；二是完善建设工程的各参建单位的准入手续——招标和合同。

工程准备阶段资料由建设单位收集、整理、组卷。

3.1 立项文件（A1）

立项阶段是基本建设项目最初的决策阶段，主要完成建设项目正式立项和可行性研究两项工作内容，立项阶段形成的文件资料主要是文字型资料。立项阶段文件的内容、形式和收集见表3-1。

表 3-1　立项文件的的内容、形式和收集

文件编号	文件名称	文件内容	文件形式	收集
A1-1	批准立项文件	发改部门批准该项目立项的文件	发改部门对项目建议书的批复	建设单位(直接归档文件)
A1-2	项目建议书	建设项目的必要性和依据;产品方案、拟建条件、建设地址;资源、建设条件的初步分析;资金估算和筹措;项目进度安排;经济效益初步估算	建设单位向主管上级部门提出的项目建设初步设想	
A1-3	立项会议纪要	是否符合:国家建设方针;长期规划;市场需求;投资是否合理;手续审查	建设单位召集专家进行项目论证的会议纪要	
A1-4	项目建议书审批意见	批准项目建议书的建设项目;发出前期工作通知书	主管部门审查批复(必要时应报国家有关部门审批)	
A1-5	可行性研究报告附件	投资的必要性和意义;建设规模、方案、市场预测;技术、建设标准、主要设备;资源、材料、动力配套;选址地、占地、布置意见;环境;劳动力、人员培训;工期和进度;投资规模和资金筹措;经济效益和社会效益选址意向书(选址依据、意向);选址意见书(项目情况、选址意见、用地范围);外协意向性(拆迁安置、原燃料供应、运输条件、电信协议)	由建设单位编制或委托有资质的咨询单位编制的项目可行性报告附于可行性报告之后,对可行性报告予以补充	
A1-6	项目评估资料	建设项目的必要性;建设规模;技术设备的可靠性;工程方案和标准;投资来源与结算;社会效益评价;项目评价	由发改部门组织专家进行论证,形成记录文件	
A1-7	可行性报告批复意见	对可行性研究报告客观、全面、准确地进行评估与抉择	由发展改革部门批准立项,下达批准文件	
A1-8	初步设计审批文件	对项目初步设计布局的合理性,与规划要求的符合性,与批准立项文件的一致性审查批准文件	由发改部门对项目的初步设计进行审查后的批复文件	
A1-10	年度计划审批文件	编制项目年度的工作任务、建设安排、进度要求的计划	工作计划和财务计划	

3.2 建设用地、征地、拆迁文件（A2）

建设用地、征地、拆迁文件是指为解决建设项目用地所进行的一系列活动所形成的资料文件。建设用地文件的内容、形式和收集见表3-2。

表3-2 建设用地文件的内容、形式和收集

<table>
<tr><th>文件编号</th><th>文件名称</th><th>文件内容</th><th>文件式</th><th>收集</th></tr>
<tr><td>A2-1</td><td>项目选址意见书</td><td>建设单位、申报单位、工程名称、建设内容、初选建设地址、规模、占用土地面积等</td><td>建设单位向计划部门提出申请</td><td rowspan="9">建设单位(直接归档文件)</td></tr>
<tr><td>A2-2</td><td>规划航测图</td><td>规划主管部门已有的相关航测图纸，标定初步选址的位置、坐标和四址</td><td rowspan="3">建设单位到规划主管部门办理，由规划部门提供</td></tr>
<tr><td>A2-3</td><td>项目用地通知书</td><td>依据相关政策和城市规划方案，对项目选址意见书和规划用地申请审查后的批准通知</td></tr>
<tr><td>A2-4</td><td>建设用地规划许可证及附件</td><td>依据城市规划总体要求，提出规划设计条件、用地性质、位置界限等</td></tr>
<tr><td>A2-5</td><td>建设用地预审</td><td>县级以上国土资源管理部门对建设单位提出的用地申请的初步审查意见</td><td rowspan="4">建设单位到国土资源部门办理，由国土资源部门提供</td></tr>
<tr><td>A2-6</td><td>征(占)用土地批准文件</td><td rowspan="2">县级以上国土资源管理部门对建设单位提出的用地申请的审查批准文件</td></tr>
<tr><td>A2-7</td><td>建设用地批准书</td></tr>
<tr><td>A2-8</td><td>土地使用证</td><td>由有相应权限的国土资源管理部门对建设单位的建设用地合法的使用证书</td></tr>
<tr><td>A2-9</td><td>拆迁安置有关协议</td><td>县级以上政府土地管理部门在划定用地范围内，协调各方商定的征用土地协议、补偿方案、安置方案等事项所形成的合同、协议级会议纪要等</td><td>建设单位与被征用土地单位及有关单位协商</td></tr>
</table>

3.3 勘察、测绘和设计文件（A3）

此类文件是指在建设项目立项工作和土地使用申请批准以后，由建设单位委托勘察、测绘和设计单位所进行的一系列实质性的技术活动所形成的资料。勘察、测绘和设计文件的

形成、内容和收集见表3-3。

表3-3　勘察、测绘和设计文件的内容、形式和收集

文件编号	文件名称	文件内容	文件形式	收集
A3-1	工程地质勘察报告	文字部分：前言、地形、地貌、地层结构、含水构造、不良地址、最大冻深、地震烈度、工程地质、环境 图表部分：工程地质分区图、平面图、剖面图、勘探点平面位置图、不良地质现象平、剖面图、物探剖面图、地层的物理力学性质	建设单位委托勘察单位勘察；编制勘察报告	建设单位（直接归档文件）
A3-2	设计方案	总体规划设计平面布置图、竖向布置图	建设单位（或委托设计单位）编制上报规划部门的总体设计	
A3-3	设计方案审定意见	由人防、环保、交通、市政、园林、电力、电信、卫生、消防等有关部门对总体设计方案的审定意见	分别由相关部门（或联合）行文	
A3-4	建设规划许可证	建设规划设计方案的批准文件、附件及附图	规划部门行文	
A3-5	初步设计及说明	工程初步设计图纸及设计说明书	建设单位（或设计单位）编制的工程初步设计	
A3-6	施工图设计及说明	用于施工的设计图纸及说明书	设计单位设计的工程施工图纸及说明书	
A3-7	设计预算	依据施工图编制的工程预算及材料等预算书	设计单位编制的工程项目（材料、投资）预算书	
A3-8	施工图审查合格证	对施工设计图中关于建筑物的稳定性、安全性；消防、节能、抗震、卫生、人防等强制标准和规范的符合性；公共利益等的终审意见	分别由相关部门（或联合）行文	

3.4　工程招投标及合同文件（A4）

在工程项目立项和征（占）用土地手续完成后，建设单位即应根据建设项目的要求进行勘察、设计、监理和施工单位的招标选择。此类文件主要由招投标文件和合同文件两大部分构成。

根据我国招投标法的有关规定，凡是达到下列条件和规模的工程建设项目，其勘察、设计、监理、施工及与工程建设项目有关的重要设备和材料的采购，均应履行招标程序：

(1) 大型基础设施、公用事业等关系社会公共利益、公众安全的项目；

（2）全部或部分使用国有资金投资或国家融资的项目；
（3）使用国际组织或外国政府贷款、援助资金的项目；
（4）法律或国务院规定的其他项目。
工程招投标及合同文件的内容、形式和收集见表3-4。

表3-4　工程招投标及合同文件的内容、形式和收集

文件编号	文件名称	文件内容	文件形式	收集
A4-1	勘察、设计、施工、监理招投标文件	招标公告：项目简介、标的内容、标准要求、投标截止日期、预审文件购买办法等； 资格预审：按照招标公告对投标文件进行预审； 决标中标：开标会议、评标、公开标底、决定中标单位、发布中标通知书	由建设单位（或委托有资质的招标单位）发出的招标公告、中标通知书	建设单位（直接归档文件）
A4-2				
A4-3				
A4-4				
A4-5	与相应的中标单位签订合同	通用条款（标准条件）、专用条款（专用条件）及附属条款、附件等内容（有正式合同文本的执行正式合同文本）	建设单位与相应的中标单位签订的合同	
A4-6				
A4-7				
A4-8				

3.5　工程开工文件（A5）

此类文件市建设单位从施工单位进场到正式开工之前的活动所形成的资料。工程开工文件的内容、形式和收集见表3-5。

表3-5　工程开工文件的内容、形式和收集

文件编号	文件名称	文件内容	文件形式	收集
A5-1	验线合格文件	由规划部门依据规划设计对开工前的建筑物位置放线进行检查验收所出具的合格证明文件	由规划部门编制的验线合格通知文件	建设单位（直接归档文件）
A5-2	工程竣工档案责任书	统一档案资料的格式、内容、整理、装订，移交的方式、时间、要求、责任人等	建设单位与城建档案室签订档案管理协议	
A5-3	工程质量监督手续	建设单位填写《建筑工程质量监督注册登记表》，由工程质量监督部门审查合格后，指定监督机构，发出《质量监督通知书》	《建筑工程质量监督注册登记表》《质量监督通知书》	
A5-4	建筑工程许可证	准许施工的证明文件	建设行政主管部门行文	

3.6 商务文件(A6)

此类文件是指为建设工程的投资控制所进行的概算、预算、决算等活动所形成的资料。商务文件的内容、形式和收集见表 3-6。

表 3-6 商务文件的内容、形式和收集

文件编号	文件名称	文件内容	文件形式	收集
A6-1	工程设计概算	依据工程初步设计所进行的投资核算用于工程资金投入的控制	建设单位或委托有资质的单位编制的《工程项目初步设计资金投入概算》	建设单位(直接归档文件)
A6-2	施工图预算	依据施工图所进行的工程费用核算,用于工程费用的结算控制	由设计单位编制的《建设工程项目施工图预算》	
A6-3	工程决、结算	对施工图预算的修正,用于与施工单位工程费用的结算	建设单位与施工单位共同编制、认可的《建设工程项目决算》	

第4章

工程监理资料（B类）

教学目的

本章主要介绍监理单位在工程监理期间对工程建设实施过程所形成的与监理工作相关的文件资料的内容、形式、形成和收集。通过本章的学习，应达到以下目的：

1. 了解B类文件形成和需要报批文件的报批手续；
2. 熟悉B类文件的内容、编号方法和归档范围；
3. 掌握B类文件形成过程和收集。

能力要求

能熟练地进行B类文件资料的收集、整理，并根据要求完成B类文件的编写工作。

监理文件资料，是监理单位从接受建设单位委托，到工程项目竣工移交后的全过程，在其工程监理工作期间，所有监理活动的记录，是工程建设监理信息的主要载体之一。监理文件资料的分类、编号、提供单位和保存时间见表2-1。

4.1 监理管理资料(B1)

1. 监理规划（B1-1）

(1) 监理规划的编制

主持：总监理工程师；参加：各专业监理工程师；审批：监理单位、建设单位。

(2) 监理规划编制时间

签订监理合同、收到施工合同、施工组织设计、设计图纸文件后一个月内完成。

(3) 监理规划的作用

① 监理规划是项目监理机构全面开展监理工作的指导性文件；

② 主管部门对监理单位进行了解检查、监督考评的主要依据；

③ 建设单位确认监理单位全面、认真履行监理合同的依据；

④ 监理资料的重要组成部分。

(4) 监理规划的基本内容及要点

① 工程项目概况

内容：工程名称、建设地址、项目组成及规模、主要建筑类型、建筑面积、工期及开/竣工日期、质量等级、概算、设计单位及施工承包。

要点：工程项目包含多栋建筑物时，尽可能列表编制。

② 监理工作范围

内容：所承担的工程项目的监理范围。

要点：写清全部承担或以承担的标段或自项目划分监理范围。

③ 监理工作实施

内容：主要写清四控制（质量、进度、投资、安全）、二管理（信息、合同）、一协调（组织协调）。

要点：可分为施工前的准备阶段、施工阶段、验收阶段分别编写，主要写清“做什么”。

④ 监理工作目标

内容：主要应实现四控制（质量、进度、投资、安全）的目标。

要点：质量控制、进度控制、投资控制目标依据施工合同规定编写，安全控制目标可编写为“杜绝死亡事故，控制重伤事故”。

⑤ 监理工作依据

内容和要点：可参照以下文件编写——相关合同文件、勘察、设计文件、ISO 9001—2000质量标准体系文件、相关的法律、法规、标准、规范、规定文件、地方现行和专业的标准、规范、规定文件。

⑥ 项目监理机构的组织形式、人员配置、岗位职责

内容：总监理工程师、总监理工程师代表、专业监理工程师、监理员的配备及层次。

⑦ 监理工作程序

内容及要点：监理工作的流程和顺序，只画流程图，不书写文字流程。

⑧ 监理工作的方法措施

要点：“方法”主要编写监理机构为实现监理目标应“如何做”，“措施”主要编写监理机构达不到监理目标时应“如何做”，方法、措施应涉及监理工作的全部内容。

⑨ 监理工作制度

内容：监理会议制度、信息和资料管理制度、监理工作报告制度、其他制度。

要点：依据企业的《监理工作制度》，体现在特定环境下，如何实现“做什么”和“怎么做”。

⑩ 监理设施

内容要点：依据合同，写清自备设施，需增加的设施，以够用为基准。

（5）监理规划的编制依据

① 相关法律、法规和项目审批文件；

② 与建设工程项目有关的标准、设计文件、技术资料；

③ 监理合同及其他与建设工程项目有关的合同文件；

④ 勘察、设计、气象、交通、能源市政、材料供应等方面的资料；

⑤ 工程报送的有关文件、招标文件等；

⑥ 质量检验的规范、标准、规程等。

2. 监理实施细则(B1-2)

(1) 监理实施细则的编制时间、批准程序

监理实施细则由专业监理工程师编制，并在相应的工程施工开始之前编制完成，经总监理工程师批准后实施。

(2) 监理实施细则编制的范围

① 中级及以上或专业性较强的工程项目，应编制监理实施细则（中级及中级以上工程项目一般对应工程类别为二等的工程项目。包括：14～28 层的房屋建筑工程；24～36 m 跨房屋建筑和工业建筑；建筑面积在 10 000～30 000 m^2 之间的单项工程；70～120 m 高耸构筑物工程；6 万～12 万 m^2 之间的住宅小区工程）。

② 对规模较小或小型工程，可将监理规划编制得详细一些，不再另行编制监理细则。

(3) 监理细则的作用

针对工程项目中某一专业或某一方面开展监理活动的、具有可操作性的实施文件。

(4) 监理实施细则的内容及要点

① 专业工程的特点：实施细则应结合专业工程的特点，不是指单位工程的概况。

② 监理工作的流程：是指所针对专业施工的实施细则工作流程，不是各项控制工作的流程。

③ 监理工作的控制要点及目标值："要点"是指针对专业施工控制的重点，"目标值"是指监理机构对专业工程质量设定的目标值，不是合同中规定的质量标准。

④ 监理工作的方法及措施：与监理规划中的方法措施相似，不同之处在于监理实施细则只是针对某一专业的方法措施。

在监理工作实施过程中，监理实施细则应根据实际情况进行补充、修改和完善。

3. 监理月报(B1-3)

(1) 监理月报的编制与确认

监理月报由总监理工程师主持编制，并经总监理工程师签字确认后分别报建设单位和监理单位。

(2) 监理月报的内容

① 本月工程概况：当月施工的基本情况。

② 本月工程形象进度：当月工程的进度计划。

③ 本月工程进度：本月实际完成情况及与计划进度比较；对进度完成情况及采取措施效果的分析（如天气影响、材料影响等）。

④ 工程质量与安全：本月工程质量情况分析；本月采取的工程质量、安全措施及效果。

⑤ 工程计量与工程款支付：工程量审核情况；工程款审批情况及月支付情况；工程款支付情况分析；本月采取的措施及效果。

⑥ 合同其他事项的处理情况：工程变更；工程延期；费用索赔等。

⑦ 本月监理工作小结：对本月进度、质量、工程款支付等方面情况的综合评价；本月监理工作情况；有关本工程的意见和建议；下月监理工作的重点。

4. 监理会议纪要(B1-4)

(1) 监理会议纪要的形成

监理会议纪要是根据监理会议记录形成的,经监理工程师审阅,并经与会代表会签后,发至参建各方。

(2) 会议纪要的内容

① 例会的时间、地点。

② 会议的召集人、主持人。

③ 与会人员的姓名、单位、职务。

④ 例会的主要内容、研究议题、决议事项、负责单位、责任人及完成时限要求。

⑤ 其他事项。例会中如有对重大问题的不同意见,纪要中应将各方的主要观点,特别是相互对立的意见记人“其他事项”。

(3) 会议纪要的要求

内容真实、准确,简明扼要。

(4) 监理会议纪要编制

监理会议纪要编制范例见表 4-1。

5. 监理工作日志(B1-5)

(1) 监理工作日志的形成

以单位工程的监理工作为对象,从该项目监理工作开始起,至该项目监理工作结束止,由监理单位专人负责,逐日如实记载,每周查阅一次。

(2) 监理日志的作用

监理日志是监理单位完整的工程跟踪资料,是工程实施过程中最真实的工作证据也是监理人员工作素质和技术水平的具体体现。

(3) 监理日志的内容

① 天气情况:当日的天气、温度、风力自然气候情况等。

② 施工情况:当日施工的内容、部位、进度、质量、安全情况;劳务人员、施工设备进出场情况等。

③ 材料的进场和使用情况:进场材料、设备、构配件的名称、规格、数量、使用部位、核检情况及试件的抽样和检验结果。

④ 监理工作情况:施工过程巡查、检查情况;施工过程旁站、见证取样情况;施工测量放线、工程报验情况及检验结果;建设单位、施工单位提出的有关事宜及处理意见;有关进度、质量、安全方面的情况;当日签发的指令、通知等;图纸交接、变更等情况;发现的质量、安全问题及处理措施;监理会议议定事项的协调;设计人员进工地及交代事件;有关部门、领导的指示、要求等;其他事件。

(4) 监理日志的要求

① 真实、准确、全面记录工程施工过程与监理工作有关事项,技术用语规范、简练。

② 内容应保持其完整性和连续性。

③ 使用统一制定的表格形式,每册封面应标明工程名称、册号、记录时段、建设、监理、施工单位名称,并由监理工程师签字;不应出现隔页、缺页、补页或扯页。

表 4-1　监理会议纪要

第一次工地会议纪要

编　号:B1-4

工程名称:××住宅小区工程　　　　顺序号:001

时间:2008 年 4 月 12 日 14 时 30 分						
地点:××住宅小区工地现场办公室						
主持人:×××(××市××建设监理工程公司总监理工程师)						
主要内容: 一、建设单位、施工单位、监理单位分别介绍各自驻现场的组织机构、人员配置、业务分工。 二、建设单位的总工程师×××,依据监理合同和监理规范的规定,宣布对总监理工程师的授权并希望监理机构正确执行国家和地方的“法规”、“规范”、“规程”和“标准”,认真履行岗位职责,对工程的质量、安全、投资和进度进行严格的控制,建设单位还表示对监理机构开展监理工作将给予全力支持。 三、建设单位总经理×××,向与会人员介绍了工程开工前的准备工作,重点讲述了施工前期手续已经全部具备,已经领取了施工许可证,施工现场的“三通一平”工作也顺利完成,希望施工单位能够抓紧施工,另外本工程项目的建设得到了政府各级领导的重视和支持,行业主管部门也本着特事特办的原则,同意先行根据预放线进行基础土方开挖,但基础工程施工必须待正式放线手续完善后方可进行。 四、施工单位项目经理×××介绍了施工准备情况:施工管理体系已经建立健全,施工作业人员已经到位,工程材料已经进场,施工机械已经安装完毕并经法定检测部门检测合格。施工组织设计及各专项施工方案已经过监理机构审批合格,施工图纸会审完毕,完全具备了开工要求,待建设单位取得正式放线手续后立即组织施工。 五、总监理工程师×××就监理工作的范围、内容、依据、程序、制度、方法、手段、措施等事项,对施工单位进行厂全面系统的监理交底(附件)。						
会议决定: 一、确定了各方在施工过程中参加工地例会的主要人员,召开工地例会周期、地点及主要议题。 二、参加工地例会的人员有: 建设单位的总工程师×××、工程部长×××。 监理单位的总监理工程师×××、土建专业监理工程师×××、电气专业监理工程师××、水暖专业监理工程师×××。 施工单位的项目经理×××、单位工程技术负责人×××、专职质量检查员××、专职安全监督员×××。 三、召开工地例会的周期为一周,特殊情况下,各参建单位的现场负责人可以提议召开专题会议。 四、会议的地点在建设单位的现场办公室。						
其他事项 无。						
到会人员签字	建设单位	×××	×××	×××	×××	
	监理单位	×××	×××	×××		
	施工单位	×××	×××	×××	×××	×××

注:监理会议纪要由监理工程师审核,与会各方代表会签后,发至有关各参建方。

④ 监理人员巡检、专检或工作后应及时填写监理日志并签字。

(5) 监理工作日志填写范例见表 4-2。

表 4-2 监理工作日志

编　号:B1-5

工程名称:××住宅小区建设工程　　　　第(××)页

日期 2008 年 3 月 12 日	星期	一	天气	晴	气温	18～28 ℃	风力	3～4 级 东南风
施工部位	标高 5.80 m(二层)			监理人员	×××、×××			

施工情况:

1. 下午 3 点开始①～④轴梁板浇筑混凝土 C30。

2. ⑤～⑧轴梁板绑扎钢筋。

3. 施工方法:现场搅拌 C30,采用 QT40 t·m 塔式起重机(固定式)做现场垂直运输。

材料进场及使用情况:

1. 进场富平产 1～30 mm 粒径碎石约 200 m^3,耀县水泥厂产 PS32.5 等级水泥 60 t,质量保证,资料齐全有效,宏观检查合格,并予以见证取样复试。

2. 二层梁板使用的钢筋及拟浇筑的混凝土中所用的碎石、中砂、水泥,前期已经复试合格,试验单编号分别为 05-213、05-231、05-235、05-321。

监理工作情况:

1. 13:00 时,监理工程师对二层①～⑧梁板平行检验时发现,KL-1 梁的梁底钢筋采用的是直径为 20 mm 的螺纹钢筋,而设计图纸要求的是直径为 25 mm 螺纹钢筋,随即下达了《监理工程师通知书》,要求施工单位进行返工处理。施工单位接到《监理工程师通知书》后立即进行了整改,于 14:00 时整改完毕并向监理机构重新报验,经监理工程师复验合格,同意施工单位浇筑混凝土,并签署钢筋隐蔽工程验收记录。报验单编号为×××,验收人×××。

2. 土建专业监理工程师×××对现场搅拌的混凝土配比进行了抽检,情况如下:

理论配比(kg/罐)	PC32.5 水泥	中沙	1～30 mm 碎石
	200	280.8	479.2

计量实测,水泥平均每袋 49.5 kg,少 1(允许±2);中沙每罐 280.8 公斤,多 2.85%(允许±3%);碎石 286 kg,多 1.5%(允许±3%)。抽查结果合格。

3. 二层①～⑧梁板浇筑混凝土时,监理工程师×××派监理员×××实施旁站监理,其相关内容详见旁站监理记录。

安全监理工作情况:

10 时,监理工程师巡视检查发现,外双排钢管脚手架局部高于二层楼面的尺寸,未达到 1.2 m,不符合安全防护要求,监理工程师立即下达了《监理工程师通知书》,要求施工单位整改并临时撤离该部位的作业人员,施工单位接到《监理工程师通知书》后立即进行了整改,于 11 时整改完毕,经监理工程师检查合格。

其他记事内容:

无。

6．监理工作总结(B1-6)

(1) 监理工作总结的形成

监理工作总结是工程(阶段、专业)监理工作结束后，监理单位向建设单位提出的工作总结(包括专题工作总结、阶段工作总结和竣工总结，是否写专题工作总结和阶段工作总结视具体情况而定)。监理工作总结由监理总工程师组织项目监理机构有关人员编写。

(2) 监理工作总结的内容

① 工程概况。

② 监理组织机构监理人员和投入的监理设施。

③ 监理合同履行情况。

④ 监理工作成效。

⑤ 施工过程中出现的问题及其处理情况和建议。

7．施工组织设计(方案)报审表(B1-7)

(1) 施工组织设计(方案)报审表的形成：

施工单位在工程施工开始前，应编制该工程施工组织设计(方案)，并填写《施工组织设计(方案)报审表》一式四份，与工程施工组织设计(方案)一起，经施工单位相关部门审批后，报工程项目监理机构。

(2) 施工组织设计(方案)的批准：

接到施工单位的《施工组织设计(方案)报审表》后，总监理工程师应组织专业监理工程师对工程项目施工组织设计(方案)进行审查，填写审查意见，由总监理工程师签署审核结论后，返回施工单位一份，其余三份留项目监理部。

(3) 施工组织设计(方案)报审表的填写范例见表 4-3。

8．分包单位资格报审表(B1-8)

(1)《分包单位资格报审表》的形成

如工程项目有分包单位时，施工总承包单位应选择具有承担分包工程施工资质和能力的分包单位，在签订分包合同之前，施工总承包单位应填写《分包单位资格报审表》，报项目监理机构。

(2) 分包单位资格的审批

项目监理机构接到总承包单位《分包单位资格报审表》后，先经专业监理工程师对分包单位的有关资质资料进行审查，符合规定后，报总监理工程师批准。

(3)《分包单位资格报审表》的附件

分包单位营业执照、企业资质等级资料、分包单位工程业绩资料等。

(4) 分包单位资格报审表的填写

分包单位资格报审表的填写范例见表 4-4。

表 4-3　施工组织设计(方案)报审表

编　号:B1-7

工程名称:××住宅小区工程　　　　顺序号:001

致:××市×××建设工程监理公司　(监理单位) 　我方已根据施工合同的有关规定完成了　××小区建设工程　施工组织设计(方案)的编制,并经我单位上级技术负责人审查批准,请予以审查。 　附件: 　施工组织设计(说明、图表)。 承包单位:(章)　××市××建筑工程公司 项 目 经 理:　××× 日　　期:　2008 年 3 月 14 日
审查意见: 　该工程施工方案合理、可行,且审批手续齐全,同意承包单位按该施工方案施工,请总监理工程师审检。 专业监理工程师:　××× 日　　期:　2008 年 3 月 16 日
审核结论: 　同意承包单位按该施工方案组织施工。 项目监理机构:　××市××建筑监理公司第二监理部 总监理工程师:　××× 日　　期:　2008 年 3 月 16 日

注:本表由施工单位填报,一式四份,经项目监理机构审核后,施工单位存留一份,项目监理机构收存三份。

表 4-4　分包单位资格报审表

编　号：B1-8

工程名称：××住宅小区工程　　　　顺序号：00×

致：××市×××建设工程监理公司第二监理部　（监理单位）

经考核，我方认为拟选择 ×××基础工程公司 （分包单位）具有承担下列工程的施工资质和能力。可以保证本工程项目按合同规定进行施工，分包后，我方仍然承担总承包单位的全部责任，请予以审核和批准。

附：1. 分包单位营业执照
2. 企业资质等级资料
3. 分包单位工程业绩资料

分包工程名称(部位)	工程数量	拟分包工程合同额	分包工程占全部工程
基础土方	15 000 m^2	120 000.00 元	××%
合计			

总包单位：(章) ××市××建筑工程公司
项 目 经 理：×××
日　　期：2008 年 4 月 14 日

监理工程师审核意见：

该分包单位经审查核实，具备分包资格及条件，拟同意分包，请总监理工程师审核。

监理工程师(签字) ×××
日　　期：2008 年 4 月 16 日

总监理工程师审核意见：

经审核，该分包单位具备分包资格，同意分包。

项目监理机构：××市××建筑监理公司第二监理部
总监理工程师：×××
日　　期：2008 年 4 月 16 日

注：本表由施工单位填报，一式三份，经项目监理机构审批后，施工单位存留一份，项目监理机构收存两份。

9. 监理通知书(B1-9)

(1)《监理通知书》的形成

当专业监理工程师或总监理工程师发现施工过程中存在的问题时,由专业监理工程师填写《监理通知书》一式四份,经总监理工程师签发后,加盖项目监理机构章,送工程项目经理部一份,项目监理机构存留三份。

《监理通知书》送达后,须经工程项目经理部经理或技术负责人、专职质量检验员签字并回执。

(2)《监理通知书》的种类

① 通知类:通知会议、转达建设单位、设计单位的要求或设计意图等。

② 预控类:督促施工单位按方案施工或督促执行新标准等。

③ 指令类:要求对不合格项整改、要求对不合格项提出整改方案等。

(3)《监理通知书》的填报范例

《监理通知书》的填报范例见表 4-5。

10. 监理通知回复单(B1-10)

(1)《监理通知回复单》的形成

《监理通知回复单》是项目经理部在接到《监理通知书》后,对通知中涉及问题的答复。该表由施工单位填报,一式四份,经项目经理签字,项目经理部盖章后,报工程监理机构,经总监理工程师或专业监理工程师签字确认后,项目监理机构存留三份,施工单位存留一份。

(2)《监理通知回复单》的填写要求

①《监理通知回复单》应针对《监理通知书》中涉及的问题给予明确的答复。如涉及对不合格项的整改措施,施工单位提出的整改措施要具体,并有针对性。

② 回复内容的重点应放在整改措施及整改效果方面,监理机构将依据整改措施对涉及的不合格项的整改结果进行验收。

③ 整改后的效果验收须经监理工程师验收确认并签字。

(3)《监理通知回复单》的填报

《监理通知回复单》的填报范例见表 4-6。

11. 工作联系单(B1-11)

(1)《工作联系单》的形成

当工程项目的参建一方与其他参建方进行工作联系时,应填写《工作联系单》,《工作联系单》由联系单位填写,一式四份,联系单位存留三份,被联系单位各存留一份。如果被联系单位不是一家,则应相应的增加份数。

(2)《工作联系单》的作用

《工作联系单》用于工程参建各方之间传递意见、决定、通知、要求等信息。

(3)《工作联系单》的填写

《工作联系单》的填写范例见表 4-7。

表4-5　监理通知书

编　号：B1-9

工程名称：××住宅小区建设工程　　　　顺序号：00×

致：××住宅小区项目经理部（施工单位）

事由：

关于模板安装完毕后，模板内存有较多垃圾的清理问题。

内容：

根据我方项目监理部监理人员的巡检发现，你公司在模板安装完毕后，模板内存在较多残留木块、浮浆残渣、刨花碎荷等垃圾问题，在混凝土浇筑之前必须认真清理干净。口头对你方现场的施工人员提出要求时，并未得到施工人员的充分重视。

为此特发此通知，要求你公司对此项目的问题进行认真清理，并将清理的结果报我方项目监理部。

项目监理机构（章）：××市××建筑监理公司第二监理部

监理工程师（签字）：×××

总监理工程师：×××

时　　间：2008年×月××日

注：本表由专业监理工程师（项目监理部）填写，一式四份，经总监理工程师审签后，送工程项目经理部一份，工程项目监理部存留三份。

表 4-6 监理通知回复单

编　号：B1-10

工程名称：××住宅小区建设工程　　　　顺序号：00×

<table>
<tr><td>致：××市×××建设工程监理公司第二监理部（监理单位）

我方接到第(00×)号监理通知后，已按要求完成了模板内垃圾的清理工作，特此回复，请予以复查。
详细内容：
我项目经理部收到(00×)号监理通知后，立即组织相关人员对现场模板内的垃圾进行了彻底的检查和清理，现已全部清理干净。经自检达到了浇筑混凝土的要求。同时对有关的施工人员进行了质量意识教育，并保证在今后的施工过程中严格控制施工质量，确保工程质量目标的实现。

施工单位(章)：××市××建筑工程公司
项目经理(签字)：×××
时　　间：2008 年×月×日</td></tr>
<tr><td>复查意见：
经复查对(00×)号《监理通知》提出的问题，项目部进行了全面的整改处理，达到了浇筑混凝土的要求。

项目监理机构(章)：××市××建筑监理公司第二监理部
监理工程师(签字)：×××
总监理工程师：×××
时　　间：2008 年×月××日</td></tr>
</table>

注：本表由施工单位填写，一式四份，经项目经理签自后，报工程项目监理部三份，工程项目经理部存留一份。

表 4-7　工作联系单

编　号:B1-11
顺序号:××

致:工程项目参建各方 为了确保工程质量和进度,拟召开有参建各方参加的临时现场协调会。 会议时间:2008 年×月×日 14 时 30 分 会议地点:建设单位现场办公室 会议议题:协调工程工程质量和进度 会议主持:总监理工程师 项目监理机构(章):××市××建筑监理公司第二监理部 总监理工程师:××× 时　　　间:2008 年×月××日

注:此表由通知单位填写,通知单位存留三份,被通知单位各存留一份。

12. 工程变更报审表(B1-12)

(1)《工程变更报审表》的形成

在工程施工过程中,建设单位、设计单位或施工单位提出工程变更要求,须向项目监理机构填报《工程变更报审表》,并附有关变更资料。

(2) 工程变更确认的程序

工程变更确认的程序如图 4-1 所示。

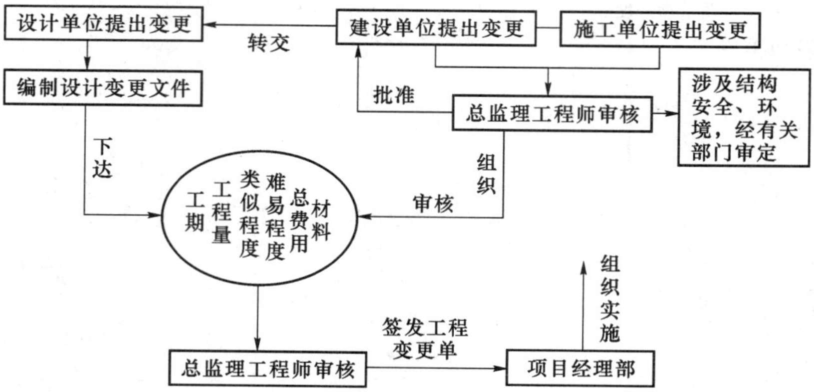

图 4-1 工程变更确认程序

(3) 工程变更的资料要求

① 工程变更依据提出的原因可分为两类:因结构、建筑、工艺技术问题及建设单位用途变更而由设计单位提出的变更称为设计变更;因施工技术、材料代用、施工方案等问题由施工单位或监理机构提出的变更并通过商洽而实施的变更称为商洽变更。所有变更都必须由提出单位填写《工程变更报审表》,并经建设、设计、监理、施工单位协商同意并签字后方为有效。

② 设计变更须经建设单位同意由设计单位出具变更通知单;商洽变更须先由变更提出单位同时提交变更方案,并经建设、监理、施工三方同意方为有效。

③ 凡涉及结构安全、建设环境等方面的变更换须经当地政府有关部门审定。

④ 必须坚持先变更、后施工的程序。在紧急情况下,应限定变更手续完成的时限。

(4)《工程变更报审表》的填写

《工程变更报审表》的填写范例见表 4-8。

13. 工程竣工移交证书(B1-13)

(1)《工程竣工移交证书》的形成

工程竣工完成,并通过正式验收后,由项目监理机构总监理工程师与建设单位代表共同签署《工程竣工移交证书》并加盖建设单位、监理单位公章。

(2)《工程竣工移交证书》的填写

《工程竣工移交证书》的填写范例见表 4-9。

表 4-8　工程变更报审表

编　号：B1-12

工程名称：××住宅小区工程　　　　顺序号：×××

<table>
<tr><td>施工单位</td><td>××市××建筑工程公司</td><td>监理单位</td><td>××市××建筑监理公司第二监理部</td></tr>
<tr><td colspan="4">致：××市×××建设工程监理公司第二监理部　（监理单位）
由于　为增强基础地板的防水功能　原因，兹提出　××住宅小区工程　作如下变更：
附：变更商洽记录(编号×××)

提出单位代表(签字)：×××
时　　间：2008 年×月×日</td></tr>
<tr><td colspan="4">审查意见：
同意。

专业监理工程师(签字)：×××
时　　间：2008 年×月×日</td></tr>
<tr><td colspan="4">审核结论：
同意。

总监理工程师(签字)：×××
时　　间：2008 年×月××日</td></tr>
<tr><td colspan="4">建设单位意见：
同意。

建设单位代表(签字)：×××
时　　间：2008 年×月××日</td></tr>
</table>

注：本表由提出单位填写，一式三份经项目监理部审核后施工单位存留一份，项目监理机构收存两份。

表 4-9　工程竣工移交证书

编　号：B1-13

工程名称：××住宅小区工程　　　　顺序号：×××

致：<u>×××建筑开发公司</u>（建设单位） 兹证明施工单位<u>××市××建筑工程公司第×项目经理部</u>施工的<u>××住宅小区2#楼工程</u>已按施工合同要求完成，并验收合格，从即日起，该工程移交建设单位管理，并进入保修期。 附：单位(子单位)工程施工质量验收记录。	
总监理工程师签字	监理单位(章)
××× 2008年×月×日	(盖章) 2008年×月×日
建设单位代表签字	建设单位(章)
××× 2008年×月×日	(章) 2008年×月×日

注：本表由项目监理机构填写，一式四份，双方盖章后生效，工程项目监理机构存留三份，建设单位存留一份。

4.2 监理质量控制资料(B2)

1. 施工测量放线报验表(B2-1)

(1)《施工测量放线报验表》的形成

施工单位在完成工程定位、施工测量、工程沉降观测后,向项目监理机构填报《施工测量放线报验表》,并附有关测量资料。

(2) 随《施工测量放线报验表》同时报送的材料

① 专职测量人员岗位上岗资格证书。

② 测量设备的鉴定合格证书。

③ 测量放线的依据材料及放线成果。

(3) 施工测量放线报验项目

① 施工测量方案、红线桩的效验成果、水准点的引测结果。

② 设定平面坐标控制网或高程控制网。

③ 施工轴线控制桩的位置、墙轴线、柱轴线、门窗洞口位置线、水平控制线、竖向投测控制线、沉降观测记录等。

(4)《施工测量放线报验表》的填制

《施工测量放线报验表》的填制范例见表4-10。

2. 工程物资进场报验表(B2-2)

(1)《工程物资进场验收表》的形成:

施工物资资料进场后,施工单位应对使用的主要材料、构配件和设备进行检查,合格后填写《工程物资进场验收表》,报项目监理机构,申请查验。

(2)《工程物资进场验收表》应附物资出厂证明文件、进场复检报告、商检证明等质量证明资料。

(3) 进场工程物资检查的不合格处置:

① 对检查不合格的进场物资,监理工程师应做好标记,并下达《监理工程师通知书》,责令施工单位立即运出施工现场。

② 对检查合格的物资材料,如需要检测时,监理工程师应及时为承包单位见证取样,并对检测结果进行检查,合格后方可使用。

③ 对工程材料、半成品、成品、构配件和设备的抽样及检验方法,监理工程师应按照《建筑工程施工质量验收统一标准》(GB 50300—2001)的规定执行。

④ 对工程中拟采用的新材料、新产品,监理工程师应审核施工单位报送的经过有关部门鉴定、确认的证明文件,合格后方可使用。

⑤ 对进口材料、构配件和设备,监理工程师应要求施工单位报送进口商检证明文件,由建设、施工、供货、监理及其他有关单位进行联合检查,合格后方可使用;

⑥ 商品混凝土进场时,监理人员应对其标记进行检查、商品混凝土强度等级标记和坍落度检验,不合格者,监理人员将禁止使用,并下达《监理工程师通知书》,要求施工单位运出

施工现场；

⑦ 所有设备在安装前，监理工程师应按相应的技术标准及技术说明书的要求进行质量检查。对于永久性关键设备（如电梯等），应组织建设、施工、安装、生产厂家等进行现场开箱检查，按所附技术说明进行验收，并检查设备是否符合设计、标书和合同规定。对不符合上述要求的，监理工程师下达《监理工程师通知书》，责令供货单位或要求厂家更换。

表 4-10 施工测量放线报验表

编　号：B2-1

工程名称：××住宅小区工程　　　　顺序号：×××

致：××市××建设工程监理公司第二监理部（监理单位） 根据合同约定，我方已完成 2# 住宅楼 基础工程定位测量放线 工作，现报上该工程报验申请表，请予审查和验收。 附件：1. 放线的依据资料、放线成果表 2. 控制网设置记录 3. 工程定位测量记录 承包单位（章）：×××建筑工程施工公司 项目经理：××× 日　期：2008 年×月×日
审查意见： 1. 放线的依据材料合格有效。 2. 放线结果符合施工图设计尺寸，达到《工程测量规范》精度要求。 项目监理机构（章）：××市××建筑监理公司第二监理部 总/专业监理工程师（签字）：××× 时　间：2008 年×月××日

注：本表由施工单位填报，一式四份，经项目监理机构审核签章后，项目监理机构收存三份，返回施工单位一份。

工程物资进场物资报验程序见图 4-2。

(4)《工程物资进场验收表》填报要求：

①《工程物资进场验收表》由施工单位的工程技术负责人组织，施工单位填报，项目监理机构审查，专业监理工程师签字有效。表内施工单位、项目监理机构不盖章无效。

② 施工单位提请材料、构配件、设备报验时应提供的附件包括：数量清单、质量证明文件、自检结果等。所有附件应齐全、真实。对任何不符合附件要求的材料、构配件、设备，施工单位不得提请报验，监理单位不得签发报验表。

③《工程物资进场验收表》应每一种材料品种、每一批量填报一表，不得多品种、多批量一表混报。

④ 专业监理工程师对所报资料与进场实物核对和观感质量验收，符合要求，将表中“不符合”、“不准许”、“不同意”划掉，否则，将表中“符合”、“准许”、“同意”划掉。

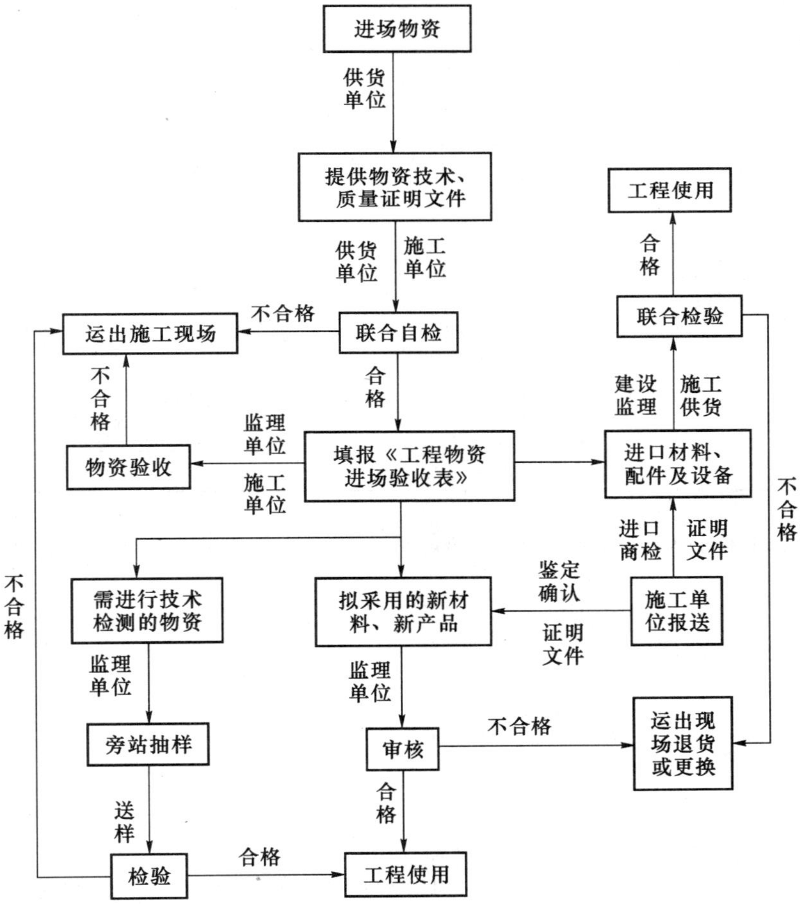

图 4-2　进场物资报验程序

(5)《工程物资进场验收表》的填写《工程物资进场验收表》的填写范例见表 4-11。

表 4-11 工程物资进场验收表

编　号：B2-2

工程名称：××住宅小区工程　　　　顺序号：×××

致：××市××建设工程监理公司第二监理部（监理单位）

我方于 2008 年×月××日 进场工程材料/构配件/设备数量如下（见附件），现将质量证明文件和自检结果报上，拟用于下述部位：

基础混凝土浇筑，请予审核。

附件：

名称	页数	编号
1. 数量清单	× 页	×××
2. 质量证明文件	× 页	×××
3. 进厂检验记录	× 页	×××
4. 进场试验报告	× 页	×××

承包单位（章）：××市××建筑工程公司

项目经理（签字）：×××

时　　间：2008 年×月×日

审查意见：

经检查上述工程材料/构配件/设备，符合/不符合设计文件和规范的要求，准许/不准许进场，同意/不同意使用于拟定部位。

项目监理机构（章）：××市××建筑监理公司第二监理部

总/专业监理工程师（签字）：×××

时　　间：2008 年×月××日

注：本表由工程承包单位填写，一式四份，报工程项目监理部，审查通过后，返施工单位一份，监理机构存留三份，附件原件存施工单位。

3. 分部（子分部）工程施工质量报验表（B2-3）

（1）《分部（子分部）工程施工质量报验表》的形成

当分部（子分部）工程所含分项工程施工完成并通过验收，即该分部（子分部）工程施工完成，经施工单位组织自检合格后，由施工单位填报《分部（子分部）工程施工质量报验表》并附《分部（子分部）工程施工质量自检验收记录》和相关附件，报项目监理机构，经总监理工程师组织验收并签署意见，即为该分部（子分部）工程验收合格。

（2）《分部（子分部）工程施工质量报验表》形成的时机

① 分部（子分部）所含的分项工程全部完成且通过验收。

② 分部（子分部）工程施工质量控制资料和功能验收资料核查合格。

③ 分部（子分部）工程观感质量评价合格及以上。

（3）《分部（子分部）工程施工质量报验表》的填报

《分部（子分部）工程施工质量报验表》的填报范例见表 4-12。

4. 监理抽检记录（B2-4）

（1）《监理抽检记录》的形成：

当监理工程师进行巡查或对质量有怀疑进行抽检时，应填写《监理抽检记录表》。

（2）若需要发生费用的抽查项目，监理工程师应事先征得建设单位的同意。

（3）若抽查发现的不合格，由专业监理工程师下达《监理工程师通知书》，责令施工单位整改。

（4）《监理抽检记录表》的填写范例见表 4-13。

5. 不合格项处置记录（B2-5）

（1）《不合格项处置记录》的形成：

监理工程师在隐蔽工程验收和检验批验收中发现的、建设行政主管部门在巡检中发现的不合格，应责令施工单位现场处置。针对此不合格工程及现场的处置方案、过程及处置结果，施工单位应填写《不合格项处置记录》。

对处置结果，施工单位应申请项目监理机构验收，验收合格，应在不合格项处置记录上签字认可。

（2）不合格处置记录基本内容：

① 存在的问题。

② 处置的方案和过程。

③ 处置的结果。

④ 项目监理机构验收意见。

（3）《不合格项处置记录》的填写范例见表 4-14。

表 4-12 分部(子分部)工程施工质量报验表

编　号：B2-3

工程名称：××住宅小区工程　　　　顺序号：×××

致：××市××建设工程监理公司第二监理部（监理单位）

现报上关于　主体结构　分部(子分部)工程施工，经我方自检符合设计、规范和合同要求，请予以验收。

附件：

名称	页数
1. 分部(子分部)工程施工质量验收记录	××
2. 分部(子分部)工程施工质量控制资料核查记录及资料	××
3. 分部(子分部)工程安全和功能检验资料核查及主要功能抽查记录及资料	××
4. 分部(子分部)工程施工观感质量检查评价记录	××

承包单位(章)：××市××建筑工程公司

项目经理(签字)：×××

时　间：2008 年×月×日

验收结论：

1. 所报附件材料真实、齐全、有效。
2. 所报部分实体工程质量符合规范和设计要求。

验收合格。

项目监理机构(章)：××市××建筑监理公司第二监理部

总监理工程师(签字)：×××

时　间：2008 年×月××日

注：本表由工程承包单位填写，一式四份，报工程项目监理部，验收通过后，返施工单位一份，监理机构存留三份，附件原件存施工单位。

表 4-13　监理抽检记录表

编　号：B2-4

工程名称：××住宅小区工程　　　　顺序号：×××

事由： 经对 2# 住宅楼二层顶圈梁钢筋绑扎 抽查，发现不符合设计和施工规范要求。 不合格描述： 2# 住宅楼二层顶圈梁钢筋绑扎，抽查时有个别箍筋间距超标 20%左右。 处置结果： 抽查后施工单位当即做了纠正，重新对箍筋进行了布局，再次抽查合格。 专业监理工程师：(签字)××× 时　　　间：2008 年×月××日
审核意见： 同意处置方案。 总监理工程师(签字)：××× 时　　　间：2008 年×月××日

注：本表由专业监理工程师填写，一式三份，总监理工程师审核后，工程项目监理机构存留。

表 4-14　不合格项处置记录

编　号：B2-5

工程名称：××住宅小区工程　　　　　　　　　　　　　　　　　　　　顺序号：×××

发现日期	2008 年×月××日
致：××住宅小区项目经理部（施工单位） 由于以下情况的发生，使你单位在　地上三层的卫生间　发生不合格项，请及时采取措施予以整改。 不合格项发生部位与原因： 地上三层的卫生间大便器高水箱放水时有部分水从接口处流出。 具体情况： 经检查发现，地上三层卫生间的大便器高水箱放水时，有部分水从接口处流出，请马上进行整改，以防止卫生间渗漏。 项目监理机构（章）：××市××建筑监理公司第二监理部 监理工程师（签字）：××× 时　　间：2008 年×月××日	
致：××市××建设工程监理公司第二监理部（监理单位） 根据你方要求，我方已完成整改，请给予验收。 不合格项整改措施： 经检查发现，地上三层卫生间的大便器高水箱放水时，有部分水从接口处流出的原因是因为大便器高水箱冲洗管与大便器间的皮碗绑扎不牢所致，我们将其拆开后，用铜丝绑扎牢固，并及时恢复了相应的工程内容，现已全部整改完毕。 不合格项整改结果： 根据你方指示，我方已完成整改工作。 施工单位（章）：××市××建筑工程公司 项目经理（签字）：××× 时　　间：2008 年×月××日	
整改结论： 同意验收。 项目监理机构（章）：××市××建筑监理公司第二监理部 监理工程师（签字）：××× 时　　间：2008 年×月××日	

注：本表由工程施工单位填写，一式三份，经总监理工程师签署后，一份交施工单位，项目监理机构存留两份。

6. 旁站监理记录(B2-6)

(1)《旁站监理记录》的形成

项目监理人员在施工现场对施工单位的施工活动进行的跟踪监理所形成的记录。《旁站监理记录》由旁站监理人员提出,项目监理机构填写,旁站人员签字。

(2) 需旁站监理的项目

需检测的进场物资、工程的关键部位、关键工序施工等项目。

凡应该实施旁站监理的项目而没有实施旁站监理或没有旁站监理记录,监理工程师或总监理工程师不得在有关文件上签字。

(3) 旁站监理应记录的内容

① 记录旁站监理的部位或工序名称,说明该部位是关键部位或关键工序。

② 旁站监理起讫时间、地点、气候与环境(如冬期、酷夏、特殊天气)。

③ 旁站监理施工中执行的规范、设计要求等情况。例如,混凝土工程中的坍落度、和易性、浇筑厚度、施工缝处理、钢筋位移、保护层厚度、预埋件固定等控制情况。

④ 旁站监理工作中对所监理的关键部位、工序等的质量控制情况,对旁站监理系统工程质量的总体评价。

⑤ 旁站监理工作中发现的操作、工艺、质量等方面的问题、旁站监理中有无突发性事故发生等,如有则是什么内容,提出了哪些解决方法。

⑥ 旁站监理的工程质量结果如何。

⑦ 其他应记录的内容。

(4)《旁站监理记录》的填写要点

① “监理的部位或工序”专栏的填写:平面部位以轴线间的范围表示;竖向部位以层数加标高综合表示。

② “施工情况”专栏的填写:人员的配备情况、材料(半成品)的使用情况、机械设备的使用情况、施工方法和施工工艺情况、施工环境情况。

③ “监理情况”专栏的填写:施工单位专职质量检查人员的到岗情况、采用商品混凝土时对“混凝土标记”的检查情况、模板牢固性检查情况、混凝土的水灰比和坍落度的检查情况、监督混凝土试块的制作情况、现场搅拌混凝土的材料计量抽查情况、现浇板的厚度及楼板标高的检查情况、剪力墙和柱插筋的位置检查情况、冬、雨季浇筑混凝土时防护措施的实施情况、安全生产情况。

④ “发现问题”专栏的填写:违背工程建设强制性标准情况、违背专业施工验收规范、施工技术方案、安全防护措施情况、检查发现的其他违规情况。

⑤ “处理意见”专栏的填写:“对发现问题”专栏的问题提出的处理要求以及处理情况、发现重大质量或安全隐患向监理工程师报告情况。

(5)《旁站监理记录》的填写要求

① 旁站监理记录记录应及时、准确、内容完整、术语规范;文字简练、明了。

② 旁站监理记录签字盖章必须齐全,不签字无效,不得代签。

(6)《旁站监理记录》的填写

《旁站监理记录》的填写范例见表 4-15。

表 4-15　旁站监理记录

编　号：B2-6

工程名称：××住宅小区工程　　　　顺序号：×××

日期及气候：　2008 年 5 月 14 日　晴　23 ℃	工程地点：××住宅小区 2＃楼工程施工现场
旁站监理的部位及工序：三层　(标高 8.7 m) ①～⑧轴梁、板浇筑混凝土	
旁站监理开始时间：2008 年 5 月 14 日 19 时	旁站监理结束时间：2008 年 5 月 15 日 6 时 20 分
施工情况： 1. 三层(标高 8.7 m)　①～⑧轴梁、板混凝土施工； 2. 混凝土的强度等级为 C30，全部采用商品混凝土，配合比显示混凝土坍落度为 160 mm； 3. 采用罐车运输商品混凝土，运距 5.4 km，汽车泵和布料机配合浇筑，整个浇筑过程中，罐车运输商品混凝土及时并连续浇筑； 4. 混凝土振捣采用插入式振捣器； 5. 施工人数：工长 1 人、振捣工 2 人、力工 20 人、钢筋维修工 2 人、模板维修工 2 人。	
监理情况： 1. 经检查施工单位专职质量检查员×××到岗； 2. 施工机械运转正常，进场的商品混凝土标记正确，强度等级符合设计图纸要求； 3. 每两小时抽查一次混凝土坍落度：19 时为 165 mm，21 时为 164 mm，23 时为 158 mm，次日 1 时为 95 mm，次日 3 时为 155 mm，次日 5 时为 170 mm； 4. 混凝土板厚及标高，抽查卫生间和客厅部位板厚分别为 105 mm(设计要求 100 mm)和 144 mm(设计要求 140 mm)，符合规范规定(5 mm)的偏差要求，卫生间和客厅板顶标高分别 8.6 m 和 8.68 m，高出楼板顶郡设计标高分别为 4 mm 和 5 mm，均符合规范规定； 5. 混凝土浇筑过程中，模板系统牢固可靠，未发生跑模、涨模现象，插筋位置准确，无位移现象； 6. 混凝土初凝前，要求施工单位派专人对混凝土进行了二次拍压； 7. 整个浇筑过程中，振捣工艺符合规范及施工方案要求； 8. 共浇筑混凝土 195 m^3，监督施工单位分别于 22 时、次日 3 时各制作两组混凝土试块，共 4 组(其中 2 组为同条件试块)，制作人×××。	
发现问题： 5 月 15 日 1 时抽查混凝土的坍落度为 195 mm，超出了坍落度允许偏差 30 mm。	
处理意见： 责令施工单位对混凝土的坍落度为 195 mm 的罐车做退场处理，该罐车混凝土坍落度超差的原因已经查出，是由罐车司机私自加水造成，已要求施工单位拒绝该司机再运输商品混凝土。	
备注： 商品混凝土采用的是××商品混凝土公司的产品。	
施工单位：××市××建筑工程公司 项目经理部：××市××建筑工程公司××住宅小区项目经理部 质检员(签字)：××× 时　　间：2008 年 5 月 15 日	项目监理单位：××市××建筑监理公司 项目监理机构：××市××建筑监理公司第二项目监理部 旁站监理人员(签字)：××× 时　　间：2008 年 5 月 15 日

注：此表由旁站监理人员或由项目监理机构填写施工单位质检员和旁站监理人员签字有效。

7. 单位（子单位）工程施工质量竣工预验收报验表（B2-7）

（1）《单位（子单位）工程施工质量竣工预验收报验表》的形成：

当单位（子单位）工程所含分部（子分部）工程全部完成并验收合格，即单位（子单位）工程完工，经施工单位自验合格后，由施工单位填报《__××__单位（子单位）工程施工质量竣工预验收报验表》（并附相应的竣工内部验收资料）报项目监理机构，申请单位（子单位）工程预验收。

（2）单位（子单位）工程施工质量竣工预验收由总监理工程师组织监理机构人员和施工单位人员进行，合格后，由总监理工程师签署《__××__单位（子单位）工程施工质量竣工预验收报验表》。

（3）《__××__单位（子单位）工程施工质量竣工预验收报验表》填报范例见表 4-16。

表 4-16　单位（子单位）工程施工质量竣工预验收报验表

编　号：B2-7

工程名称：××住宅小区工程

致：××市××建设工程监理公司第二监理部（监理单位） 我方已按合同要求完成了　2# 住宅楼　工程的全部施工任务，经自检合格，请予以检查和验收。 附件： 2# 住宅楼工程竣工资料　　××份　　×××页 施工单位（章）：××市××建筑工程公司 项目经理（签字）：××× 时　　间：2008 年×月××日
审查意见： 经验收，该工程： 1. 符合（符合/不符合）相关法规、法律要求； 2. 符合（符合/不符合）相关现行工程建设标准和规范要求； 3. 符合（符合/不符合）设计文件的要求； 4. 符合（符合/不符合）施工承包合同的要求； 综上所述，该工程预验收结论为 合格（合格/不合格）； 可以（可以/不可以）组织正式验收。 项目监理机构（章）：××市××建筑监理公司第二监理部 总监理工程师（签字）：××× 时　　间：2008 年×月××日

注：本表由施工单位填报，一式四份，经项目监理机构总监理工程师签署以后，施工单位存留一份，报建设单位一份，项目监理机构存留两份。

8. 见证取样和送检见证人备案书(B2-8)

(1)《见证取样和送检见证人备案书》的形成：

每个单位工程施工前，都要设定取样和送样见证人员，取样和送样见证人员由监理单位或建设单位具有资质证书的人员担任该单位工程送检见证人员，由监理单位或建设单位填报《见证取样和送检见证人备案书》，经施工单位项目负责人签字后，报送负责该工程的质量监督机构和检测试验单位备案。

(2)《见证取样和送检见证人备案书》的填写范例见表 4-17。

表 4-17　见证取样和送检见证人备案书

编　号：B2-8

工程名称：××住宅小区工程

致：××市建筑工程质量监督站

××市××××实验室：

我单位决定，由×××、×××同志担任×××工程的见证取样和送检见证人。有关的印章和签字如下，请查收备案：

见证取样和送检印章	见证人签字
××建筑监理公司 见证取样和送样印章	××× ×××

建设单位(章)：×××房地产开发公司

时　　间：2008 年×月××日

监理机构(章)：××市××建筑监理公司第二监理部

时　　间：2008 年×月××日

施工单位(章)：××市××建筑工程公司

时　　间：2008 年×月××日

注：本表由工程项目监理部编制，一式五份，经总监理工程师签字后，报质量监督站和试验室各一份，提交建设单位一份，项目监理机构存留两份。

9. 工程质量评估报告(B2-9)

(1)《工程质量评估报告》的形成：

工程竣工预验收合格后，由工程项目监理机构向建设单位提交《工程质量评估报告》。

(2)《工程质量评估报告》编写的依据：

有关法律、法规、技术标准和工程承包合同。

(3)《工程质量评估报告》的内容：

① 工程概况。

② 施工单位的基本情况。

③ 工程地基基础、主体结构及各分部的质量情况。

④ 施工中发生过的质量事故，主要质量问题及原因分析和处理结果。

⑤ 对工程质量的综合评估意见。

(4)《工程质量评估报告》填写的范例见表 4-18。

表 4-18　工程质量评估报告

编　号：B2-9

工程名称：××住宅小区工程

一、工程概况(简述工程一般情况、结构构造特征等)：
二、施工单位的基本情况(简介)：
三、工程地基基础、主体结构及各分部的质量情况(包括以下内容)： 1. 施工是否符合设计要求； 2. 原材料、构配件、设备是否符合规定要求； 3. 规定的实验、检验项目是否全部完成且有效； 4. 所有隐蔽工程是否符合规定要求； 5. 对分部工程、分项工程和检验批是否进行了验收； 6. 对建设行政主管部门、质量监督机构、监理单位提出的问题的整改情况； 7. 是否仍存在有争议的问题，施工进度是否符合要求、工期是否合理； 8. 是否存在违法分包和转包现象。
四、施工中发生过的质量事故，主要质量问题及原因分析和处理结果(包括以下内容)： 1. 事故件数、发生日期、处理方案执行情况； 2. 事故处理是否存在有争议的情况，是否存在隐患。
五、对工程综合评估意见： 项目监理机构(章)：××市××建筑监理公司第二监理部 总监理工程师(签字)：××× 时　　间：2008 年×月××日

注：本表由工程项目监理部编制，一式三份，经总监理工程师签字后，提交建设单位一份，项目监理机构存留两份。每条内容填写时均可加附页。

10. 质量事故处理资料(B2-10)

(1) 质量事故处理资料的形成:

当发生质量事故时,施工单位应及时以书面形式报告项目监理机构,并提出事故处理方案,项目监理机构以书面的形式,提出事故的发生及处理情况,经监理单位技术负责人签署后,上报建设单位和建设行政主管部门。

(2) 质量事故处理的程序见图 4-3。

(3) 工程质量事故处理,一般形成以下资料:

① 总监理工程师向建设单位、自己的上级单位提交的《工程质量事故报告》。

② 由施工单位提出的,经设计单位认可的《工程质量事故处理方案》。

③ 总监理工程师向施工单位下达的《工程停工令》。

④ 事故处理后由施工单位和监理单位形成的《质量事故处理检验记录》。

⑤ 监理机构项工程质量监督部门提交的《工程质量事故报告》。

⑥ 质量事故处理验收合格后,施工单位向工程监理机构提出的《开/复工报审表》。

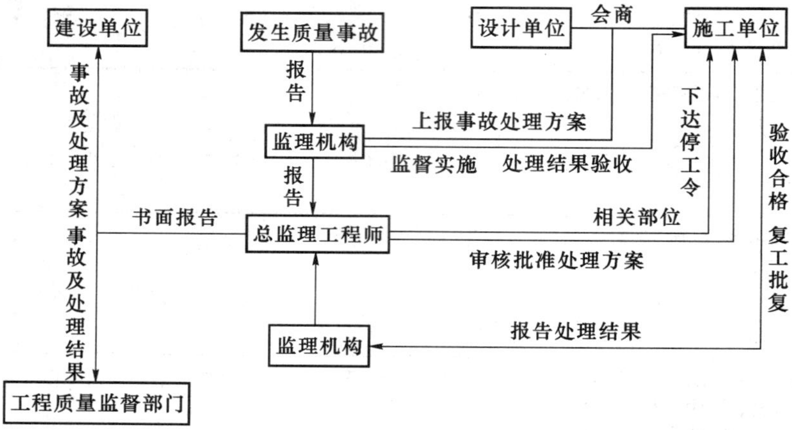

图 4-3 工程质量事故处理程序

4.3 监理进度控制资料(B3)

1. 工程开/复工报审表(B3-1)

(1)《工程开/复工报审表》的形成:

工程开工或无论什么原因造成的停工后复工,施工单位均应填写《工程开/复工报审表》,报项目监理部,经总监理工程师审批后,方可开/复工。

(2) 填表要求:

①《工程开/复工报审表》仅用于工程项目的开工、停工项目的复工报审。

② 开工项目报审只细分到单位工程,单位工程开工报审,划掉表头“复工”字样,其他原因造成的停工项目复工报审,划掉表头“开工”字样。

③ 用于工程复工报审时,“工程”栏填写相应的停工令所暂停的分部、分项工程名称及工程部位(需要复工的工程部位)。

(3)《工程开/复工报审表》的填写范例见表 4-19。

表 4-19　工程开/工报审表

编　号：B3-1

工程名称：××住宅小区工程　　　　顺序号：×××

<table>
<tr><td>
致：××市××建设工程监理公司第二监理部（监理单位）
（工程）
根据合同约定，我方已完成了开/工条件，特此申请施工，请核查并批准开/工。
附件：具备的开工条件
1. 工程施工许可证（复印件）；
2. 施工组织设计；
3. 主要管理人员资格证明；
4. 特殊工种人员资格证明；
5. 施工测量放线；
6. 主要人员、材料、设备进场；
7. 施工现场道路、水电、通信等已达到开工条件。

施工单位（章）：××市××建筑工程公司
项目经理（签字）：×××
时　　间：2008 年×月××日
</td></tr>
<tr><td>
审查意见：
所报工程开工资料齐全、有效，具备动工条件。

监理工程师（签字）：×××
时　　间：2008 年×月××日

审批结论：
同意于 2008 年×月××日开工。

项目监理机构（章）：××市××建筑监理公司第二监理部
总监理工程师（签字）：×××
时　　间：2008 年×月××日
</td></tr>
</table>

注：本表由施工单位填报，一式四份，经项目监理机构审核以后，施工单位存留一份，报建设单位一份，项目监理机构存留两份。

2. 施工进度计划报审表(B3-2)

(1)《施工进度计划报审表》的形成：

施工单位应根据施工合同的约定及时编制《施工总进度计划》、《××××年施工进度计划》、《××××年××月施工进度计划》，报项目监理机构审查、确认和批准。

(2)《施工进度计划报审表》的编制与审批：

①《施工总进度计划》是整个工程的建设周期，由建设单位与施工单位在合同中约定。

②《××××年施工进度计划》应根据已经约定的《施工总进度计划》编制，由总监理工程师审查后，报建设单位批准，由施工单位执行。

③《××××年××月施工进度计划》应依据批准的《××××年施工进度计划》编制，由总监理工程师审批后执行。

(3)《施工进度计划报审表》的填写范例见表4-20。

表4-20 施工进度计划报审表

编　号：B3-2

工程名称：××住宅小区工程　　　　顺序号：×××

致：××市××建设工程监理公司第二监理部(监理单位) 现报上2008年9月××住宅小区工程施工进度计划，请予以审批。 附件： 1. 施工进度计划(说明、图表、工程量、资源配备)10份。 2. 其他资料10份。 施工单位(章)：××市××建筑工程公司 项目经理(签字)：××× 时　　间：2008年×月××日
审批意见： 经审查，施工进度计划编制有可行性和合理性，与工程实际情况相符，符合合同工期及总控计划要求，同意按此计划组织施工。 项目监理机构(章)：××市××建筑监理公司第二监理部 总监理工程师(签字)：××× 时　　间：2008年×月××日

注：本表由施工单位填报，一式三份，经项目监理机构审核后，施工单位留存一份，项目监理机构收存两份。

3.（　　）月工、料、机动态表（B3-3）

（1）《（　　）月工、料、机动态表》的形成

施工单位每月25日前和主要施工设备进场调试合格后开始使用前，应向监理机构填报《（　　）月工、料、机动态表》。

（2）《（　　）月工、料、机动态表》填报内容

① 当月工地施工人员（工种）的保有量，进（出）工地的施工人员（工种）人数。

② 当月材料的用量（品种、规格、数量），进场材料量（品种、规格、数量）。

③ 当月施工设备、机械（名称、规格、使用台班）的使用情况，进（出）场施工机械（名称、规格、数量、进出场时间）等。

4. 工程延期报审表（B3-4）

（1）《工程延期报审表》的形成：

由于发生非施工单位原因的工程延期事件，由施工单位填报《工程延期报审表》，报送项目监理单位审查、批准、备案，并作为工程费用索赔的依据。

（2）工程延期报审程序见图4-4。

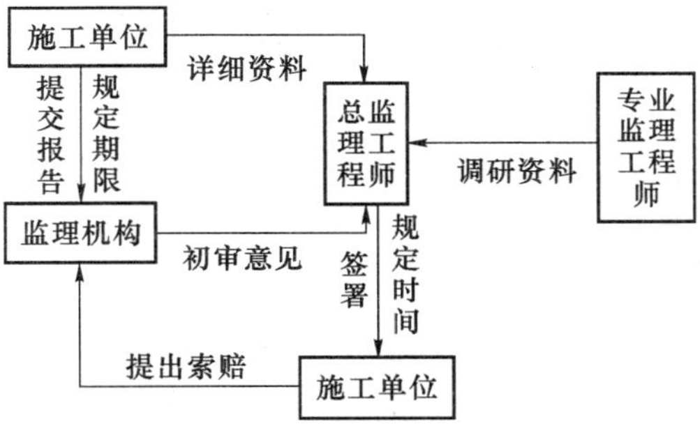

图4-4　工程延期报审程序

（3）《工程延期报审表》填表范例见表4-21。

5. 工程暂停令（B3-5）

（1）《工程暂停令》的形成：

在施工过程中，如发生了需要停工处理事件（如施工质量问题），可由总监理工程师发出的暂时停止施工的命令。

（2）出现下列情况之一者，总监理工程师有权下达《工程暂停令》，要求施工单位停止施工，整改、返修或返工。

① 未经监理工程师审查同意，擅自变更设计或修改施工方案进行施工。

② 未通过监理工程师审查的施工人员或经审查不合格的施工人员进入现场施工。

③ 擅自使用未经监理工程师审查认可的分包单位进入现场施工。

④ 使用不合格的或未经监理工程师检查验收的材料、构配件、设备或擅自使用未经审查认可的代用材料。

⑤ 工序施工完成后，未经监理工程师验收或验收不合格而擅自进行下一道工序施工。

⑥ 隐蔽工程未经监理工程师验收确认合格而擅自隐蔽。

⑦ 施工中出现质量异常情况，经监理工程师指出后，施工单位未采取有效整改措施或措施不力、效果不好仍继续施工作业。

⑧ 已发生质量事故，迟迟未按监理工程师要求进行处理，或发生质量隐患、质量事故，如不停工则质量隐患、质量事故将继续发展，或已发生质量事故，施工单位隐瞒不报，私自处理。

(3)《工程暂停令》的协调：

① 由于施工单位的原因造成工程暂停，施工单位申请复工时，除了填报《工程复工报审表》外，还应报送针对导致停工原因所进行的整改工作报告等有关材料。

② 非施工单位的原因造成工程暂停，若是建设单位的原因(或应由建设单位承担责任风险)，总监理工程师在签发工程暂停令后，尽快按施工合同规定处理因工程暂停引起的工期、费用等有关问题。

(4)《工程暂停令》的填制范例见表 4-22。

表 4-21　工程延期报审表

编　号：B3-4

工程名称：××住宅小区工程　　　　顺序号：×××

致：××市××建设工程监理公司第二监理部(监理单位) 根据施工合同条款　××条××款　的规定，由于　施工图纸未按时到　原因，我方申请工程延期，请予批准。 附件： 1. 工程延期依据及工期计算(略) 合同竣工日期：2009 年 4 月 30 日 申请延长竣工日期：2009 年 5 月 12 日 2. 证明材料。 承包单位(章)：××市××建筑工程公司 项目经理(签字)：××× 时　　间：2008 年×月××日
审查结论： 根据施工合同条款　××条××款　的规定，对施工方提出的　××住宅小区　工程延期申请要求延长工期 12 天，经过审核评估： √暂时/最终同意延长工期 15 天，使竣工日期由原来的 2009 年 4 月 30 日延迟到 2009 年 5 月 12 日，请你方执行。 说明：工期延长事件发生在被批准的网络计划的关键线路上，经与建设单位协商，同意延长工期。 项目监理机构(章)：××市××建筑监理公司第二监理部 总监理工程师(签字)：××× 时　　间：2008 年×月××日

注：本表由施工单位填报，一式四份，经总监理工程师审签后，一份存留，一份报建设单位，监理机构存留两份。

表 4-22　工程暂停令

编　号：B3-5

工程名称：××住宅小区工程　　　　顺序号：×××

致：××市××建筑工程公司（施工单位）

由于　回填土每层铺土厚度及压实遍数不符合 GB 50202—2002 第 6-3-3 条要求　原因，现通知你方必须于　2008 年 3 月 21 日 8 时起，对本工程的地基基础的部位（工序）　实施暂停施工，并按下述要求做好各项工作。

要求内容：

1. 承包单位对上述停工原因进行整改并提出整改、预防措施；
2. 承包单位在采取措施后不得再次发生类似的问题；
3. 承包单位提出有效整改措施并整改完毕后提出复工申请。

项目监理机构（章）：××市××建筑监理公司第二监理部

总监理工程师（签字）：×××

时　　　间：2008 年×月××日

注：本表由工程项目监理机构填写，一式三份，经总监理工程师签署后，一份交施工单位，项目监理机构存留两份。

4.4 监理造价控制资料(B4)

1. 工程进度(结算)款报审表(B4-1)

(1)《工程进度(结算)款报审表》的形成

按照合同约定,施工单位根据完成的工作量向项目经理部提出相应的进度(预付)款的申请时,应填制《工程进度(结算)款报审表》,报项目监理机构审批。

(2) 填表要求

① 表中"我方已完成____××××××____工作"是指经专业监理工程师验收合格工程的工作量。

② "工程量清单"指本次付款申请中经过专业监理工程师确认的工程量清单。

(3)《工程进度(结算)款报审表》的填表

《工程进度(结算)款报审表》的填表范例见表 4-23。

表 4-23 工程进度(结算)款报审表

编　号:B4-1

工程名称:××住宅小区工程　　　　顺序号:×××

致:××市××建设工程监理公司第二监理部(监理单位) 我方已完成了 2# 住宅楼基础工程 工作,按照施工合同规定,应于 2008 年×月××日 前支付工程进度款(大写) 一百三拾一万五千元整 (小写:1 315 000 元),现报上 2# 住宅楼 工程付款申请,请予审查,并开具工程进度款支付证书。 附件: 1. 工程量清单; 2. 计算方法。 承包单位(章):××市××建筑工程公司 项目经理(签字):××× 时　　间:2008 年×月××日
审批意见: 根据施工合同规定,经审核同意本期工程进度结算款共计人民币(大写) 一百三拾一万五千元整 (小写:1 315 000 元)。 本期应扣款共计人民币(大写): 无 。 本期应支付进度款共计人民币(大写): 一百三拾一万五千元整 (小写:1 315 000 元)。 附件: 1. 工程量清单; 2. 计算方法; 3. 进度款支付证书。 项目监理机构(章):××市××建筑监理公司第二监理部 总监理工程师(签字):××× 时　　间:2008 年×月××日

注:本表由工程承包单位填写,一式四份,经总监理工程师签署后,一份报项目经理部,施工单位留一份,项目监理机构存留两份。

2. 工程变更费用报审表（B4-2）

（1）《工程变更费用报审表》的形成：

施工单位根据《工程变更通知单》的要求，完成了相应的工作量后，应填写《工程变更费用报审表》，报工程项目监理机构审批。

（2）《工程变更费用报审表》填报要求：

① 必需注明所依据的变更单号。

② 清单中变更前、后的工程量指本次变更付款申请中所涉及的工作量，并经过专业监理工程师确认。

③ 同一份变更通知单填写一份《工程变更费用报审表》。

（3）《工程变更费用报审表》填报范例见表 4-24。

表 4-24　工程变更费用报审表

编　号：B4-2

工程名称：××住宅小区工程　　　　顺序号：×××

致：××市××建设工程监理公司第二监理部（监理单位）

我方已完成第（×××）工程变更单的全部变更内容，特申请变更费用（如下表），请予审核。

项目名称	变更前			变更后			工程量
	工程量/m^2	单价/元	合计/元	工程量/m^2	单价/元	合计/元	增（＋）减（－）/元
土方工程	64 322	8.3	53 387.2	68 501	8.3	56 855.8	3 468.6
合计							＋3 468.6

施工单位（章）：××市××建筑工程公司

项目经理（签字）：×××

时　　　间：2008 年×月××日

审查意见：

1. 工程量符合实际情况；
2. 此变更符合第×××号《工程变更单》所包含的内容；
3. 定额项目合理，单价、合价计算正确。

同意施工单位提出的该项变更费用申请。

项目监理机构（章）：××市××建筑监理公司第二监理部

监理工程师（签字）：×××

总监理工程师（签字）：×××

时　　　间：2008 年×月××日

注：本表由工程施工单位填写，一式三份，经总监理工程师签署后，一份交施工单位，项目监理机构存留两份。

3. 费用索赔报审表(B4-3)

(1)《费用索赔报审表》的形成:

由于建设单位的原因造成施工单位在施工过程中的人力、物资等项费用支出,施工单位可据实向建设单位提出的索赔事项,填写《费用索赔报审表》,报工程项目监理机构审查、确认,经总监理工程师审签后生效。

(2)《费用索赔报审表》的填制要求:

① 索赔理由及事件的经过应清楚明了,表述语言简练。

② 证明材料必须详实、准确。

③ 必须有项目经理部签章和项目经理签字方为有效。

(3)《费用索赔报审表》的填写范例见表 4-25。

表 4-25　费用索赔报审表

编　号:B4-3

工程名称:××住宅小区工程　　　　顺序号:×××

致:××市××建设工程监理公司第二监理部(监理单位) 根据施工合同条款第 ×× 条的规定,由于 建设单位负责订货的供暖锅炉未按时到货 原因,我方要求索赔人民币金额(大写): 八千三百元整 ,工期 3 天 ,请予以批准。 索赔的理由及经过: 按合同约定本工程的供暖锅炉由建设单位负责订货,因供暖锅炉未按约定时间运至现场,造成临时租用仅限于吊装供暖锅炉的汽车闲置,因而使我方受到直接经济损失。 1. 索赔报告　1 份; 2. 证明材料　3 份。 附:证明材料 (1) 施工合同; (2) 供暖锅炉订货合同; (3) 汽车吊式起重机租用合同。 施工单位(章): ××市××建筑工程公司 项目经理(签字): ××× 时　　间: 2008 年×月××日
审核评估结论: √同意此项索赔,金额(大写) 八千三百元整 ,　工期 3 天 。 不同意此项索赔。 √同意/不同意索赔的理由。 附件:1. 索赔计算书。 2. 证明材料: (1) 施工合同。 (2) 供暖锅炉订货合同。 (3) 汽车吊式起重机租用合同。 项目监理机构(章): ××市××建筑监理公司第二监理部 监理工程师(签字): ××× 总监理工程师(签字): ××× 时　　间: 2008 年×月××日

注:本表由工程施工单位填写,一式四份,经总监理工程师签署后,索赔与被索赔单位各执一份,项目监理机构存留两份。

4. 临时签证报审表(B4-4)

(1)《临时签证报审表》的形成:

在施工过程中,当施工现场因突发事件,造成施工费用增加或影响工期的结果,必须以临时签证形式解决时,施工单位应填报《临时签证报审表》,报项目监理机构确认。

(2)《临时签证报审表》填写要求:

① 写清单位工程名称和发生临时签证的部位。

② 清楚、完整地表述临时签证的内容,必要时应附图说明。

③ 临时签证经专业监理工程师审查,总监理工程师审批后有效。

(3)《临时签证报审表》的填写范例见表 4-26。

5. 工程款支付报审表(B4-5)

(1)《工程款支付报审表》的形成:

施工单位在申请支付工程款时,向项目监理机构填报《工程款支付报审表》,报项目监理机构审批。

(2)《工程款支付报审表》填报范例参照表 4-23《工程进度(结算)款报审表》。

表 4-26　临时签证报审表

编　号:B4-4

工程名称:××住宅小区工程.　　　　顺序号:×××

签证原因	在 2# 住宅楼基础开挖过程中,发现一陈年枯井,深度超过基础开挖深度,需要从井底回填夯实。
签证性质	突发事件。
签证内容或简图(略) 施工单位(章):××市××基础工程公司 项目经理(签字):××× 时　　间:2008 年×月××日	
审查意见: √同意此项签证 不同意此项签证 项目监理机构(章):××市××建筑监理公司第二监理部 监理工程师(签字):××× 总监理工程师(签字):××× 时　　间:2008 年×月××日	

注:本表由工程施工单位填写,一式三份,经总监理工程师签署后,一份交施工单位,项目监理机构存留两份。

第5章 施工资料(C类)

教学目的

本章主要介绍施工资料文件的内容、形成及编制过程，通过本章的学习，应达到以下目的：

1. 了解C类文件的形成过程；
2. 熟悉C类文件的编号和归档范围；
3. 掌握C类文件的编写、收集、整理工作的内容。

能力要求

1. 能基本完成C类文件的编写工作；
2. 熟练完成C类文件的收集、汇总、整理工作。

施工资料具有内容复杂、工作量大、容易出问题等特点，其形成过程我们已经在图 2-3 中予以说明。C类文件形成及确认除坚持图 2-3 过程程序外，还应该遵守“内部审验—内部报审—外部审验—审核认定”的程序和时效性原则，即外部报审时间必须在合同约定时间之内完成，如合同未约定，应遵守国家和当地建设主管部门的有关规定。

5.1 施工管理资料(C1)

1. 施工现场质量管理检查记录表(C1-1)

(1)《施工现场质量管理检查记录》的形成

依据国家《建筑工程施工质量验收统一标准》(GB 50300—2001)规定，施工单位应在工程开工前对施工现场质量管理情况进行检查，合格后填写《施工现场质量管理检查记录》，报工程项目监理机构或建设单位申请复检。

工程项目监理机构或建设单位在接到施工单位《施工现场质量管理检查记录》报审后，应及时与施工单位一起，对现场质量管理项目进行检查，合格后，由总监理工程师签署意见，并返回施工单位。

(2)《施工现场质量管理检查记录》的填写要求

① 现场质量管理项目应一一检查验收，要求资料齐全。

② 检查意见应清楚明了。

③ 项目监理机构总监理工程师应签署最后验收意见，加盖项目监理机构章方为有效。

《施工现场质量管理检查记录》的填写范例见表 5-1。

2. 建设工程特殊工种上岗证书审查表(C1-2)

(1)《建设工程特殊工种上岗证书审查表》的形成：

工程开工前，施工单位应对特殊工种上岗资格证书进行内部检查审核，合格后填写《建设工程特殊工种上岗证书审查表》，并附相应的证书复印件，报项目监理机构或建设单位审核。

(2)《建设工程特殊工种上岗证书审查表》的填写范例见表 5-2。

表 5-1　施工现场质量管理检查记录

编　号：C1-1

工程名称	××住宅小区工程	施工许可证	××市(施)×××号
建设单位	××市××建筑开发公司	项目负责人	×××
设计单位	××建筑设计院	项目负责人	×××
勘察单位	××勘察设计院	项目负责人	×××
监理单位	××市××建筑监理公司	总监理工程师	×××
施工单位	××市××建筑施工工程公司	项目技术负责人	×××

序号	项目	检查意见
1	施工质量管理制度	质量例会制度、月评比及奖惩制度、三检及交接检验制度、质量与经济挂钩制度。
2	质量责任制	岗位责任制、设计交底会制度、技术交底制度；挂牌制度。
3	主要专业工种操作上岗证书	测量工、钢筋工、木工、混凝土、电工、焊工、起重工、架子工等主要专业工种操作上岗证书齐全，符合要求。
4	分包方资质与分包方管理	对分包方资质审核，满足施工要求，总包对分包指定的管理制度可行。
5	施工图审查情况	施工图经设计交底，施工方已确认。
6	地质勘察资料	勘察设计院提供地质勘察报告齐全。
7	施工组织设计(方案)及审批	施工组织设计、主要施工方案、审批齐全。
8	施工技术标准	企业自定标准两项，其余采用国家、行业标准。
9	工程质量检验制度	有原材料及施工检验制、抽检项目的检测计划、分项工程质量的三检制度。
10	搅拌站及计量设置	有管理制度和计量设施，经计量检校准确。
11	现场材料、设备的存放与管理	按材料、设备性能要求制定了管理措施、制度；其存放按施工组织设计平面图布置。
12		

结论：

通过以上项目的检查，项目经理部的施工现场质量管理制度明确到位，质量责任制措施得力；主要专业工种人员操作上岗证书齐全；施工组织设计、主要施工方案经过逐级认真审批；现场工程质量检验制度的制定齐全；现场材料、设备存放按施工组织设计平面图布置，有材料、设备管理制度。

项目监理机构(章)：××市××建筑监理公司第二监理部

总监理工程师(签字)：×××

时　　　　间：2008 年×月×日

注：本表由工程施工单位填写，一式三份，经总监理工程师签署后，一份留施工单位，项目监理机构存留两份。

表 5-2 建设工程特殊工种上岗证书审查表

编　号：C1-2

工程名称：××住宅小区工程　　　　顺序号：×××

序号	姓名	性别	工种	发证部门及编号		发证日期	复审期限	备注
				发证部门	证书编号			
1	×××	男	电工	××××	×(字)××	××年×月	××年×月	
2	××	男	电工	××××	×(字)××	××年×月	××年×月	
3	××	男	电工	××××	×(字)××	××年×月	××年×月	
4	×××	男	电焊工	××××	×(字)××	××年×月	××年×月	
5	×××	男	电焊工	××××	×(字)××	××年×月	××年×月	
6	×××	男	电焊工	××××	×(字)××	××年×月	××年×月	
7	×××	男	起重工	××××	×(字)××	××年×月	××年×月	
8	××	男	起重工	××××	×(字)××	××年×月	××年×月	
9	×××	男	起重工	××××	×(字)××	××年×月	××年×月	
10	××	男	起重工	××××	×(字)××	××年×月	××年×月	
11								

附：

证书复印件 ×× 份。

施工单位（章）：××市××基础工程公司

项目经理（签字）：×××

时　　间：2008 年×月×日

审查结论：

经审查，页数工种岗位资格证书齐全、有效，可以上岗。

项目监理机构（章）：××市××建筑监理公司第二监理部

监理工程师（签字）：×××

时　　间：2008 年×月×日

注：本表由工程施工单位填写，一式三份，经监理工程师签署后，一份交施工单位，项目监理机构存留两份。

3. 施工日志（C1-3）

（1）《施工日志》的形成：

施工单位对工程施工、技术管理、质量管理活动及其效果逐日做出的、具有连续性的记录资料。

（2）《施工日志》填写的要求：

① 从工程开工持续到工程竣工的全过程，逐日填写，不得后补。

② 各专业分别填写，施工日志应能全面、真实地反映工程进展情况。

③ 施工记录、桩基记录、混凝土浇灌记录、模板拆除等应单独记录，分别列报。

④《施工日志》内的页码必须连续，不得缺页、空页，页码标注应清楚。

(3)《施工日志》填写的内容：

① 生产情况：施工部位、内容；机械作业；班组工作及存在的问题。

② 技术、质量、安全活动：技术质量安全措施的落实情况；检查评定验收及发生的技术、质量、安全问题；处理的措施、方法及效果。

③ 设计工程部位检查验收活动，应填写参加验收人员及职务。

④《施工日志》的填写范例见表 5-3。

表 5-3　施工日志

编 号：C1-3

工程名称：××住宅小区工程　　　　（第××页）

时间	天气状况	风力	最高／最低温度	备注
白天	多云	1～2 级	27 / 24℃	
夜间	晴	2～3 级	15 / 11	
日期	2008 年×月×日	记录人	×××	

生产情况记录：

1. 三层Ⅰ①～③/A～F 轴，顶板模板安装，塔式起重机作业，木工班组 22 人；
2. 三层Ⅱ③～⑥/A～F 轴，框架柱钢筋绑扎，塔式起重机作业，钢筋班组 25 人；
3. 三层Ⅲ⑥～⑧/A～F 轴，柱模板安装，塔式起重机作业，木工班组 30 人。
4. 发现问题：柱加密区箍筋间距过大，钢筋保护层垫块数量不足。

技术、质量、安全工作记录：

1. 建设单位、设计单位、监理单位、施工单位在现场召开技术、质量、安全工作会议，参加人员×××、×××、×××、××、×××、×××。
2. 主体结构于×月×日前完成。
3. 尽快插入装修工作。
4. 对施工中发现的问题立即返修，整改复查，必须符合设计、规范要求。
5. 在安全生产方面，由安全员巡视检查，主要是脚手架的安全及施工洞口的安全防护，检查要全面到位，无隐患。
6. 检查评定验收：施工工序科学、合理，地上三层Ⅲ柱模板安装予以验收，实测误差符合规范要求。

参加验收人员

监理单位：×××（监理工程师）×××（监理员）等

施工单位：×××（施工工长）×××（施工技术员）等

共××页　　第××页

注：本记录由工程施工单位施工管理人员填写，项目经理部技术负责人审核。

4. 工程停/复工报告(C1-4)

(1)《工程停/复工报告》的形成:

在施工过程中,由于某些原因导致工程需要停工或停工后需要重新复工,由施工单位填写《工程停/复工报告》,报建设单位或工程监理机构审批。

(2)《工程停/复工报告》的填报范例见表5-4。

表 5-4 工程停/复工(√)报告

编 号:C1-4

工程名称:××住宅小区工程 顺序号:×××

<table>
<tr><td>(√)停/复工日期</td><td>2008年×月×日</td><td>预期/(√)实际停工时间</td><td>×月×日~×月×日</td></tr>
<tr><td colspan="4">工程停/复工原因:
停工原因——因设计单位提出对该工程地上五层施工图纸进行修改,待设计变更通知单下发后才能组织有关人员继续施工。
复工条件——设计单位已完成图纸修改,并已下发了设计变更通知单,进行了设计变更交底,已具备继续施工的全部条件。
请工程项目监理部审核批准复工。</td></tr>
<tr><td colspan="4">检查结论:
经检查已具备复工条件,同意复工。
施 工 单 位(章):××市××建筑工程公司
项目经理(签字):×××
时 间:2008年×月×日</td></tr>
<tr><td colspan="4">审核意见:
经审核,具备复工条件,同意复工。
项目监理机构(章):××市××建筑监理公司第二监理部
总监理工程师(签字):×××
时 间:2008年×月×日</td></tr>
<tr><td colspan="4">批准意见:
具备复工条件,同意复工。
建设单位(章):××市××建筑开发有限公司
建设负责人(签字):×××
时 间:2008年×月×日</td></tr>
</table>

注:本表由工程施工单位填写,一式四份,经项目经理、总监理工程师、建设单位项目负责人签署后,建设单位、施工单位各执一份,项目监理机构存留两份。

5.2　施工技术资料(C2)

该类资料主要用于施工单位指导、规范、科学化施工。

1. 单位工程施工组织设计(C2-01)

(1)《 单位工程施工组织设计》方案的形成：

《单位工程施工组织设计》方案是一系列文件，是施工单位在单位工程正式施工前编制施工组织、施工工艺、施工计划等方面的文件。对工程施工具有综合指导性作用。《单位工程施工组织设计》方案报审程序见图 5-1。

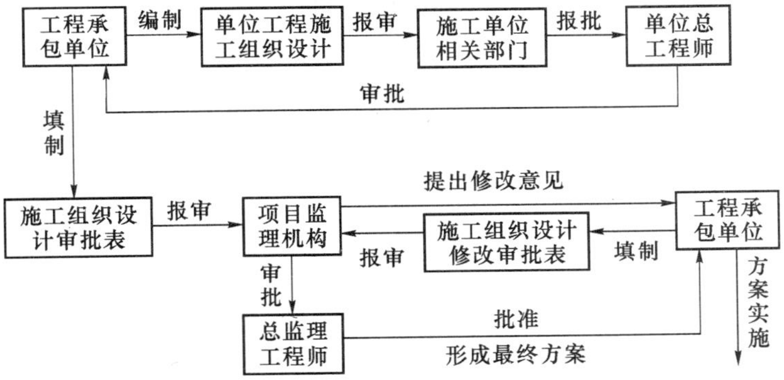

图 5-1　单位工程施工组织设计报审程序

(2)《单位工程施工组织设计》的主要内容：

① 工程概况和工程特点；

② 施工准备工作计划；

③ 施工部署及相应的技术组织措施；

④ 主要施工方法；

⑤ 各项资源需要量计划；

⑥ 工程质量、进度、安全保障措施；

⑦ 施工现场安全、文明施工保障措施；

⑧ 冬、雨季施工保障措施；

⑨ 施工进度计划，施工平面布置图。

(3)《单位工程施工组织设计》填报范例见表 5-5～表 5-17。

表 5-5

编 号:C2-01-01

单位工程施工组织设计

（方案）

（详细内容略）

工程名称：××住宅小区建设工程

施工单位：××市××建筑工程公司

编制时间：2008 年×月×日

表 5-6　单位工程施工组织设计审批表

编　号:C2-01-02

工程名称:××住宅小区工程

单位工程名称		××住宅小区工程 2# 住宅楼	编制人	×××
部门	审批意见		责任人	
项目经理部审批	同意此施工组织设计的编制,报公司级审批。		项目负责人:××× 2008 年×月×日	
	严格按照设计图纸、有关质量验收规范、标准、规程和合同中的约定及施工组织设计中的施工方案、施工方法、技术措施等精心组织施工。		技术负责人:××× 2008 年×月×日	
	严格按照质量管理体系要求及编制的质量目标、质量保证措施进行施工,加强过程控制。		质量负责人:××× 2008 年×月×日	
	严格按照职业健康和安全管理体系的规范要求和制定的职业健康安全目标及专项安全技术与管理措施实施。		安全负责人:××× 2008 年×月×日	
工程总包单位审批	主要施工方案和施工方法编制详细,有针对性、可行性、合理性和先进性,能够按计划实现。 同意该施工组织设计方案。		技术部门负责人:×××(签章) 2008 年×月×日	
	已明确建立健全质量管理体系,并制定质量目标,有关质量保证措施编制详细,有可行性、针对性,能够保证目标的实现。应进一步做好质量预控工作。 同意该施工组织设计方案。		质量部门负责人:×××(签章) 2008 年×月×日	
	已明确建立健全职业健康和安全管理体系,并制定了职业健康安全目标,有关的安全技术、管理措施编制得详细,有可行性、针对性,能够保证目标的实现。 同意该施工组织设计方案。		安全部门负责人:×××(签章) 2008 年×月×日	
	同意按照 2008 年×月×日编制的施工组织设计施工,各部门应按施工组织要求给予配置。		生产部门负责人:×××(签章) 2008 年×月×日	
	同意按照 2008 年×月×日上报的施工组织设计施工,报项目监理部审批。		总工程师:×××(签章) 2008 年×月×日	
监理(建设)单位审批	经审查,该施工组织设计对施工中的重点、难点分析透彻,施工任务明确,施工方案合理,技术上可行,符合有关规范、标准和图纸及合同要求。		监理工程师:×××(签章) 2008 年×月×日	
	同意按此施工组织设计实施。		总监理工程师(建设单位负责人): ×××(签章) 2008 年×月×日	

注:本表由工程施工单位填写,一式五份,施工单位总工程师审批后、随施工组织设计一起上报项目监理机构,经总监理工程师(建设单位项目负责人)签署后,建设单位、施工单位、承包单位各执一份,项目监理机构存留两份。

表 5-7 施工组织设计修改审批表

编 号：C2-01-03

工程名称：××住宅小区工程

<table>
<tr><td>单位工程名称</td><td colspan="2">××住宅小区工程 2# 住宅楼</td><td>施工单位</td><td colspan="2">××市××建筑工程公司</td></tr>
<tr><td>修改项目</td><td colspan="5">紧急预案、环境管理措施</td></tr>
<tr><td colspan="6">修改内容：
针对监理单位提出的修改意见，本公司做出如下修改。
1. 已补充制定紧急情况处理措施、预案以及抵抗风险的措施。
2. 进一步健全和完善项目经理部的环境管理体系，增加环境管理的专项措施。
以上所补充修改的内容详见修改后的施工组织设计。

附：修改后的施工组织设计</td></tr>
<tr><td>项目部审批</td><td>同意修改。
项目负责人：×××
同意修改。
技术负责人：×××
同意修改。
质量负责人：×××
同意修改。
安全负责人：×××

2008 年×月×日</td><td>工程总包单位审批</td><td>同意修改。
生产部门负责人：×××
同意修改。
技术部门负责人：×××
同意修改。
质量部门负责人：×××
同意修改。
安全部门负责人：×××
同意修改。
总工程师：×××

2008 年×月×日</td><td>监理机构审批</td><td>同意该补充修改的施工组织设计。
监理工程师：×××
同意。
总监理工程师：
（建设单位负责人）×××

2008 年×月×日</td></tr>
</table>

注：本表由工程施工单位填写，一式五份，施工单位总工程师审批后，随施工组织设计一起上报项目监理机构，经总监理工程师（建设单位项目负责人）签署后，建设单位、施工单位、承包单位各执一份，项目监理机构存留两份。

表 5-8　施工方法与技术措施

工程名称：××住宅小区工程　　　　编　号：C2-01-4

<table>
<tr><td>单位工程名称</td><td>××住宅小区工程 2# 住宅楼</td><td>编　号</td><td>×××</td></tr>
<tr><td colspan="4">施工方法：

（略）</td></tr>
<tr><td colspan="4">技术措施：

（略）</td></tr>
<tr><td colspan="4">施工单位审批意见：
该施工方法成熟，可操作性强，技术措施得力。同意该施工方法与技术措施。

施工单位（章）：××市××建筑工程公司
总工程师：×××
时　　间：2008 年×月×日</td></tr>
<tr><td colspan="4">监理机构（建设单位）审核意见：
同意按该施工方法与技术措施进行施工。

项目监理机构（建设单位）（章）：______
总监理工程师（建设单位项目负责人）：×××
时　　间：2008 年×月×日</td></tr>
</table>

注：本表由工程施工单位填写，一式五份，施工单位总工程师审批后，随施工组织设计一起上报项目监理机构，经总监理工程师（建设单位项目负责人）签署后，建设单位、施工单位、承包单位各执一份，项目监理机构存留两份。

表 5-9 临设工程、临设计划

工程名称：××住宅小区工程　　　　　　　　　　编　号：C2-01-5

序号	部门(班组)名称	需要量		用途	使用起止日期	备注
		m^2	数量			
1	专业技术管理人员	320	6	二层办公用房	2008年×月～2009年×月	
2	门卫、塔吊、材料、电工班、机械班	150	3	办公生活用房	2008年×月～2009年×月	
3	物资组	60	1	水泥库	2008年×月～2009年×月	
4	物资组	390	5	材料仓库	2008年×月～2009年×月	
5	物资组	100	1	材料仓库	2008年×月～2009年×月	
6	试验员	110	1	实验室	2008年×月～2009年×月	
7	项目经理部	60	1	办公	2008年×月～2009年×月	
8	项目经理部	70	4	办公	2008年×月～2009年×月	
9	项目经理部	90	1	办公	2008年×月～2009年×月	
10	项目经理部	100	2	卫生间	2008年×月～2009年×月	
11	专业班组	300	1	加工棚	2008年×月～2009年×月	
12	专业班组	310	1	加工棚	2008年×月～2009年×月	
13	专业班组	150	1	材料堆放场	2008年×月～2009年×月	
14	专业班组	190	1	材料堆放场	2008年×月～2009年×月	

项目经理	×××	造价员	×××	日期	2008年×月×日
总监理工程师(建设单位项目负责人	××× 2008年×月×日		监理工程师		××× 2008年×月×日

注：本表由工程施工单位填写，一式五份，施工单位总工程师审批后，随施工组织设计一起上报项目监理机构，经总监理工程师(建设单位项目负责人)签署后，建设单位、施工单位、承包单位各执一份，项目监理机构存留两份。

表 5-10　施工准备工程计划

工程名称：××住宅小区工程　　　　　　　　　　　　　　　　　　编　号：C2-01-6

<table>
<tr><td colspan="2">单位工程名称</td><td colspan="3">××住宅小区工程 2# 住宅楼</td><td>编　号</td><td colspan="2">×××</td></tr>
<tr><td rowspan="2">序号</td><td rowspan="2">项目内容</td><td colspan="2">工作量</td><td rowspan="2">负责单位及人员</td><td rowspan="2">参加单位</td><td rowspan="2">完成日期</td><td rowspan="2">备注</td></tr>
<tr><td>单位</td><td>数量</td></tr>
<tr><td>1</td><td>布置施工现场平面</td><td></td><td></td><td>工程组×××</td><td>技术组</td><td>2008 年×月×日</td><td></td></tr>
<tr><td>2</td><td>编制施工方案</td><td></td><td></td><td>技术组×××</td><td>质量组</td><td>2008 年×月×日</td><td></td></tr>
<tr><td>3</td><td>敷设施工场地的用水、供电线路</td><td></td><td></td><td>水电组×××</td><td>技术组</td><td>2008 年×月×日</td><td></td></tr>
<tr><td>4</td><td>搭设临时设施的材料供应</td><td></td><td></td><td>材料组×××</td><td>工程组</td><td>2008 年×月×日</td><td></td></tr>
<tr><td>5</td><td>搭设临时设施的施工</td><td></td><td></td><td>工程组×××</td><td>技术组</td><td>2008 年×月×日</td><td></td></tr>
<tr><td>6</td><td>人力资源的组织准备</td><td></td><td></td><td>工程组×××</td><td>技术组</td><td>2008 年×月×日</td><td></td></tr>
<tr><td>7</td><td>大型机械设备进场</td><td></td><td></td><td>设备组×××</td><td>工程组</td><td>2008 年×月×日</td><td></td></tr>
<tr><td>8</td><td>主要检验、测量和试验设备进场</td><td></td><td></td><td>技术组×××</td><td>工程组</td><td>2008 年×月×日</td><td></td></tr>
<tr><td>9</td><td>环保、消保、治安等工作</td><td></td><td></td><td>后勤组×××</td><td>工程组</td><td>2008 年×月×日</td><td></td></tr>
<tr><td></td><td></td><td></td><td></td><td></td><td></td><td></td><td></td></tr>
<tr><td colspan="2">项目经理</td><td colspan="3">×××
2008 年×月×日</td><td>施工技术负责人</td><td colspan="2">×××
2008 年×月×日</td></tr>
<tr><td colspan="2">总监理工程师(建设单位项目负责人)</td><td colspan="3">×××
2008 年×月×日</td><td>监理工程师</td><td colspan="2">×××
2008 年×月×日</td></tr>
</table>

注：本表由工程施工单位填写，一式五份，施工单位总工程师审批后，随施工组织设计一起上报项目监理机构，经总监理工程师(建设单位项目负责人)签署后，建设单位、施工单位、承包单位各执一份，项目监理机构存留两份。

表 5-11　工程量一览表

工程名称：××住宅小区工程　　　　　　　　　　　　　　　　　　　　编　号：C2-01-07

单位工程名称	××住宅小区工程 $2^{\#}$ 住宅楼		编　号	×××	
序号	分项工程名称		单位	数量	备注
1	土方工程	开挖土方量	m^3	17 361	
		回填土方量	m^3	15 060	
2	防水工程	地下室	m^2	2 100	
		屋面	m^2	2 130	
		卫生间	m^2	526	
3	混凝土工程	地下室	m^3	3 167	
		地上部分	m^3	6 331	
4	钢筋工程	地下室	t	3 130	
		地上部分	t	2 513	
5	砌体工程	红砖	块	296 780	
		陶粒混凝土砌块	m^3	2 350	
		吊顶	m^2	22 719	
		瓷砖	m^2		
		涂料	m^2	57 317	
6	外装修	花岗石	m^2	2 139	
		铝合金门窗	m^2	2 371	
项目经理	××× 2008 年×月×日		造价员	××× 2008 年×月×日	
总监理工程师(建设单位项目负责人)	××× 2008 年×月×日		监理工程师	××× 2008 年×月×日	

注：本表由工程施工单位填写，一式五份，施工单位总工程师审批后，随施工组织设计一起上报项目监理机构，经总监理工程师(建设单位项目负责人)签署后，建设单位、施工单位、承包单位各执一份，项目监理机构存留两份。

表 5-12 施工进度计划

工程名称：××住宅小区工程　　　　编　号：C2-01-08

单位工程名称		××住宅小区工程 $2^{\#}$ 住宅楼			施工单位			××市××建筑工程公司								编号	×××				
序号	分项工程名称	工程量		劳动定额效率	需要劳力(人)		工作日(天)	2008年										2009年			
		单位	数量		技工	力工		3	4	5	6	7	8	9	10	11	12	1	2	3	4
1	基础开挖																				
2	基础处理																				
3	打垫层																				
4	地下防水层																				
5	防水保护层																				
6	地板、梁钢筋、支模板																				
7	底梁、梁混凝土浇筑																				
8	墙板、柱钢筋、支模板																				
9	立脚手架、安装塔吊																				
10	主体结构施工																				
11	屋面工程																				
12	建筑设备安装工程																				
13	设备调试																				
14	外装修																				
15	内装修																				
16																					
项目经理	×××	施工技术负责人				×××	制表			×××						2008年×月××日					
总监理工程师(建设单位项目负责人)						×××	监理工程师			×××						2008年×月××日					

注：本表由工程施工单位填写，一式五份，施工单位总工程师审批后，随施工组织设计一起上报项目监理机构，经总监理工程师(建设单位项目负责人)签署后，建设单位、施工单位、承包单位各执一份，项目监理机构存留两份。

表 5-13 主要材料计划表

工程名称：××住宅小区工程　　　　　　　　　　　　　　　　　　　　编　号：C2-01-09

单位工程名称		××住宅小区工程 2# 住宅楼		编　号	×××	
序号	材料名称	规格	单位	数量	供货日期	备注
1	钢筋	××××	t	1 060	2008 年×月×日	
2	预拌混凝土	××××	m^3	1.12 万	2008 年×月×日	
3	陶粒混凝土砌块	××××	m^3	1 023	2008 年×月×日	
4	防水材材	××××	m^2	1.0 万	2008 年×月×日	
5	防水涂料	××××	m^2	0.88 万	2009 年×月×日	
6	红砖	××××	块	276 780	2008 年×月×日	
7	花岗石	××××	m^2	1 030	2009 年×月×日	
8	瓷砖	××××	m^2	8 016	2009 年×月×日	
项目经理	×××	造价员	×××	日期	2008 年×月×日	

注：本表由工程施工单位填写，一式五份，施工单位总工程师审批后，随施工组织设计一起上报项目监理机构，建设单位、施工单位、承包单位各执一份，项目监理机构存留两份。

表 5-14 主要机具、设备计划

工程名称:××住宅小区工程　　　　编 号:C2-01-10

单位工程名称	××住宅小区工程 2# 住宅楼				编 号	×××
序号	机具、设备名称	规格型号	需要量		起止日期	备注
			单位	数量		
1	塔式起重机		台	2	2008 年×月×日	
2	吊车	××××	台	1	2008 年×月×日	
3	混凝土搅拌运输车	××××	辆	3	2008 年×月×日	
4	插入式振捣器	××××	台	7	2008 年×月×日	
5	电焊机	××××	台	3	2008 年×月×日	
6	潜水泵	××××	台	3	2008 年×月×日	
7	套丝机	××××	台	3	2009 年×月×日	
8	焊条烘干箱	××××	台	1	2009 年×月×日	
9	钢筋切断机	××××	台	3	2008 年×月×日	
10	钢筋弯曲机	××××	台	3	2008 年×月×日	

项目经理	×××	施工技术负责人	×××	日期	2008 年×月×日

注:本表由工程施工单位填写,一式五份,施工单位总工程师审批后,随施工组织设计一起上报项目监理机构,建设单位、施工单位、承包单位各执一份,项目监理机构存留两份。

表 5-15　成品、半成品、构配件加工计划

工程名称：××住宅小区工程　　　　　　　　　　　　　　　　编　号：C2-01-11

单位工程名称	××住宅小区工程 2# 住宅楼			编　号	×××		
序号	成品、半成品、构配件名称	设计代号	标准图及型号	规格	需求量		备注
					单位	数量	
1	加工钢筋	××	×××		t	573	
2	预埋铁件	××	×××		t	0.8	
3	预制楼板	××	×××		m^2	1 320	
4	预制楼板	××	×××		m^2	2 273	
5	预制楼板	××	×××		m^2	4 712	
6	预制楼板	××	×××		m^2	388	
项目经理	×××	技术员	×××	日期	2008 年×月×日		

注：本表由工程施工单位填写，一式五份，施工单位总工程师审批后，随施工组织设计一起上报项目监理机构，建设单位、施工单位、承包单位各执一份，项目监理机构存留两份。

表 5-16　施工现场平面布置图

工程名称:××住宅小区工程　　　　　　　　　　　　　　编　号:C2-01-12

<table>
<tr><td colspan="8">(略)</td></tr>
<tr><td>项目
经理</td><td>×××</td><td>施工技术
负责人</td><td>×××</td><td>绘图</td><td>×××</td><td>日期</td><td>2008 年×月×日</td></tr>
<tr><td colspan="2">总监理工程师(建设单位项目负责人)</td><td colspan="2">×××
2008 年×月×日</td><td colspan="2">监理
工程师</td><td colspan="2">×××
2008 年×月×日</td></tr>
</table>

注:此图由工程施工单位绘制,一式五份,施工单位总工程师审批后,随施工组织设计一起上报项目监理机构,经总监理工程师、(建设单位项目负责人)签署后,建设单位、施工单位、承包单位各执一份,项目监理机构存留两份。

表 5-17　劳动力需求计划

编　号:C2-01-13

(略)

2. 专项工程施工方案(C2-02)

(1)《专项工程施工方案》的形成:

凡分部、分项工程的重点部位、技术复杂或采用新技术的工序、危险性较大的安全工程，均要制定《专项工程施工方案》。

(2)《专项工程施工方案》的填写范例从略。

3. 技术、质量交底记录表(C2-03)

(1)《技术、质量交底记录表》的形成:

《技术、质量交底记录表》是施工企业内部把设计要求、施工措施、安全生产等贯彻到生产第一线的交底会所形成的会议记录文件。

(2) 参加技术交底会议的技术交底负责人可参见表5-18。

表5-18 参加技术交底会议人员表

序号	项目	技术交底负责人	交底对象
1	图纸交底	企业技术负责人	项目管理人员
2	重点、大型项目施工组织设计	企业技术负责人	项目管理人员
3	其他工程项目施工组织设计	项目技术负责人	项目管理人员
4	专项工程施工方案	项目技术负责人	专业工长
5	分项工程施工技术	专业工长	专业班组
6	“四新”技术	项目技术负责人	专业工长

(3) 技术交底的主要内容如下所述。

① 图纸交底:工程项目的实际要求、地基基础、主体结构和建筑特点、构造做法及要求、抗震处理;设计图纸的轴线、高程、尺寸、预留孔洞、预埋件等具体事项;砂浆、混凝土、砖、石等材料质量和强度的要求，图纸交底目的是掌握设计关键，认真按图施工。

② 施工组织设计交底:工程特点、施工部署、施工方法、操作规程、施工顺序及进度、任务划分、劳动力安排、施工现场平面布置、工序搭接、施工工期、质量标准及各项管理措施等。

③ 设计变更和工程洽商交底:对设计变更、洽商记录或其他形式的图纸变动文件(如图纸会审、设计补充说明通知等)向管理和施工管理人员做统一说明。

④ 分项工程技术交底:施工准备、操作工艺、技术安全措施、质量标准、新技术的特殊要求、劳动定额、材料消耗等。

⑤ 安全交底:工程项目的施工作业特点和危险点，针对危险点的具体预防措施，应注意的安全事项，相应的安全操作规程和标准，发生事故后应及时采取的避难和急救措施。

(4)《技术、质量交底记录表》的填制范例见表5-19。

表 5-19　技术、质量交底记录表

编　号：C2-03

工程名称：××住宅小区工程　　顺序号：×××

分项工程名称	混凝土浇筑	施工单位	××市××建筑工程公司
交底内容提要	框架柱混凝土浇筑机具准备 质量要求及施工工艺	交底日期	2008年×月×日

一、施工准备

钢管、塑料布、照明灯具、水平仪、经纬仪、溜筒、振捣棒、混凝土输送泵。

二、作业条件

1、轴线、柱子线验收完毕。

2、柱子钢筋、水电预埋完毕，符合设计及规范要求，并办完隐检手续。

3、安装的模板已经检查，符合设计要求，办完预检。

4、已经抄好高程水平控制线。

5、校核混凝土配合比，进行技术交底，准备好混凝土试模。

三、操作工艺

1. 柱子浇筑要用溜筒，分层浇筑，每层厚度为450 mm。浇筑前用钢管制作标志尺杆，每450 mm用红油漆标识。浇筑时将标尺杆插入模板内，当浇筑位置到达标尺识线时，停止浇筑进行振捣，以此类推，至浇筑完整根柱子为止。

2. 柱子浇筑前，先浇水湿润模板和底部，并先浇筑同等级砂浆垫底，每根柱子砂浆厚度为30～50mm，每根柱子砂浆2～3桶。

3. 柱子振捣时用人工插入式振捣，分层振捣棒应插入下层混凝土50 mm，人工振捣时间20～3 s，振捣间距500 mm，振捣时避免碰触模板、预埋件等。

4. 柱子水平施工缝留至梁底，浇筑高度应高出梁底20～30 mm，拆模后，在柱子四面按梁底标出＋5 mm，弹出水平线，用云石机沿线切割，再人工剔平表面浮浆，露出坚实石子。由于梁、柱混凝土强度等级不同，梁、柱核心区的混凝土浇筑时将柱边向外延伸500 mm的梁板用钢板网卡住，浇筑与柱子相同等级的混凝土，然后再浇筑其他梁板。

5. 柱子养护在拆模后立即用塑料布围裹，人工从柱顶向下洒水，每次间隔4小时，养护时间7天，并要有专人每日养护，如发现不安排人员则罚款处理。

6. 混凝土柱允许偏差及检查方法：

(1) 轴线位置5 mm，用尺量。

(2) 截面尺寸±3 mm，用尺量。

(3) 表面平整±3 mm，用尺量。

(4) 角线直度3 mm，用吊线。

(5) 保护层厚度＋5 mm、－3 mm，用尺量。

四、质量要求

1. 混凝土在浇筑前要测量坍落度，坍落度为(160±20)mm，满足要求方可使用。如不满足要求，则必须报告工长，退回搅拌站重新搅拌。

2. 浇筑混凝土时必须设专人看护钢筋、模板，看护时要调整好主筋的保护层。

五、安全交底

1. 施工时应注意用电安全，照明采用探照灯。

2. 尽且选用环保型低噪声振捣器，振捣时应配合相应人员控制电源的开关，防至振捣棒空转。

审核人	×××	交底人	×××	交底对象	×××

注：此表由施工项目经理部填制，相关人员签字，项目经理审核。

4. 设计交底记录(C2-04)

(1)《设计交底记录》的形成:

在图纸会审前,先由建设单位召集设计、监理、施工人员对工程设计进行交底,《设计交底记录》是在交底会议中形成的记录文件。

(2) 设计交底的内容:

① 展示施工图审查批准书、采用的工程地质勘察报告。

② 建筑物合理使用年限、主要专业设计意图。

③ 施工中应注意的问题、结构部位、节点构造施工中应注意的问题。

④ 采用的新技术、新工艺、新材料、新设备的依据、可行性及施工注意事项。

(3)《设计交底记录》的填制范例见表 5-20。

5. 图纸会审记录(C2-05)

(1)《图纸会审记录》的形成

开工前,由建设单位召集,设计单位、监理单位和施工单位参加的对施工图纸共同审查会议所形成的记录。

(2) 图纸会审一般分为两个阶段

第一阶段为预审阶段,由施工单位内部组织会审,提出问题。

第二阶段为会审阶段,主要是解决预审提出的问题和发现解决新问题。会审后由设计单位对图纸进行修改,并由监理单位向施工单位签发《设计变更通知单》。

(3) 图纸会审的基本内容

① 建筑、结构、设备安装等设计图纸是否齐全,手续是否完备;设计是否符合国家有关的现行技术和经济政策、法律、法规、规范、标准的规定;如果有引用标准图集的,引用标准图号是否明确。

② 图纸总的做法说明(包括分项工程做法说明)是否齐全、清楚、明确;建筑、结构、安装图、装饰和节点大样图之间有无矛盾;设计图纸(平、立、剖、构件布置、节点大样)之间相互配合的尺寸是否相符,分尺寸和总尺寸,大、小样图,建筑图与结构图,土建图与水、电安装图之间互相配合的尺寸是否一致,有无错误和遗漏;设计图纸本身、建筑构造与结构构造之间在立体与空间上有无矛盾;预留孔洞、预埋件、大样图或采用标准构配件图的型号、尺寸有无错误与矛盾。

(4) 总图的建筑物坐标位置与单位工程建筑平面图是否一致;建筑物的设计标高是否可行;地基与基础的设计是否与实际情况一致,是否符合该工程地质勘察报告结论要求;建筑物与地下构筑物及管线之间有无矛盾。

(5) 主要结构的设计在承载力、刚度、稳定性等方面有无问题;主要部位的建筑构造是否合理;设计能否保证工程质量和安全施工。

表5-20 设计交底记录

编 号:C2-04

工程名称:××住宅小区工程

<table>
<tr><td colspan="2">单位工程名称</td><td colspan="3">××住宅小区工程2#住宅楼</td><td>工程编号</td><td colspan="2">×××××</td></tr>
<tr><td colspan="2">设计单位</td><td colspan="3">×××建筑设计院</td><td>施工单位</td><td colspan="2">××市××建筑工程公司</td></tr>
<tr><td colspan="2">主持人</td><td>××</td><td>交底人</td><td>×××</td><td>交底时间</td><td colspan="2">2008年×月×日</td></tr>
<tr><td rowspan="3">参加交底人员</td><td>建设单位</td><td colspan="6">×××(职务、职称)、×××(职称、职务)、×××(职称、职务)</td></tr>
<tr><td>监理单位</td><td colspan="6">×××(职称、职务)、×××(职称、职务)、×××(职称、职务)</td></tr>
<tr><td>施工单位</td><td colspan="6">×××(职称、职务)、×××(职称、职务)、×××(职称、职务)</td></tr>
<tr><td colspan="8">交底内容:
1. 本工程根据有关文件规定设有人防工程,人防工程为全现浇钢筋混凝土地下室结构。
2. 凡是穿过人防地下室防护墙的给排水管道在穿墙处做刚性密封套管,做法见××页,套管内的管道两端应预留安装法兰,并应在墙内侧装设防爆破阀门,阀门的关闭方向应与冲击波作用方向一致,见××页,引入管道穿外墙图做法见××页。
3. 本工程由供热站单独供热,故将采暖管道的高低区合并为一,管径为DN80,系统图见附件××。</td></tr>
<tr><td colspan="4">建设单位(章):×××房地产开发公司
代表(签名):×××
时 间:2008年×月×日</td><td colspan="4">设计单位(章):×××建筑设计院
代表(签名):×××
时 间:2008年×月×日</td></tr>
<tr><td colspan="4">监理单位(章):××建筑监理公司第二项目监理部
代表(签名):×××
时 间:2008年×月×日</td><td colspan="4">施工单位(章):××市××建筑工程公司
代表(签名):×××
时 间:2008年×月×日</td></tr>
</table>

注:此表由设计单位填制,一式四份,经各方代表签字,单位签章后生效,参与交底各方各持一份。

表 5-21 图纸会审记录

编　号：C2-05

工程名称：××住宅小区工程

<table>
<tr><td colspan="2">单位工程名称</td><td colspan="2">××住宅小区工程 2# 住宅楼</td><td>工程编号</td><td>×××××</td></tr>
<tr><td colspan="2">设计单位</td><td colspan="2">×××建筑设计院</td><td>施工单位</td><td>××市××建筑工程公司</td></tr>
<tr><td colspan="2">主持人</td><td colspan="2">×××</td><td>会审时间</td><td>2008 年×月×日</td></tr>
<tr><td rowspan="3">参加人员</td><td>建设单位</td><td colspan="4">×××(职务、职称)、×××(职称、职务)、×××(职称、职务)</td></tr>
<tr><td>监理单位</td><td colspan="4">×××(职称、职务)、×××(职称、职务)、×××(职称、职务)</td></tr>
<tr><td>施工单位</td><td colspan="4">×××(职称、职务)、×××(职称、职务)、×××(职称、职务)</td></tr>
<tr><td colspan="2">图纸名称及图号</td><td colspan="3">提出问题</td><td>结论意见</td></tr>
<tr><td colspan="2" rowspan="2">建施一1</td><td colspan="3">外墙防水保护层为聚乙烯片材，可否改为 120 厚页岩砖？</td><td>改为 120 厚页岩砖。</td></tr>
<tr><td colspan="3">门窗表中 LD××××尺寸为 1 800mm×2 400mm。</td><td>LD××××：1 800mm×2 350mm</td></tr>
<tr><td colspan="2">建施一2</td><td colspan="3">LD××××尺寸为 2 400mm×2 400mm，而墙身大样图中标注的相应高度尺寸为 2 350mm。</td><td>LD××××：2 400mm×2 350mm</td></tr>
<tr><td colspan="2"></td><td colspan="3"></td><td></td></tr>
<tr><td colspan="3">建设单位(章)：×××房地产开发公司
代表(签名)：×××
时　　间：2008 年×月×日</td><td colspan="3">设计单位(章)：×××建筑设计院
代表(签名)：×××
时　　间：2008 年×月×日</td></tr>
<tr><td colspan="3">监理单位(章)：××建筑监理公司第二项目监理部
代表(签名)：×××
时　　间：2008 年×月×日</td><td colspan="3">施工单位(章)：××市××建筑工程公司
代表(签名)：×××
时　　间：2008 年×月×日</td></tr>
</table>

注：此表由施工单位根据专业(建筑、结构、给排水、采暖、通风空调、电气、智能系统)分别汇总整理，一式五份，建设、设计、监理、施工、档案馆各存留一份。

(6) 设计图纸的结构方案、建筑装饰与施工单位的施工能力、技术水平、技术装备有无矛盾，采用新工艺、新技术，施工单位有无困难；所需特殊建筑材料的品种、规格、数量能否解决；专业机械设备能否保证。

(7) 安装专业的设备、管架、钢结构立柱、金属结构平台、电缆、电线支架以及设备基础是否与工艺图、电气图、设备安装图和到货的设备相一致；传动设备、随机到货图纸和出厂资料是否齐全，技术要求是否合理，是否与设计图纸及设计技术文件相一致；底座同土建基础是否一致，管口相对位置、接管规格、材质、坐标、高程是否与设计图纸一致；管道、设备及管件是否需防腐衬里、脱脂及特殊清洗，设计结构是否合理，技术要求是否切实可行。

(8)《图纸会审记录》的填制范例见表5-21。

6. 设计变更通知单(C2-06)

(1)《设计变更通知单》的形成：

在图纸会审后及工程施工过程中，如需要对图纸的部分内容进行修改时，由项目监理机构依据设计单位的设计变更图，签发《设计变更通知单》，形成变更设计的技术文件。

设计单位的设计变更，如果涉及工程费用变更，必须征得建设单位的同意。

如果设计变更突破初步设计批准范围(如结构变更，布局修改等)，还需经过原批准部门的审查同意。

(2)《设计变更通知单》的填制范例见表5-22。

7. 工程商洽记录(C2-07)

(1)《工程商洽记录》的形成：

工程参建各方，对涉及施工技术、工程进度、工程造价等方面的问题，需要对图纸进行修改时，提出方和设计单位应与其他各方充分协商，取得一致意见。该过程形成经各方签字确认的《工程商洽记录》。

(2)《工程商洽记录》填写要求：

①《工程商洽记录》应分专业办理，内容详实、准确、全面。

② 必要时应附图说明。

③《工程商洽记录》须经协商各方签字后生效。

(3)《工程商洽记录》的填写范例见表5-23。

8. 技术联系(通知)单(C2-8)

(1)《技术联系(通知)单》的形成：

《技术联系(通知)单》是施工单位用于与建设、设计、监理单位进行技术联系与技术处理时形成的文件，经协商各方同意签字后可以代替《设计变更通知单》或《工程商洽记录》。

(2)《技术联系(通知)单》的填制可参考表5-23《工程商洽记录》。

表 5-22　设计变更通知单

编　号：C2-06

工程名称：××住宅小区工程　　　　顺序号：×××

单位工程名称	××住宅小区工程 2# 住宅楼	工程编号	×××××
设计单位	×××建筑设计院	施工单位	××市××建筑工程公司
主送单位	××建筑公司××住宅小区项目经理部	抄送单位	××市××建筑监理公司第二监理部
相关图号	结施××	变更日期	2008 年×月×日

变更内容及简图：
结施××图中 4 层④～⑤轴 L1 原设计梁高为 300 mm，现改为 400 mm，其余尺寸及配筋不变。

设计人：×××
时　间：2008 年×月×日

设计单位意见	建设单位签收
设计单位意见： 同意变更。 签字（章）：××× 时　间：2008 年×月×日	建设单位签收： 同意变更。 签字（章）：××× 时　间：2008 年×月×日
监理单位签收： 按变更后设计检查验收。 签字（章）：××× 时　间：2008 年×月×日	施工单位签收： 按变更后设计施工。 签字（章）：××× 时　间：2008 年×月×日

施工图审批机构意见：
（不涉及主体结构、安全、消防、环保等方面的变更可以不经过该机构审批）
同意变更。
签字（章）：
时　间：2008 年×月×日

注：此表由设计单位填制，一式六份，经相关部门审批后，建设、设计、相关批准部门、监理、施工、城建档案馆各存留一份。

表 5-23 工程商洽记录

编 号:C2-07

工程名称:××住宅小区工程　　　　顺序号:×××

单位工程名称	××住宅小区工程 2# 住宅楼	专业名称	地基基础
提出单位	××市××建筑工程公司	提出时间	2008 年×月×日
内容摘要	根据勘察和设计验槽要求,地基需深挖处理回填级配沙石。		
商洽内容: 从勘察设计验槽情况来看,本工程的地基原土被雨水浸泡,应在原设计标高－6.50 m 的基础上,再深挖 0.50 m,所涉及的范围宽度 12 m,长度 17 m。挖至－17.00 m 以后,回填级配沙石,并进行人工夯实。需增加的工作量为:3 台 2 寸的潜水泵工作 1.5 台班;人工挖土方 102.00 m^3;人工回填夯实级配沙石 102.00 m^3。 (示意图略)			
建设单位(章) 代表:××× 2008 年×月×日	设计单位(章) 代表:××× 2008 年×月×日	监理单位(章) 代表:××× 2008 年×月×日	施工单位(章) 代表:××× 2008 年×月×日

注:此表由提出单位填制,一式四份,经各参建单位签字盖章后,各存留一份。

5.3 施工物资资料(C3)

施工物资资料一般分为两大类,一类是物资材料、构配件的出厂质量证明文件;另一类是进场物资、材料、构配件的试验报告。

出厂质量证明文件是由供应(制造)单位提供,随进场材料、构配件一起,作为验收的主要依据;当进场材料、构配件需要进行有关力学性质、化学成分检验或双方对其质量存在不同意见,需要进一步得到证实时,则应对进场材料、构配件进行见证取样,送具有相应资质的检验部门进行检验,由检验部门出具试验报告。

这两类资料的作用就是从供应者的责任和使用者的要求两个方面对工程所使用的材料、构配件的质量予以证明。

1. 物资、材料、构配件出场质量证明文件

材料、构配件出场质量证明文件项目和保管单位见表 5-24。

表 5-24　工程材料、构配件出场质量证明文件和保管单位

分部工程名称	序号	项目	提供单位	归档保管单位				
				建设	施工	设计	监理	档案馆
建筑与结构工程	1	各种材料、构建半场品、成品质量证明文件	供货	√	√			√
	2	钢材性能检验报告	供货	√	√			√
	3	钢筋机械连接形式检验报告	供货	√	√			√
	4	水泥性能检验报告	供货	√	√			√
	5	砂、石性能检验报告	供货	√	√			√
	6	外加剂、掺和料性能检验报告	供货	√	√			√
	7	防水涂料、卷材性能检验报告	供货	√	√			√
	8	砖(砌块)性能检验报告	供货	√	√			√
	9	轻骨料性能检验报告	供货	√	√			√
	10	外墙外保温系统组成材料性能检验报告	供货	√	√			√
	11	门窗性能检验报告	供货	√	√			√
	12	吊顶材料性能检验报告	供货	√	√			√
	13	饰面材料性能检验报告	供货	√	√			√
	14	轻质隔墙材料性能检验报告	供货	√	√			√
	15	涂料性能检验报告	供货	√	√			√
	16	玻璃性能检验报告	供货	√	√			√
	17	壁纸、墙布防火阻燃性能检验报告	供货	√	√			√
	18	装修用胶黏剂性能检验报告	供货	√	√			√
	19	隔声、隔热、阻燃、防潮材料特殊性能检验报告	供货	√	√			√
	20	木结构材料性能检验报告	供货	√	√			√
	21	材料污染物含量检验报告	供货	√	√			√
	22	预拌混凝土出厂合格证	供货	√	√			√
预应力工程	1	预应力钢筋性能检验报告	供货	√	√			√
	2	预应力锚具、夹具、连续器性能检验报告	供货	√	√			√
钢结构工程	1	钢材、钢构件性能检验报告	供货	√	√			√
	2	钢材化学分析	供货	√	√			√
	3	焊接材料检验报告	供货	√	√			√
	4	连接用紧固标准件性能检验报告	供货	√	√			√
	5	高强度大六角头螺栓连接副紧固轴力检验报告	供货	√	√			√
	6	封板、锥头、套筒及其原材料性能检验报告	供货	√	√			√
	7	焊接球及制造焊接球所用材料性能检验报告	供货	√	√			√
	8	金属压型板及所用材料性能检验报告	供货	√	√			√
	9	涂装材料性能检验报告	供货	√	√			√
	10	防火材料性能检验报告	供货	√	√			√
	11	钢结构用其他材料性能检验报告	供货	√	√			√

续 表

分部工程名称	序号	项目	提供单位	归档保管单位				
				建设	施工	设计	监理	档案馆
幕墙工程	1	幕墙用铝塑板性能检验报告	供货	√	√			√
	2	幕墙用硅酮结构胶性能检验报告	供货	√	√			√
	3	铝型材涂膜厚度检验报告	供货	√	√			√
	4	幕墙用玻璃性能检验报告	供货	√	√			√
	5	幕墙用玻璃 3C 认证书	供货	√	√			√
	6	幕墙用石材性能检验报告	供货	√	√			√
	7	幕墙用金属板性能检验报告	供货	√	√			√
	8	防火材料防火性能检验报告	供货	√	√			√
给排水(通风空调)	1	主要管材、备件质量证明文件(通风空调)	供货	√	√			√
	2	设备、配件机器具质量证明文件(通风空调)	供货	√	√			√
	3	锅炉、承压设备焊接无损探伤检测报告	供货	√	√			√
建筑电气工程	1	各种高、低压配电柜、动力、照明配电箱(柜)、变压器、发电机组、蓄电池柜、电源柜、控制柜(屏、台)、电动机、电加热器、电动执行机构等电气设备出厂合格证、“CCC”认证标志	供货	√	√			√
	2	各类电线、电缆出厂合格证、“CCC”认证标志	供货	√	√			√
	3	各类母线、导线及接头部件、电焊条钢制灯柱、混凝土电杆及其他混凝土制品出厂合格证	供货	√	√			√
	4	电缆桥架、线槽、导管、型钢出厂合格证和材质证明书	供货	√	√			√
	5	各种镀锌制品、外线金具出厂合格证及质量证明	供货	√	√			√
	6	各种电气设备安装的技术文件及使用说明书	供货	√	√			√
	7	新材料、新产品的主管部门的批准使用文件	供货	√	√			√
	8	进口物资的商检证明	商检	√	√			√
建筑智能及电梯工程	1	材料、设备出厂合格证或产品认证书、说明书、检验报告、主要设备安装使用说明书	供货	√	√			√
	2	硬件设备及材料的可靠性检测报告	供货	√	√			√
	3	商业化软件的使用许可证	供货	√	√			√
	4	自编的各种应用软件功能测试及系统测试报告、软件的容量、可靠性、安全性、可恢复性、兼容性、自诊断性可维护性等功能测试报告(根据需要)	供货	√	√			√
	5	自编的各种应用软件完整的文档资料(规定、安装调试说明、使用和维护说明)	供货	√	√			√
	6	系统接口规定及测试方案	供货	√	√			√
	7	新材料、新产品的主管部门的批准使用文件	供货	√	√			√
	8	电梯主要设备、材料及附件出厂合格证、产品说明书、安装及使用说明书	供货	√	√			√

2. 进场材料、设备及构配件检验资料

主要材料、设备、构配件进场后，施工单位应与供货单位一起，对其外观质量、质量证明文件、随机文件、技术资料等进行现场检验（开箱验收），形成相应的检查验收资料。

(1) 材料、构配件进场检验记录

①《材料、构配件进场检验记录》的形成：

主要物资进场时，施工、供货单位应共同对其品种、数量、规格、外观质量、出厂证明文件进行检验，同时填写《材料、构配件进场检验记录》。

②《材料、构配件进场检验记录》的填制要求：

- 材料、构配件进场检验要按品种、按批量分别进行检验，不同品种、不同规格的材料应分项填写。
- 检验的项目应以进场材料、构配件的技术文件、质量证明文件、外观质量为主。
- 如需对其进行检测试验时，应按有关规定进行抽样，关键材料应进行见证抽样。

③《材料、构配件进场检验记录》的填制范例见表5-25。

(2) 设备开箱检验记录

①《____设备开箱检验记录》的形成：

设备及附件进场时，建设、监理、施工、供货单位的有关专业技术人员共同开箱检验填写《____设备开箱检验记录》，形成设备开箱检验记录资料。

② 设备开箱检验的要求：

- 装箱设备的名称、规格型号、数量、供货单位、生产厂必须与设计文件或合同要求一致，并与装箱单上的标注一致。
- 检验记录中的包装情况、随机技术文件、使用说明书、备件及附件、设备的外观质量等各项目必须全数检验。

③《____设备开箱检验记录》的填写要求：

- 表中各检验项目必须填写完整，记录翔实。
- 检验结果栏应详细填写缺损附件、备件的名称、规格、单位和数量，未填写部分应用斜线划掉。
- 检验结论应明确，简练，表述准确。
- 参与检验各方代表应在检验记录上签字方可生效。

④《______设备开箱检验记录》的填制范例见表5-26。

(3) 预拌混凝土运输交接记录

①《预拌混凝土运输交接记录》的形成：

采用商品混凝土工程，混凝土提供单位在混凝土交接时，必须向施工单位提供《预拌混凝土运输交接记录》。

②《预拌混凝土运输交接记录》的填写范例见表5-27。

3. 质量证明文件粘贴表

(1)《质量证明文件粘贴表》的形成：

主要物资、构配件、设备进场随带的质量证明文件，幅面大小不一致，按照建筑工程资料管理要求，所有资料必须是A4幅面，所以，应将这些随机质量证明文件粘贴在A4的幅面统一表格内，形成《____质量证明文件粘贴表》。

(2)《____质量证明文件粘贴表》的填制范例见表 5-28。

4. 试样委托资料

(1)《____试样委托单》的形成：

进场的材料、构配件检验，只是参验各方对其外观质量及随机技术文件的检查验收，对于需要进行材质、力学性能等项目试验的材料、构配件或对进场的材料、构配件质量有异议时，应进行见证取样，送检测单位试验，同时应填写《试样委托单》。检测单位根据《试样委托单》的委托出具《试验报告》。

(2)《试验委托单》的填制要求：

① 同一试样填写一份委托单，不同试样不能同时使用一份委托单；

② 试验项目应填写清楚、齐全；

③ 取样人、见证人必须签字齐全，并加盖送样单位章。

(3)《____试样委托单》的填制范例见表 5-29。

表 5-25　钢筋　进场检验记录

编　号：C3-01

工程名称：××住宅小区工程　　　　顺序号：×××

施工单位	××市××建筑工程公司			供货单位	×××建筑材料供应公司	
检验日期	2008年×月×日					
序号	名称	规格型号	数量	生产厂及合格证号	外观质量	结果
1	热轧带肋钢筋	ϕ25	31 t	××钢铁公司××××	良好	合格
2	低碳钢热轧盘条	ϕ6.5	16 t	××钢铁公司××××	良好	合格
3	热轧带肋钢筋	ϕ16	40 t	××钢铁公司××××	良好	合格
施工技术负责人：×××		施工质检员：×××		施工材料员：×××		

注：此表由施工单位验收人填制，一式四份，供货单位存留一份，施工单位存留三份。

表 5-26 通风与空调 设备开箱检验记录

编　号：C3-02

工程名称：××住宅小区工程　　　　顺序号：×××

<table>
<tr><td>单位工程名称</td><td colspan="3">××住宅小区工程服务楼</td><td colspan="2">检查日期</td><td colspan="2">2009 年×月×日</td></tr>
<tr><td>施工单位</td><td colspan="3">××市××建筑工程公司</td><td colspan="2">装箱单号</td><td colspan="2">××××</td></tr>
<tr><td>供货单位</td><td colspan="3">×××建筑材料供应公司</td><td colspan="2">总数量</td><td colspan="2">8 台</td></tr>
<tr><td>生产厂家</td><td colspan="3">×××风机厂</td><td colspan="2">检查数量</td><td colspan="2">8 台</td></tr>
<tr><td>设备名称</td><td colspan="3">轴流风机</td><td colspan="2">规格型号</td><td colspan="2">×××××</td></tr>
<tr><td rowspan="5">检查记录</td><td colspan="2">包装情况</td><td colspan="5">包装完好，无缺损，标识清楚。</td></tr>
<tr><td colspan="2">随机文件</td><td colspan="5">装箱单 8 份、合格证 8 份、说明书 8 份、设备图 8 份。</td></tr>
<tr><td colspan="2">备件与附件</td><td colspan="5">地脚螺栓 32 条。</td></tr>
<tr><td colspan="2">外观质量</td><td colspan="5">机体表面无缺损、无锈蚀、漆面完好。</td></tr>
<tr><td colspan="2">其他质量</td><td colspan="5">无。</td></tr>
<tr><td rowspan="5">检查结果</td><td colspan="7">缺损备件明细表</td></tr>
<tr><td>序号</td><td>名称</td><td>规格型号</td><td>单位</td><td colspan="2">数量</td><td>备注</td></tr>
<tr><td></td><td></td><td></td><td></td><td colspan="2"></td><td></td></tr>
<tr><td></td><td></td><td></td><td></td><td colspan="2"></td><td></td></tr>
<tr><td></td><td></td><td></td><td></td><td colspan="2"></td><td></td></tr>
<tr><td colspan="8">结论：
经检查确认，风机质量证明文件资料齐全，外观质量良好，规格型号符合设计要求。</td></tr>
<tr><td colspan="2">监理工程师：
（建设单位代表）
（签字）×××</td><td colspan="3">施工单位代表：
（签字）×××</td><td colspan="3">供货单位代表：
（签字）×××</td></tr>
</table>

注：此表由施工单位填制，一式五份，检验各方签字后，监理单位、供货方各存留一份，施工单位存留三份。

表 5-27　预拌混凝土出厂(交货)合格证

编　号:C3-05

工程名称:××住宅小区工程　　　　顺序号:×××

建设单位	×××建筑开发公司	生产厂家	××商混公司
订货单位	××市××建筑工程公司	营业执照编号	商(字)××××
单位工程名称	××住宅小区工程 2# 住宅楼	合格证编号	×××

企业资质等级	×级	供应品种	1 种	供应数量	××m^3
使用部位	基础柱	合同要求塌落度		160～168(mm)	
原材料名称	水泥	砂	石	掺和料	外加剂
品种与规格	P. O42.5	中砂	碎石	FA	SA—1
试验单编号	×××	×××	×××	×××	×××

试验结论:

供货时间	发货单号	强度等级	数量(罐/m^3)	配合比编号	塌落度检验结果
2008 年×月×日	×××	C40	8	×××	165
2008 年×月×日	×××	C40	8	×××	170
2008 年×月×日	×××	C40	8	×××	168
2008 年×月×日	×××	C40	8	×××	168
2008 年×月×日	×××	C40	8	×××	172

强度统计结果			合格评定结果		
均值/MPa	标准差/MPa	标准值保证率(%)	评定方法	批数	合格率(%)
42.5		100	非统计法	1	100

供方(章) 代表:×××	技术负责人: ×××	质量检验员: ×××	填表: ×××

注:此合格证由供货单位填制并提供给使用单位。

表 5-28 水泥 质量证明文件粘贴表

编　号:C3-04

工程名称:××住宅小区工程　　　　顺序号:×××

<table>
<tr><td colspan="3">收货单位</td><td colspan="6">××市××建筑工程公司</td><td colspan="3">供货单位</td><td colspan="4">×××建筑材料供应公司</td></tr>
<tr><td colspan="3">合同号</td><td colspan="6">××材字×××号</td><td colspan="3">运输车辆号</td><td colspan="4">陕 A×××××</td></tr>
<tr><td colspan="16">(质量证明文件粘贴页)</td></tr>
<tr><td rowspan="3">批号</td><td rowspan="3">钢号</td><td rowspan="3">规格</td><td colspan="5">化学成分</td><td colspan="5">机械性能</td><td rowspan="3">精度级别</td><td rowspan="3">脱碳层</td><td rowspan="3">捆数</td></tr>
<tr><td rowspan="2">碳</td><td rowspan="2">锰</td><td rowspan="2">硅</td><td rowspan="2">磷</td><td rowspan="2">硫</td><td>σ_a</td><td>σ_b</td><td>δ</td><td>ψ</td><td>冷弯</td></tr>
<tr><td colspan="2">MPa</td><td colspan="2">%</td><td>180°</td></tr>
<tr><td></td><td></td><td></td><td></td><td></td><td></td><td></td><td></td><td></td><td></td><td></td><td></td><td></td><td></td><td></td><td></td></tr>
<tr><td colspan="3">施工技术
负责人</td><td colspan="2">×××</td><td colspan="3">资料整理人</td><td colspan="2">×××</td><td colspan="2">整理日期</td><td colspan="4">2008 年×月×日</td></tr>
</table>

注:此表由收货单位填制,一式两份,原件报项目经理部,复印件存留。

表 5-29 钢筋 试样委托单

编 号:C3-03

工程名称:××住宅小区工程　　　　顺序号:×××

委托编号	×××		试验编号	×××～×××	
委托单位	××市××建筑工程公司		委托日期	2008 年×月×日	
使用部位	基础梁		试验日期		
材料名称	钢筋		品种规格	热轧带肋钢筋 ϕ25	
生产厂家	××钢铁公司		出厂日期	2007 年×月×日	
代表批量	31 t		牌号等级	HRB335	
项目编号	试验项目		项目编号	试验项目	
1	屈服点		5		
2	抗拉强度		6		
3	伸长率		7		
4	弯曲试验		8		
备注:					
送样单位	××市××建筑工程公司	取样人	×××	见证人	××

注:此表由送样单位分类填制,一式三份,随样送试验单位一份,报工程经理部一份,送样单位存留一份。

5. 各类物资、材料试验报告

(1) 试验报告的形成:

当试验单位接到施工单位进行见证取样、送检试验《试样委托单》时,应根据委托单的委托项目完成试验,并出具《试验报告》。材料试验报告的归档、整理可按单独组卷的分部(分项)工程进行,其归档编号也与分部(分项)工程编号一致。

受委托单位出具的《材料试验报告》不代替应由供应单位提供的物资、材料的各项性能检验报告和物资、材料的出厂合格证及进口物资的商检证明。

(2) 试验报告的有效性:

检测单位出具的试验报告必须标注试验执行标准,试验结论应明确,有相关人员签字,并加盖单位章(或试验专用章)有效。

(3) 各类进场物资、材料试验项目、编号及保管单位见表 5-30。

(4) 材料试验报告填制范例见表 5-31～表 5-36。

表 5-30　材料、设备、构配件试验项目、编号及保管单位

分部工程名称	序号	检验、试验报告项目	资料编号	提供单位	归档保管单位				
					建设	施工	设计	监理	档案馆
建筑与结构工程	1	钢材物理性能试验报告	C3-06-1	检测	√	√			√
	2	钢材化学分析试验报告	C3-06-2	检测	√	√			√
	3	水泥试验报告	C3-07	检测	√	√			√
	4	砂试验报告	C3-08	检测	√	√			√
	5	碎(卵)石试验报告	C3-09	检测	√	√			√
	6	混凝土早强、减水类外加剂试验报告	C3-10-1	检测	√	√			√
	7	混凝土引气剂试验报告	C3-10-2	检测	√	√			√
	8	混凝土缓凝剂试验报告	C3-10-3	检测	√	√			√
	9	混凝土泵送剂试验报告	C3-10-4	检测	√	√			√
	10	混凝土防水剂试验报告	C3-10-5	检测	√	√			√
	11	砂浆防水剂试验报告	C3-10-6	检测	√	√			√
	12	混凝土防冻剂试验报告	C3-10-7	检测	√	√			√
	13	混凝土膨胀剂试验报告	C3-10-8	检测	√	√			√
	14	混凝土速凝剂试验报告	C3-10-9	检测	√	√			√
	15	建筑砂浆增塑剂试验报告	C3-10-10	检测	√	√			√
	16	掺和料试验报告	C3-11	检测	√	√			√
	17	轻骨料试验报告	C3-12	检测	√	√			√
	18	烧结普通砖试验报告	C3-13-1	检测	√	√			√
	19	烧结空心砖、空心砌砖、烧结多孔砖试验报告	C3-13-2	检测	√	√			√
	20	粉煤灰砖试验报告	C3-13-3	检测	√	√			√
	21	蒸压灰砂砖、蒸压灰砂空心砖试验报告	C3-13-4	检测	√	√			√
	22	粉煤灰砌块试验报告	C3-14-1	检测	√	√			√
	23	轻骨料混凝土小型空心砌块试验报告	C3-14-2	检测	√	√			√
	24	普通混凝土小型空心砌块试验报告	C3-14-3	检测	√	√			√
	25	木结构试验报告		检测	√	√			√
	26	膨胀珍珠岩试验报告	C3-15	检测	√	√			√
	27	聚苯乙烯泡沫塑料试验报告	C3-16	检测	√	√			√
	28	胶粉 EPS 颗粒浆料试验报告	C3-17	检测	√	√			√
	29	苯板胶黏剂性能试验报告	C3-18	检测	√	√			√
	30	耐碱玻璃纤维网格布试验报告	C3-19	检测	√	√			√

续表

分部工程名称	序号	检验、试验报告项目	资料编号	提供单位	归档保管单位				
					建设	施工	设计	监理	档案馆
建筑与结构工程	31	门窗力学性能试验报告	C3-20-1	检测	√	√			√
	32	门窗物理性能试验报告	C3-20-2	检测	√	√			√
	33	门窗保温性能试验报告	C3-20-3	检测	√	√			√
	34	密封材料试验报告	C3-21	检测	√	√			√
	35	外墙涂料试验报告	C3-22	检测	√	√			√
	36	合成树脂乳液内墙涂料试验报告	C3-23-1	检测	√	√			√
	37	水溶性内墙涂料试验报告	C3-23-2	检测	√	√			√
	38	外墙饰面砖试验报告	C3-24	检测	√	√			√
	39	防水涂料试验报告	C3-25	检测	√	√			√
	40	防水卷材试验报告	C3-26	检测	√	√			√
	41	装饰装修材料有害物质试验报告	C3-27	检测	√	√			√
预应力工程	1	预应力钢筋力学性能试验报告	C3-28	检测	√	√			√
	2	预应力锚具、夹具和连续器性能试验报告	C3-29	检测	√	√			√
钢结构工程	1	钢结构用钢材力学性能试验报告	C3-30-1	检测	√	√			√
	2	钢结构用钢材化学分析试验报告	C3-30-2	检测	√	√			√
	3	钢结构涂料试验报告	C3-31	检测	√	√			√
	4	焊接材料试验报告	C3-32	检测	√	√			√
	5	高强度大六角头螺栓连接副扭矩系数试验报告	C3-33	检测	√	√			√
	6	扭剪型高强度螺栓连接符紧固轴力试验报告	C3-34	检测	√	√			√
	7	螺栓实物最小载荷试验报告	C-35	检测	√	√			√
幕墙工程	1	幕墙用铝塑板试验报告	C3-36	检测	√	√			√
	2	幕墙用石材试验报告	C3-37	检测	√	√			√
	3	幕墙用安全玻璃试验报告	C3-38	检测	√	√			√
	4	硅酮结构密封胶物理力学性能试验报告	C3-39	检测	√	√			√
	5	幕墙用硅酮结构结构胶密封性能试验报告	C3-40	检测	√	√			√
给排水及采暖	1	阀门、水嘴压力试验报告	C3-41	检测	√	√			√
	2	散热器压力试验报告	C3-42	检测	√	√			√

表 5-31 水泥试验报告

编　号：C3-07

工程名称：××住宅小区工程　　　　顺序号：×××

建设单位	×××建筑开发公司	试验编号	××××
委托单位	××市××建筑工程公司	委托日期	2008年×月×日
单位工程名称	××住宅小区工程2#住宅楼	试验日期	2008年×月×日
主要使用部位	一层顶板混凝土	水泥品种及等级强度	PS32.5

生产厂家	×××水泥厂	经销单位	××建材供应公司	合格证编号	××××
出厂日期	2008年×月×日	试验日期	2008年×月×日	进场数量	150 t
送样人	×××		专业监理工程师	×××	
鉴证单位	××建筑监理公司	取样见证人	×××	见证单编号	××××
主要试验设备	××××压力试验机 ××××抗折试验机		鉴定证书编号	××市签字××× ××市签字×××	
执行标准	GB 1344—1999				

细度：( )

4 900 孔筛余：6.3 %　　　比表面积：3 400 m^2 /kg

凝结时间：初凝 4小时19分钟；　终凝时间：5小时57分钟

安定性：试饼法、雷氏加法 合格

龄期	3天			7天			28天		
抗折强度/MPa	3.6	3.9	4.1				6.7	6.8	6.6
	3.9						6.7		
抗压强度/MPa	20.9	19.8	19.2				41.8	40.2	39.9
	20.5						40.5		

结论：此批水泥细度、安定性、凝结时间合格，符合 PS32.5 水泥强度要求。

试验单位	××××	负责人	×××	审核	×××	试验	×××

单位工程技术负责人意见：

该批水泥试验合格，同意使用。

签字(章)×××

注：此表由试验单位填制，一式三份，经签字确认后，试验单位存留一份，施工单位存留两份。

表 5-32　砂试验报告

编　号：C3-08

工程名称：××住宅小区工程　　　　顺序号：×××

建设单位	×××建筑开发公司	试验编号	××××
委托单位	××市××建筑工程公司	委托日期	2008 年×月×日
单位工程名称	××住宅小区工程 2# 住宅楼	试验日期	2008 年×月×日

砂子产地	×××××	砂子类别	中砂	进场数量	×××m^3
进场日期	2008 年×月×日	试验日期	2008 年×月×日	送样人	×××
鉴证单位	××建筑监理公司	取样见证人	×××	见证单编号	××××
主要仪器设备	砂分析试验筛　电子天平		检验证书编号	××××	
执行标准	《普通混凝土用砂质量标准及检验方法》JGJ 52—92				

试验项目	标准要求	试验结果	试验项目	标准要求	试验结果
含泥量(%)	≥C30 时≤3.0 >C30 时≤50	2.3	表观密度(kg/m^2)		
泥块含量(%)	≥C30 时≤1.0 >C30 时≤2.0	06	松散堆积密度(kg/m^2)		
有机物含量(%)	不深于标准色	合格	紧密密度(kg/m^2)		
云母含量(%)	≤2.0	1.4	含水率(%)		
坚固性(%)	5 次循环后其质量损失≤8%	3.1%	吸水率(%)		
碱活性化学法			轻物质含量(%)		

颗粒级配

筛孔尺寸(mm)		10.0	5.00	2.5	1.25	0.630	3.315	0.160
Ⅰ区	累计筛余(%)	0	10～0	35～0	65～35	85～71	95～80	100～90
Ⅱ区		0	10～0	25～0	50～10	70～41	92～70	100～90
Ⅲ区		0	10～0	15～0	25～0	40～16	85～55	100～90
试验结果	累计筛余(%)	0	5	17	30	51	80	91
	细度模数	2.6			级配区	Ⅱ区		

结论：

该试样按颗粒级配居Ⅱ区中砂。

试验单位(章)××检测中心

××年×月×日

技术负责人：×××	审核人：×××	试验人：×××
施工技术负责人：×××	监理工程师(建设单位代表)：×××	

注：此表由试验单位填制，一式三份，经签字确认后，试验单位存留一份，施工单位存留两份。

表 5-33　碎(卵)石试验报告

编　号:C3-09

工程名称:××住宅小区工程　　　　顺序号:×××

建设单位	×××建筑开发公司		试验编号	××××	
委托单位	××市××建筑工程公司		委托日期	2008 年×月×日	
单位工程名称	××住宅小区工程 2# 住宅楼		试验日期	2008 年×月×日	
产地	×××××	规格	5～31.5	进场数量	×××m^3
进场日期	2008 年×月×日	试验日期	2008 年×月×日	送样人	×××
鉴证单位	××建筑监理公司	取样见证人	×××	见证单编号	××××
级配要求	连续级配		检验证书编号		××××
执行标准	JGJ 523				

表观密度: 2 600 kg/m^3　　堆积密度 1 450 kg/m^3
空隙率: 35 %　　含泥量: 8 %　　泥块含量: 0.4 %
有机物含量(比色法): ____%　　针片状颗粒含量: 9 %
强度压碎指标: 12 %　　坚固性重量损失: ____%
碱活性: ____%

颗粒级配累计筛余(%)							
筛孔尺寸(mm)	2.5	.5	10	16	20	25	31.5
累计筛余(%)	100	94	82	51	35	18	0

结论:
依据 JGJ 523 标准,含泥量、泥块含量、针片料颗粒含量、压碎指标、筛余分析等各项指标均合格。

试验单位	××技术研究所	负责人	×××	审核	×××	试验	×××

单位工程技术负责人意见:
该批卵石试验合格,同意使用。

签章:×××

注:此表由试验单位填制,一式三份,经签字确认后,试验单位存留一份,施工单位存留两份。

表 5-34　烧结空心砖试验报告

编　号:C3-13-2

工程名称:××住宅小区工程　　顺序号:×××

建设单位	×××建筑开发公司			试验编号	××××		
委托单位	××市××建筑工程公司			委托日期	2008 年×月×日		
单位工程名称	××住宅小区工程 2# 住宅楼			试验日期	2008 年×月×日		
产地	×××××	生产单位	×××建材厂	进场数量	××万块		
进场日期	2008 年×月×日	试验日期	2008 年×月×日	送样人	×××		
鉴证单位	××建筑监理公司	取样见证人	×××	见证单编号	××××		
强度等级机等品	MU3.0　一等品			检验证书编号	××××		
使用部位	墙体砌筑			执行标准	GB 13545		
序号	抗压强度(MPa)	吸水率(%)	抗风化性能	序号	抗压强度(MPa)	吸水率(%)	抗风化性能
1	3.6			6	3.8		
2	3.7			7	3.4		
3	3.4			8	3.6		
4	3.5			9	3.5		
5	3.2			10	3.6		
平均	$f_k=3$　$\delta=0.1$　$f_{min}=3.2$　$f=3.45$						
结论: 依据 GB 13545 标准,符合 MU3.0 烧结空心砖一等品抗压强度要求。							
试验单位	××技术研究所	负责人	×××	审核	×××	试验	×××
单位工程技术负责人意见: 该批烧结空心砖试验合格,同意使用。　签章:×××							

注:此表由试验单位填制,一式三份,经签字确认后,试验单位存留一份,施工单位存留两份。

表 5-35　钢筋物理性能试验报告

编　号：C3-06-1

工程名称：××住宅小区工程　　　　顺序号：×××

建设单位		×××建筑开发公司			试验编号		××××		
委托单位		××市××建筑工程公司			委托日期		2008年×月×日		
单位工程名称		××住宅小区工程 2# 住宅楼			试验日期		2008年×月×日		
生产单位		××钢铁有限公司	经销单位		××建材有限公司		进场数量		×××t
进场日期		2008年×月×日	试验日期		2008年×月×日		送样人		×××
鉴证单位		××建筑监理公司	取样见证人		×××		见证单编号		××××
钢筋级别		Ⅱ级			检验证书编号		××××		
使用部位		基础			执行标准		GB 1499—1998		
试件编号	规格	力学性能			工艺性能		反向冷弯正 45° 反 23°	δ_b / δ_s	δ_s / δ_b
					冷弯				
		屈服点（MPa）	抗拉强度（MPa）	伸长率（%）	$d=()a$	结果			
02	25 mm	380	580	30	75	合格		1.53	1.13
03	25 mm	277	572	30.9	75	合格		1.52	1.12

结论：

依据 GB 1499—1998 标准，符合 HRB 335 要求。

试验单位	××技术研究所	负责人	×××	审核	×××	试验	×××

单位工程技术负责人意见：

该批钢筋试验合格，同意使用。

签章：×××

注：此表由试验单位填制，一式三份，经签字确认后，试验单位存留一份，施工单位存留两份。

表 5-36 防水卷材试验报告

编　号:C3-26

工程名称:××住宅小区工程　　　　　　　　　　　　顺序号:×××

建设单位	×××建筑开发公司	试验编号	××××
委托单位	××市××建筑工程公司	委托日期	2008年×月×日
单位工程名称	××住宅小区工程2#住宅楼	试验日期	2008年×月×日

生产单位	××防水材料公司	规格	B=1 000 mm d=3 mm	进场数量	×××
进场日期	2008年×月×日	试验日期	2008年×月×日	送样人	×××
鉴证单位	××建筑监理公司	取样见证人	×××	见证单编号	××××

使用部位	屋面防水层	检验证书编号	××××

执行标准: GB 18242

序号	检验项目	标准要求	检验结果	单项评定
1	不透水性	≥0.3 MPa,30 min	0.4 MPa,30 ndn 不进水	合格
2	断裂拉伸强度/N	纵向,横向	—	—
3	撕裂强度/N	250	288	合格
4	伸长率/%	纵向≥30,横向≥30	纵向38,横向35	合格
5	低温柔性	−10 ℃,无裂缝	−10 ℃,无裂缝	合格
6	拉力/N	纵向≥450,横向≥450	纵向556,横向530	合格
7	耐热度	90℃,无滑动、流淌、滴落	90℃,无滑动、流淌、滴落	合格

结论:

依据GB 18242标准,所检项目符合弹性体改性沥青防水卷材Ⅰ型要求。

试验单位	××技术研究所	负责人	×××	审核	×××	试验	×××

单位工程技术负责人意见:

该批防水卷材试验合格,同意使用。　　　　　　　　签章:×××

注:此表由试验单位填制,一式三份,经签字确认后,试验单位存留一份,施工单位存留两份。

5.4 施工测量资料(C4)

施工测量资料是建筑与结构施工过程中,施工单位使用各种测量仪器,对工程的位置、垂直度、沉降量等进行度量和测定所形成的数据记录,记录中应有测量依据及过程,并应进行复核,经监理工程师签字后确认。

1. 施工测量资料的项目、标号及保管单位

施工测量资料项目、编号及保管单位见表5-37。

表5-37 施工测量资料项目、编号及保管单位

序号	施工测量资料项目	资料编号	提供单位	归档保管单位				
				建设	施工	设计	监理	城建档案
1	安装抄测记录	C4-01	施工	√	√		√	√
2	工程定位测量记录	C4-02	施工	√	√		√	√
3	基槽(孔)验线记录	C4-03	施工	√	√		√	√
4	楼层平面放线记录	C4-04	施工		√			
5	楼层标高抄测记录	C4-05	施工		√			
6	建筑物垂直度、标高、全高测量记录	C4-06	施工	√	√		√	√
7	建筑物沉降观测测量记录	C4-07	施工	√	√			√

2. 施工测量资料的填制范例

(1) 安装抄测记录(C4-01)

①《____安装抄测记录》的形成

当构件、管道、设备安装时,施工单位应对于安装的标高、轴线、坡度等项目进行测量控制并形成《安装抄测记录》。

②《____安装抄测记录》填写范例见表5-38。

(2) 沉降观测记录(C4-02)

①《____沉降观测记录》的形成

为了防止地基不均匀沉降引起的结构破坏,在施工过程中和竣工后,对建筑物的沉降应进行观测并形成沉降观测的记录。

② 沉降观测的次数及时间。

- 一般建筑物在基础完成后观测,大型、高层建筑,可在基础垫层或基础地板完成后开始观测。
- 民用建筑每增加1～2层观察一次,工业建筑在不同的施工阶段分别进行观察,电视塔、烟囱等构筑物每增加10～15 m观测一次,整个施工期间观测不得少于5次。
- 施工期间,冬雨季过后、工程暂停、工程复工环节应补充观测一次;停工期间,每隔2～3个月观测一次;地基出现不均匀沉降、地基周围大量积水、挖方工程、暴雨过后等环节,应根据具体情况增加观测次数。

- 交工前观测一次。

③《____沉降观测记录》的填写范例见表 5-39。

表 5-38 <u>1# 锅炉</u> 安装抄测记录

编 号:C4-01

工程名称:××住宅小区工程　　　　顺序号:×××

施工单位	××市××建筑工程公司	单位工程名称	××住宅小区工程锅炉房
抄测日期	2008 年×月×日	抄测部位	1# 供暖锅炉安装基础
抄测内容及依据: 1. 抄测内容 (1) 1# 锅炉安装基础标高; (2) 1# 锅炉安装基础轴线位置。 2. 抄测依据 (1) 安装施工图(AS×××#); (2) 锅炉安装基础图。			
抄测说明: 附图 (略)			
审查意见: 抄测结果符合设计及安装要求。			
监理工程师 (建设单位代表): ×××	施工技术负责人: ×××	施工质检员: ×××	施测人: ×××

注:此表由施工单位填制,一式三份,经监理机构(或建设单位)认可,一份报监理机构,两份存留施工单位。

表 5-39　建筑物沉降观测记录

编　号：C4-07

工程名称：××住宅小区工程　　　　　　　　　　　　　　　　　　　顺序号：×××

施工单位		××市××建筑工程公司			单位工程名称	××住宅小区工程锅炉房	
水准点标高(相对)　4.22 mm							
观测点平面布置图(略)							
测点号 测量值	测量次数 / 日期	一	二	三	四	五	六
		2008 年 4 月 10 日	2008 年 4 月 21 日	2008 年 5 月 2 日	2008 年 5 月 13 日	2008 年 5 月 24 日	2008 年 6 月 4 日
1	实测标高(m)	3.134	3.13	3.127	3.125	3.124	3.123
	本次沉降(mm)	0	4	3	2	1	1
	累计沉降(mm)	0	4	7	9	10	11
2	实测标高(m)	3.136	3.132	3.13	3.128	3.127	3.126
	本次沉降(mm)	0	4	2	2	1	1
	累计沉降(mm)	0	4	6	8.	9	10
3	实测标高(m)	3.137	3.133	3.130	3.127	3.126	3.125
	本次沉降(mm)	0	4	3	3	1	1
	累计沉降(mm)	0	4	@	10	11	12
4	实测标高(m)	3.118	3.115	3.113	3.111	3.109	3108
	本次沉降(mm)	0	3	2	2	2	1
	累计沉降(mm)	0	3	5	Z	9	10
5	实测标高(m)						
	本次沉降(mm)						
	累计沉降(mm)						
建筑物平均沉降量相对弯曲和相对倾斜值							
每次观测状态		正常	正常	正常	正常	正常	正常
监理工程师：×××		测量技术负责人：×××		计算：×××		测量：×××	

注：1. 当观测点数较多时，本表可向下接(或换页使用)；当观测次数较多时，本表可向右接长(或换页使用)。

2. 监理工程师应对施工期间沉降数据核查负责。

3. 附各观测点的观测时间一沉降曲线图表。

5.5 施工记录资料(C5)

施工记录资料是对重要工程项目、关键部位的施工方法、使用材料、构配件、操作人员、施工时间、施工情况的记载，并经有关人员签字确认，形成施工过程的记录资料。

1. 施工记录资料项目、编号及保管单位

施工记录资料项目、编号及保管单位见表5-40。

表5-40 施工记录资料项目、编号及保管单位

分部工程名称	序号	施工记录资料项目	资料编号	提供单位	归档保管单位				
					建设	施工	设计	监理	档案馆
建筑与结构工程	1	交接检查验收记录	C5-01	施工	√	√			√
	2	地基验槽(孔)记录	C5-02	施工	√	√			√
	3	地基处理记录	C5-03	施工	√	√			
	4	预拌混凝土运输交接记录	C5-04	施工		√			
	5	混凝土开盘鉴定记录	C5-05	施工		√			
	6	混凝土工程施工记录	C5-06	施工	√	√		√	
	7	混凝土拆模申请批准单	C5-07	施工		√			
	8	混凝土养护测温记录	C5-08	施工		√		√	
	9	大体积混凝土养护测温记录	C5-09	施工	√	√			
	10	混凝土结构同条件养护试件测温记录	C5-10	施工	√	√		√	
	11	构件安装记录	C5-11	施工	√	√			
	12	焊接材料烘焙记录	C4-12	施工		√			
	13	木结构施工记录		施工	√	√			
	14	涂料施工记录	C5-13	施工	√	√			
桩基工程	1	混凝土灌注桩施工记录	C5-14	施工	√	√			√
	2	钻孔后压浆混凝土灌注桩施工记录	C5-15	施工	√	√			√
	3	钻孔后压浆灌注桩施工记录	C5-16	施工	√	√			√
	4	震动沉管灌注桩施工记录	C5-17	施工	√	√			√
	5	混凝土预制桩打桩施工记录	C5-18	施工	√	√			√
	6	静力压桩施工记录	C5-19	施工	√	√			√
预应力工程	1	预应力钢筋固定、张紧端施工记录	C5-20	施工	√	√			√
	2	预应力钢筋张紧记录	C5-21	施工	√	√			
	3	预应力钢筋封锚记录	C5-22	施工	√	√			√
	4	有黏结力预应力孔道灌浆记录	C5-23	施工	√	√			√

续表

分部工程名称	序号	施工记录资料项目	资料编号	提供单位	归档保管单位				
					建设	施工	设计	监理	档案馆
钢结构及幕墙工程	1	钢结构防腐(火)涂料施工记录	C5-25	施工	√	√			√
	2	钢结构制作记录	C5-26	施工	√	√			
	3	钢结构安装记录	C5-27	施工	√	√			√
	4	钢结构焊接记录	C5-27-1	施工	√	√			
	5	焊接记录附图	C5-27-2	施工	√	√			
	6	保温、保护层施工记录	C5-28	施工	√	√			
	7	幕墙注胶施工记录	C5-29	施工	√	√			
建筑给水排水工程	1	补偿器安装记录	C5-30	施工	√	√			
	2	伸缩器安装记录	C5-31	施工	√	√			
	3	设备安装找平记录	C5-32	施工	√	√			
	4	风机、水泵安装记录	C5-33	施工	√	√			
电梯工程	1	电梯的技术参数	C5-34	施工	√	√			√
	2	电梯机房、竖井土建交接记录	C5-35	施工	√	√			
	3	自动扶梯、自动人行道土建交接记录	C5-36	施工	√	√			
	4	电梯导轨支架、导轨安装记录	C5-37	施工	√	√			
	5	电梯导轨安装记录	C5-38	施工	√	√			
	6	电梯轿厢、安全钳、限速器、缓冲器安装记录	C5-39	施工	√	√			
	7	电梯对重装置、导向轮、复绕轮、拽引级导靴安装记录	C5-40	施工	√	√			
	8	电梯门系统安装记录	C5-41	施工	√	√			
	9	梯电气系统安装记录	C5-42	施工	√	√			
	10	自动扶梯、自动人行道气系统安装记录	C5-43	施工	√	√			
	11	自动扶梯、自动人行道机械系统安装记录	C5-44	施工	√	√			

2. 施工记录资料的填制范例

(1) 交接检查验收记录(C5-01)

①《交接检查验收记录》的形成

参建各方在施工过程中相互交接时,应进行交接检查验收,并在交接过程中填写《交接检查验收记录》。

②《交接检查验收记录》填写的内容

- 工程移交时的质量情况、遗留问题及处理办法，工序要求、注意事项；
- 移交方向接收方提出的成品保护要求等。

③《交接检查验收记录》填写见表5-41。

表5-41　交接检查验收记录

编　号：C5-01

工程名称：××住宅小区工程　　　　顺序号：×××

单位工程名称	××住宅小区工程锅炉房	建设单位	×××建筑开发公司
移交单位	××市××建筑工程公司	接收单位	××机电安装有限公司
监理单位	××建筑监理公司	交接日期	2008年××月×日

序号	移交部位及项目	提供的数据及状态	验收情况	备注
1	风机基础	基础尺寸长(×××mm) ×宽(××mm)×高(×××mm)	合格	
2	风机房预留出风口	预留孔洞尺寸为 ϕ300 mm 预留孔洞纵向偏差×mm 横向偏差×mm	合格	
3	风机基础混凝土强度	达到设计要求	合格	

补充(或遗留问题)说明：
监理(建设)单位意见： 双方都同意移交，移交后成品由××机电安装有限公司接收，并负责对成品进行保护。 同意下一道工序——风机安装工序开始施工。

监理工程师 (建设单位代表)： ×××	移交单位 代表： ×××	接收单位 代表： ×××

注：此表由移交单位填制，一式四份，经监理工程师、移交单位代表、接收单位代表签字后，监理机构存留两份，移交与接收单位各存留一份。

3. 地基验槽(孔)记录(C5-02)

(1)《地基验槽(孔)记录》的形成

当基槽(孔)开挖完后,应由建设单位、监理机构和施工单位一起对其地基槽(孔)进行检查验收。

(2) 地基验槽(孔)检查的内容

基槽的平面位置尺寸、平面尺寸、基底标高、基础底部的土质情况及地下水位等情况。

(3)《地基验槽(孔)记录》填制范例见表 5-42。

表 5-42 地基验槽(孔)记录

编 号:C5-02

工程名称:××住宅小区工程　　　　顺序号:×××

建设单位	×××建筑开发公司	单位工程名称	××住宅小区工程 2# 住宅楼
设计单位	××建筑设计院	验收项目	全部基础
勘测单位	××建筑勘测院	验收时间	2008 年×月×日
施工单位	××市××建筑工程公司	图纸编号	结施 1、2
验收要求	与地质报告相符,基槽平面位置、槽边尺寸、槽底标高、定位检查应符合设计要求		
验收依据: 1.《建筑地基基础工程施工质量验收规范》(GB 50202—2002); 2. 施工图纸(结施 1、2); 3. 地质勘查报告(编号×××); 4. 其他相关的标准、规范、规程。			
验收的内容: 1. 基槽应开挖至勘察报告要求的第××层,持力层为××层; 2. 基底的绝对标高为×××m,相对标高为×××m; 3. 基地应为原土层,且均匀密实。			
验收意见: 1. 经检验,槽底土质均匀密实,与地质勘查报告(编号×××)相符; 2. 基槽平面位置、槽边尺寸、槽底标高、定位检查符合设计要求; 3. 槽底在地下水位 1.1 m 以上,无坑及洞穴。			

建设单位	设计单位	勘察单位	监理单位	施工单位
项目负责人: ×××	项目负责人: ×××	项目负责人: ×××	总监理工程师: ×××	项目负责人: ×××

注:此表由施工单位填制,一式六份,参验各方签字后各存留一份,施工单位存留两份。

4. 预拌混凝土运输交接记录(C5-04)

(1)《预拌混凝土运输交接记录表》的形成

预拌混凝土供应单位向施工单位供应预拌混凝土的同时应提供《预拌混凝土运输交接记录表》,办理预拌混凝土交接手续。

(2)《预拌混凝土运输交接记录表》填写范例见表 5-43。

表 5-43　预拌混凝土运输交接记录

编　号:C5-04
顺序号:×××

建设单位	×××建筑开发公司		生产厂家	××商混公司	
订货单位	××市××建筑工程公司		营业执照编号	商(字)××××	
单位工程名称	××住宅小区工程 2# 住宅楼		合格证编号	×××	
企业资质等级	×级	供应品种	1 种	供应数量	××m^3
使用部位	基础柱	合同要求塌落度		160～168(mm)	
品种	1 种	时间	2008 年×月×日	强度规格	C40
发货单编号	×××	试验单编号	×××	配合比编号	×××
运输车号	陕 A－×××××	数量	××m^3	出罐温度	××℃
监理(建设)单位: ×××		施工单位: ×××		供货单位: ×××	

注:此表由供货单位填制,一式四份,各方签字后,供货单位存留一份,报监理单位一份,施工单位存留两份。

5. 混凝土工程施工记录(C5-06)

(1)《混凝土工程施工记录》的形成

不论混凝土工程量大小,施工单位均应对混凝土工程的施工过程进行记录,并填写《混凝土工程施工记录》。

(2)《混凝土工程施工记录》的填写要求

① 混凝土工程施工,施工单位应邀请监理单位见证;

② 每工作台班(浇灌混凝土数量不得超过 50 m^3)至少检测一次,并将检测结果填入《混凝土工程施工记录》表。

(3)《混凝土工程施工记录》的填写范例见表 5-44。

表 5-44 混凝土工程施工记录

编 号:C5-06

工程名称:××住宅小区工程　　　　顺序号:×××

单位工程名称	××住宅小区工程 2# 住宅楼		建设单位	×××建筑开发公司	
施工单位	××市××建筑工程公司		使用部位	二层楼板浇灌	
搅拌方式	机械搅拌		施工时间	2008 年×月×日	
振捣方式	机械振捣		养护方式	浇水、草帘覆盖	
塌落度设计值	159～168 mm		塌落度实测值	163 mm	
浇注量	××m^3	强度设计等级	C20	配合比报告编号	×××

主要事项记录:

1. 混凝土材料:① 普通硅酸盐水泥 32-5,粗、细骨料经检验符合要求,采用饮用水拌制。② 计量设施经检查符合要求。③ 按 C20 施工配合比拌制,每盘称量偏差符合混凝土结构工程施工质量验收规范第 7-4-3 规定。
2. 混凝土浇筑:① 模板及其支架安装满足浇筑要求,浇筑中无位移、变形和漏浆现象。② 浇筑过程中钢筋未发生位移。③ 板、梁浇筑连续施工,楼梯间施工缝留在板的 1/3 处。④ 由×班组负责浇筑,自×日×时至×日×时浇筑完毕。
3. 试块留置:在浇筑地点按规范要求随机取样 5 组,其中 2 组试块标养,另 3 组试块同条件养护(2 组用于结构实体检验,1 组用于拆模检验)。
4. 养护:×月×日至×月×日浇水养护 7 天,表面覆盖草袋,始终能保持混凝土表面处于湿润状态。

测温情况							
日/时/分							
天气情况/气温							
温度	出罐						
	入模						

施工技术负责人: ×××	记录人: ×××

注:此表由施工单位填制,一式三份,报工程项目经理部两份,单位存留一份。

5.6 隐蔽工程检查验收记录(C6)

在建筑工程施工过程中,对被掩埋(盖)的重要工程或关键部位,都应该在其被掩埋(盖)前,有施工单位、监理(建设)(必要时应有勘察、设计单位参加),共同对其施工资料和工程质量都应进行检查验收,检查验收的过程和结果应形成《隐蔽工程检查验收记录》。

《隐蔽工程检查验收记录》是通用表格,适用于各隐蔽工程项目。所有隐蔽工程项目,在工程隐蔽前均应进行检查验收,并填写此表。未经检查验收的隐蔽工程,不得进入下一道工序施工。

1. 隐蔽工程检查验收项目、编号及保管单位

隐蔽工程检查验收项目、编号及报关单位见表 5-45。

表 5-45 隐蔽工程检查验收记录项目、编号及保管单位

分部工程名称	序号	项目	资料编号	提供单位	归档保管单位				
					建设	施工	设计	监理	档案馆
建筑与结构	1	地基验槽记录	C6-01-01	施工	√	√			√
	2	地基处理复检记录	C6-01-02	施工	√	√			√
	3	基础钢筋绑扎、焊接隐蔽工程验收记录	C6-01-03	施工	√	√			√
	4	主体工程钢筋绑扎、焊接隐蔽工程验收记录	C6-01-04	施工	√	√			√
	5	现场结构焊接隐蔽工程验收记录	C6-01-05	施工	√	√			
	6	抹灰隐蔽工程验收记录	C6-01-06	施工	√	√			
	7	钢门窗隐蔽工程验收记录	C6-01-07	施工	√	√			
	8	吊顶隐蔽工程验收记录	C6-01-08	施工	√	√			
	9	屋面防水隐蔽工程验收记录	C6-01-09	施工	√	√			
	10	厕浴间防水隐蔽工程验收记录	C6-01-10	施工	√	√			
基坑		隐蔽工程检查验收记录	C6-02	施工	√	√			√
桩基		隐蔽工程检查验收记录	C6-03	施工	√	√			√
预应力		隐蔽工程检查验收记录	C6-04	施工	√	√			√
钢结构		隐蔽工程检查验收记录	C6-05	施工	√	√			√
幕墙		隐蔽工程检查验收记录	C6-06	施工	√	√			
给排水及采暖	1	直埋于地下或结构中、暗敷设于沟槽、管井、进入吊顶内的给水、排水、雨水、采暖、消防管道及相关设备的检查验收	C6-07-01	施工	√	√			
	2	有防水要求的套管检查验收记录	C6-07-02	施工	√	√			
	3	有绝热、防腐要求的给水、排水、雨水、采暖、消防管道及相关设备的检查验收	C6-07-03	施工	√	√			
	4	埋地的采暖、热水管道，保温层、保护层检查验收记录	C6-07-04	施工	√	√			
	5	地面辐射采暖检查验收记录	C6-07-05	施工	√	√			
通风空调	1	敷设于竖井内的风道(包括各类设备、部件及附件)检查验收记录	C6-08-01	施工	√	√			
	2	有绝热、防腐要求的风管，空调水管及设备检查验收记录	C6-08-02	施工	√	√			
建筑电气		建筑电气隐蔽工程检验收记录	C6-09	施工	√	√			
建筑智能		建筑智能隐蔽工程检查验收记录	C6-10	施工	√	√			
电梯	1	电梯承重梁埋设隐蔽工程验收记录	C6-11-01	施工	√	√			√
	2	电梯钢丝绳头灌注隐蔽工程验收记录	C6-11-02	施工	√	√			√
	3	电梯导轨支架、层门支架、螺栓埋设隐蔽工程验收记录	C6-11-03	施工	√	√			√

2.《隐蔽工程检查验收记录》填写范例

《____隐蔽工程检查验收记录》填写范例见表5-46～表5-50。

表5-46 __基础钢筋__ 隐蔽工程检查验收记录

编　号：C6-01-03

工程名称：××住宅小区工程　　　　顺序号：×××

<table>
<tr><td>单位工程名称</td><td>××住宅小区工程 $2^{\#}$ 住宅楼</td><td>建设单位</td><td>×××建筑开发公司</td></tr>
<tr><td>施工单位</td><td>××市××建筑工程公司</td><td>隐蔽部位</td><td>基础柱</td></tr>
<tr><td>隐蔽日期</td><td>2008年×月×日</td><td>图号</td><td>结施××</td></tr>
<tr><td colspan="4">隐蔽检查内容：
1. 钢筋表面清洁无锈，无污染物。
2. 按图施工，钢筋品种、规格、型号满足设计要求。
3. 柱规格为：800 mm×800 mm，角筋为4ϕ30，其余主筋为16ϕ25，箍筋为ϕ12，六肢箍。箍筋弯钩135 mm。平直段长度为120 mm。箍筋加密区长度为800 mm，加密区箍筋间距100 mm，非加密区箍筋间距为150 mm，角柱全程加密，梁、柱核心区内钢筋加密，间距为100 mm。柱钢筋连接采用直螺纹接头。上下钢筋偏移不得超过0.1 d，接头轴线倾斜不得超过4°。接头距地面高度不大于500 mm。
4. 柱箍筋距结构面50 mm高起步。
5. 柱保护层为30 mm，使用塑料垫块，600 mm×600 mm梅花形布置。
6. 钢筋绑扎牢固，无脱螺纹及松动现象，柱顶设定位框。</td></tr>
<tr><td rowspan="4">监理工程师核查验收意见：
经检查符合设计要求，符合验收规范的要求，同意隐蔽。
监理工程师：×××</td><td colspan="3">试验单、合格证等其他证明文件</td></tr>
<tr><td>名称或直径</td><td>出厂合格证编号</td><td>试验单编号</td></tr>
<tr><td>ϕ25</td><td>×××××</td><td>××××</td></tr>
<tr><td>ϕ30</td><td>×××××</td><td>××××</td></tr>
<tr><td rowspan="2">参验人员意见：同意隐蔽。
签字：×××、×××、××</td><td></td><td></td><td></td></tr>
<tr><td></td><td></td><td></td></tr>
<tr><td>单位工程技术负责人：
×××</td><td colspan="2">质量检验员：
×××</td><td>填表人：
×××</td></tr>
</table>

注：此表适用于混凝土、钢筋、埋地工程、回填土、屋面等隐蔽工程。此表由施工单位填制，一式三份，报监理机构一份，施工单位存留两份。

表 5-47　<u>抹灰</u>隐蔽工程检查验收记录

编　号:C6-01-06

工程名称:××住宅小区工程　　　　顺序号:×××

单位工程名称	××住宅小区工程 2# 住宅楼	建设单位	×××建筑开发公司
施工单位	××市××建筑工程公司	隐蔽部位	外墙墙体
隐蔽日期	2008 年×月×日	图号	建施××

隐蔽检查内容:

1. 外墙抹灰采用 M5 水泥砂浆,并加配钢丝网片,网眼尺寸为 20 mm×20 mm;
2. 网片采用射钉与墙体连接牢固;
3. 墙体抹灰厚度为 40 mm,以保证墙体垂直度为要求。

	试验单、合格证等其他证明文件		
监理工程师核查验收意见: 经检查符合设计要求,符合验收规范的要求,同意隐蔽。 监理工程师:×××	名称或直径	出厂合格证编号	试验单编号
	钢丝网片	×××××	
参验人员意见: 同意隐蔽。 签字:×××、×××、××			

单位工程技术负责人: ×××	质量检验员: ×××	填表人: ×××

注:此表适用于混凝土、钢筋、埋地工程、回填土、屋面等隐蔽工程。此表由施工单位填制,一式三份,报监理机构一份,施工单位存留两份。

表 5-48 钢门窗 隐蔽工程检查验收记录

编 号：C6-01-07

工程名称：××住宅小区工程　　　　顺序号：×××

<table>
<tr><td>单位工程名称</td><td>××住宅小区工程 2# 住宅楼</td><td>建设单位</td><td>×××建筑开发公司</td></tr>
<tr><td>施工单位</td><td>××市××建筑工程公司</td><td>隐蔽部位</td><td>钢窗边框</td></tr>
<tr><td>隐蔽日期</td><td>2008 年×月×日</td><td>图号</td><td>建施××</td></tr>
<tr><td colspan="4">隐蔽检查内容：
1. 塑钢窗，尺寸为 2 000 mm×1 800 mm，窗口已准确定位，弹出窗口水平、垂直控制线。
2. 窗框已与墙体用 ϕ8 膨胀螺栓固定，每边三个，螺栓已作防腐处理。</td></tr>
</table>

<table>
<tr><td rowspan="6">监理工程师核查验收意见：
经检查符合设计要求，符合验收规范的要求，同意隐蔽。
监理工程师：×××</td><td colspan="3">试验单、合格证等其他证明文件</td></tr>
<tr><td>名称或直径</td><td>出厂合格证编号</td><td>试验单编号</td></tr>
<tr><td>ϕ8 螺栓</td><td>×××××</td><td>×××</td></tr>
<tr><td>塑钢窗</td><td>×××××</td><td>××××</td></tr>
<tr><td></td><td></td><td></td></tr>
<tr><td></td><td></td><td></td></tr>
<tr><td rowspan="3">参验人员意见：同意隐蔽。
签字：×××、×××、××</td><td></td><td></td><td></td></tr>
<tr><td></td><td></td><td></td></tr>
<tr><td></td><td></td><td></td></tr>
</table>

<table>
<tr><td>单位工程技术负责人：
×××</td><td>质量检验：×××</td><td>填表人：×××</td></tr>
</table>

注：此表适用于混凝土、钢筋、埋地工程、回填土、屋面等隐蔽工程。此表由施工单位填制，一式三份，报监理机构一份，施工单位存留两份。

表 5-49 吊顶 隐蔽工程检查验收记录

编 号:C6-01-08

工程名称:××住宅小区工程　　　　顺序号:×××

<table>
<tr><td>单位工程名称</td><td colspan="2">××住宅小区工程 2# 住宅楼</td><td>建设单位</td><td colspan="2">×××建筑开发公司</td></tr>
<tr><td>施工单位</td><td colspan="2">××市××建筑工程公司</td><td>隐蔽部位</td><td colspan="2">屋面吊顶</td></tr>
<tr><td>隐蔽日期</td><td colspan="2">2008 年×月×日</td><td>图号</td><td colspan="2">结施××</td></tr>
<tr><td colspan="6">隐蔽检查内容:
1. 吊杆采用 $\phi 8$ 钢筋,双向设置,间距 1 200 mm 上部与地板用 $\phi 8$ 膨胀螺栓固定;
2. 采用 T 型轻钢龙骨,型号:TB24×28,中距 600 mm;
3. 吊顶内各种管线已安装完毕,烟感器已安装完毕;
4. 吊顶内水管线已试压完毕,无渗漏。</td></tr>
<tr><td colspan="3" rowspan="4">监理工程师核查验收意见:
经检查符合设计要求,符合验收规范的要求,同意隐蔽。
监理工程师:×××</td><td colspan="3">试验单、合格证等其他证明文件</td></tr>
<tr><td>名称或直径</td><td>出厂合格证编号</td><td>试验单编号</td></tr>
<tr><td>$\phi 8$ 膨胀螺栓</td><td>×××××</td><td>×××</td></tr>
<tr><td>轻钢龙骨 TB24×28</td><td>×××××</td><td>××××</td></tr>
<tr><td colspan="3" rowspan="2">参验人员意见:同意隐蔽。
签字:×××、×××、××</td><td></td><td></td><td></td></tr>
<tr><td></td><td></td><td></td></tr>
<tr><td colspan="2">单位工程技术负责人:
×××</td><td colspan="2">质量检验:×××</td><td colspan="2">填表人:×××</td></tr>
</table>

注:此表适用于混凝土、钢筋、埋地工程、回填土、屋面等隐蔽工程。此表由施工单位填制,一式三份,报监理机构一份,施工单位存留两份。

表 5-50 <u>屋面防水</u> 隐蔽工程检查验收记录

编　号:C6-01-09

工程名称:××住宅小区工程　　　　　　　　　　顺序号:×××

<table>
<tr><td>单位工程名称</td><td>××住宅小区工程 2# 住宅楼</td><td>建设单位</td><td>×××建筑开发公司</td></tr>
<tr><td>施工单位</td><td>××市××建筑工程公司</td><td>隐蔽部位</td><td>1～10 轴屋面</td></tr>
<tr><td>隐蔽日期</td><td>2008 年×月×日</td><td>图号</td><td>结施××</td></tr>
<tr><td colspan="4">隐蔽检查内容:
1. 屋面防水采用 SBS 改性沥青卷材两道;
2. 防水层在接茬处应先做附加层,宽度为 500 mm,上翻高度 300 mm;
3. 防水层顺长度方向贴铺搭接长度分别为:长度方向 100 mm,宽度方向 150 mm;
4. 卷材采用热熔法铺贴,满贴施工,接缝处采用密封膏密封;
5. 防水卷材在立面处做收头处理,压紧压实。</td></tr>
</table>

<table>
<tr><td rowspan="5">监理工程师核查验收意见:
经检查符合设计要求,符合验收规范的要求,同意隐蔽。
监理工程师:×××</td><td colspan="3">试验单、合格证等其他证明文件</td></tr>
<tr><td>名称或直径</td><td>出厂合格证编号</td><td>试验单编号</td></tr>
<tr><td>SBS 改性沥青卷材</td><td>×××××</td><td>×××</td></tr>
<tr><td></td><td></td><td></td></tr>
<tr><td></td><td></td><td></td></tr>
<tr><td rowspan="2">参验人员意见:同意隐蔽。
签字:×××、×××、××</td><td></td><td></td><td></td></tr>
<tr><td></td><td></td><td></td></tr>
</table>

<table>
<tr><td>单位工程技术负责人:
×××</td><td>质量检验:×××</td><td>填表人:×××</td></tr>
</table>

注:此表适用于混凝土、钢筋、埋地工程、回填土、屋面等隐蔽工程。此表由施工单位填制,一式三份,报监理机构一份,施工单位存留两份。

5.7　施工检测资料(C7)

施工检测资料是对已完工程的质量、设备单机试运转、系统调试等项目进行现场检测试验或实物取样的室内试验结论所形成的记录资料。

1. 施工检测记录项目、编号及保管单位

施工检测资料项目、编号及保管单位见表 5-51。

表 5-51　施工检测报告(记录)项目、编号及保管单位

分部工程名称	序号	项目	资料编号	提供单位	归档保管单位				
					建设	施工	设计	监理	档案馆
建筑与结构	1	现场检测委托单	C7-01	检测	√	√			
	2	混凝土、砂浆监测委托单	C7-02	检测	√	√			
	3	施工监测记录	C7-02	检测	√	√			√
	4	设备单机试运转记录	C7-04	检测	√	√			√
	5	系统调试、运行记录	C7-05	检测	√	√			√
	6	锚固抗拔承载力监测报告	C7-06	检测	√	√			√
	7	地基平板荷载实验报告	C7-07	检测	√	√			√
	8	土工击实实验报告	C7-08	检测	√	√			√
	9	回填土密实检测报告	C7-09	检测	√	√			√
	10	钢筋(材)焊接接头物理性能检测报告	C7-10	检测	√	√			√
	11	钢筋机械连接接头抗拉强度检验报告	C7-11	检测	√	√			√
	12	砂浆配合比试验报告	C7-12	检测	√	√			√
	13	砂浆抗压强度检测报告	C7-13	检测	√	√			√
	14	灌入法砂浆抗压强度检测报告	C7-14	检测	√	√			√
	15	混凝土抗压强度检测报告	C7-15	检测	√	√			√
	16	混凝土抗渗性能检测报告	C7-16	检测	√	√			
	17	……	C7-…·	检测	√	√			
	18	地下工程防水效果检验记录	C7-27	检测	√	√			
	19	防水工程淋(蓄)水检验记录	C7-28	检测	√	√			√
	20	通风烟道检查记录	C7-29	检测	√	√			
	21	墙体传热系数检测报告	C7-30	检测	√	√			√
	22	室内环境污染物检测委托单	C7-31	检测	√	√			√
	23	室内环境污染物检测报告	C7-32	检测	√	√		√	
基坑	1	基坑支护变形监测记录	C7-33-01	检测	√	√		√	
	2	基坑支护工程施工检测记录	C7-33-02	检测	√	√			
	3	基坑支护工程用锚杆、土钉锁力抽样检测记录	C7-33-03	检测	√	√			
桩基	1	桩基检测报告	C7-34-01	检测	√	√			√
	2	桩基工程其他检测项目	C7-34-02	检测	√	√			√
	1	钢结构工程焊接检测报告封皮	C7-35-01	检测	√	√			
	2	钢结构工程焊接检测报告首页	C7-35-02	检测	√	√			

续表

分部工程名称	序号	项目	资料编号	提供单位	归档保管单位				
					建设	施工	设计	监理	档案馆
钢结构	1	钢结构工程焊接伤测试意图	C7-34-03	检测	√	√			√
	2	超声波检测报告	C7-36	检测	√	√			√
	3	焊接X射线检测报告	C7-37	检测	√	√			√
	4	磁粉检测报告	C7-38	检测	√	√			√
	5	网架节点承载力检测报告	C7-39	检测	√	√			√
	6	抗滑移系数检测报告	C7-40	检测	√	√			√
幕墙	1	幕墙气密性、耐风压、平面变形性能检测报告		检测	√	√			√
	2	幕墙淋水检测记录	C7-41	施工	√	√			√
建筑给排水及采暖	1	设备及管道附件检测记录	C7-42	施工	√	√			√
	2	灌水、满水检测记录	C7-43	施工	√	√			√
	3	设备及管道强度、严密性实验记录	C7-44	施工	√	√			√
	4	通水检测记录	C7-45	施工	√	√			√
	5	管道清洗、吹扫、脱脂检测记录	C7-46	施工	√	√			√
	6	室内排水管道通球检测记录	C7-47	施工	√	√			√
	7	室内消防栓试射记录	C7-48	施工	√	√			√
	8	生活用水卫生检测记录		检测	√	√			
	9	安全附件安装检测记录	C7-49	施工	√	√			
	10	锅炉烘炉记录	C7-50	施工	√	√			√
	11	锅炉煮炉记录	C7-51	施工	√	√			
	12	锅炉试运行记录	C7-52	施工	√	√			
	13	安全阀调试记录	C7-53	施工	√	√			√
通风空调	1	风管漏光检测记录	C7-54	施工	√	√			√
	2	风管漏风检测记录	C7-55	检测	√	√			√
	3	除尘器、空调机漏风检测记录	C7-56	施工	√	√			√
	4	室内风量、温度检测记录	C7-57	施工	√	√			√
	5	风管风量平衡检测记录	C7-58	施工	√	√			√
	6	制冷系统气密性检测记录	C7-59	施工	√	√			√
	7	净化空调系统检测记录	C7-60	施工	√	√			√
	8	防排烟系统联合试运行记录	C7-61	施工	√	√			√

续表

分部工程名称	序号	项目	资料编号	提供单位	归档保管单位				
					建设	施工	设计	监理	档案馆
建筑电气	1	电气接地电阻检测记录	C7-62	施工	√	√			
	2	等电位连接导通性检测记录	C7-63	施工	√	√			
	3	电气绝缘电阻检测记录	C7-64	施工	√	√			√
	4	大型照明灯具载荷测试记录	C7-65	施工	√	√			√
	5	电气器具通电安全测试记录	C7-66	检测	√	√			√
	6	建筑物照明通电试运行记录	C7-67	施工	√	√			√
	7	电气设备空载试运行记录	C7-68	施工	√	√			√
	8	大容量电气线路节点温度检测记录	C7-69	施工	√	√			√
	9	避雷带支架拉力测试记录	C7-70	施工	√	√			√
	10	高压部分检测记录		检测	√	√			√
	11	电度表检定记录		检测	√	√			√
建筑智能	1	建筑智能系统功能检测记录	C7-71	施工	√	√			√
	2	综合布线系统性能测试记录	C7-72	施工	√	√			√
	3	视频系统末端测试记录	C7-73	施工	√	√			√
	4	建筑设备监控系统功能测试记录	C7-74	施工	√	√			√
	5	建筑智能系统试运行记录	C7-75	施工	√	√			√
电梯	1	电梯电气绝缘电阻检测记录	C7-76	施工	√	√			√
	2	轿厢平面准确度检测记录	C7-77	施工	√	√			√
	3	电梯带负荷运行检测记录	C7-78	施工	√	√			√
	4	电梯噪声检测记录	C7-79	施工	√	√			√
	5	电梯电气装置检测记录	C7-80	施工	√	√			√
	6	电梯整机性能检测记录	C7-81	施工	√	√			√
	7	电梯主要功能检测记录	C7-82	施工	√	√			√
	8	自动扶梯、自动人行道安全装置检测记录	C7-83	施工	√	√			√
	9	自动扶梯、自动人行道整机性能检测记录	C7-84	施工	√	√			√

2. 施工监测资料的填写要求

(1) 如果检测是委托有资质的检测单位实施的检测项目，则应由施工单位填写《____现场检测委托单》。检测单位在接到《现场检测委托单》和检测式样后检测，并出具检测报告；

(2) 如果是由施工单位实施检测项目，则应填写《 施工检测记录》；

(3) 设备单机试运转和系统调试、系统试运行也属于施工检测的内容，施工单位应填写《____设备单机试运转记录》、《____系统调试、试运行记录》。

3. 系统试运行

系统试运行主要指建筑设备系统空载(或部分载荷)试工作过程,具体应包括以下系统:

(1) 给排水与采暖系统;

(2) 通风与空调系统;

(3) 水处理系统;

(4) 环境治理系统;

(5) 建筑电气与智能化系统。

4. 施工检测资料的填制范例

施工检测资料的填制范例见表5-52~表5-64。

表5-52 钢筋保护层厚度 现场检测委托单

编　号:C7-01

工程名称:××住宅小区工程　　顺序号:×××

单位工程名称	××住宅小区工程2#住宅楼	施工单位	××市××建筑工程公司
委托单位	××市××建筑工程公司	委托日期	2008年×月×日
检测单位	××建筑研究所	检测编号	××××
施工日期	2008年×月×日	检测日期	2008年×月×日
监理单位	××市××建筑监理公司	检测部位	1~6层框架梁
建筑面积	××××m^2	基体材料	混凝土
联系人	×××	联系电话	×××××××××××
设计要求	××mm		
检测项目: 钢筋保护层厚度检测。			
委托单位(章): ××市××建筑工程公司	委托人: ×××	取样见证人: ×××	

注:此表由施工单位填制,一式四份,委托单位、检测单位、监理单位、施工单位各存留一份。

表 5-53　回填土密实　检测记录

编　号:C7-09

工程名称:××住宅小区工程　　　　顺序号:×××

单位工程名称	××住宅小区工程 2# 住宅楼	检测日期	2008 年×月×日
监理单位	××市××建筑监理公司	施工单位	××市××建筑工程公司
建筑面积	×××m^2	检测部位	室外回填土
施工日期	2008 年×月×日	检测日期	2008 年×月×日
取样地点	见示意图	试验层高	30 cm
执行标准	土工试验方法标准 GB/T 50123—1999		
技术要求	技术要求≥最大干密度 2.26 g/cm^3×压实系数 0.9=2.03 g/cm^3		

取样点编号	湿土重 (g)	含水率 (%)	湿密度 (g/cm^3)	干密度 (g/cm^3)	取样点布局示意图
1	4 805	4.0	2.20	2.12	(略)
2	5 000	3.9	2.20	2.11	
3	4 995	3.5	2.19	2.12	
4	5 215	3.6	2.16	2.09	
5	4 990	3.7	2.19	2.11	
6	5 105	3.8	2.16	2.08	
7	5 085	4.1	2.16	2.08	
8	5 185	4.0	2.20	2.12	

检测结论:

经检测,压实密度符合设计及规范要求。

监理工程师(建设单位代表):	施工技术负责人:	施工质检员:	检测人:
×××	×××	×××	×××

注:此表由施工单位填制,一式四份,监理机构、检测单位、工程经理部、施工单位各一份。

表 5-54　砂浆配合实验报告

编　号：C7-12

工程名称：××住宅小区工程　　　　顺序号：×××

<table>
<tr><td>建设单位</td><td colspan="4">×××建筑开发公司</td><td colspan="2">试验编号</td><td colspan="4">××××</td></tr>
<tr><td>委托单位</td><td colspan="4">××市××建筑工程公司</td><td colspan="2">委托日期</td><td colspan="4">2008 年×月×日</td></tr>
<tr><td>单位工程名称</td><td colspan="4">××住宅小区工程 2# 住宅楼</td><td colspan="2">试验日期</td><td colspan="4">2008 年×月×日</td></tr>
<tr><td>使用部位</td><td colspan="2">主体砌筑</td><td colspan="2">砂浆种类</td><td colspan="2">水泥混合砂浆</td><td colspan="2">设计强度等级</td><td colspan="2">M5</td></tr>
<tr><td>稠度</td><td colspan="2">70～100(mm)</td><td colspan="2">水泥厂别</td><td colspan="2">秦岭水泥公司</td><td colspan="2">强等级</td><td colspan="2">P. O325</td></tr>
<tr><td>出厂日期</td><td colspan="2">2008 年×月×日</td><td colspan="2">砂子试验编号</td><td>×××</td><td colspan="2">砂子种类</td><td colspan="3">河砂、细度：2.6</td></tr>
<tr><td>掺合料 1</td><td colspan="2">白灰膏</td><td colspan="2">掺和料 2</td><td colspan="2"></td><td colspan="2">水类</td><td colspan="2">自来水</td></tr>
<tr><td>外加剂 1</td><td colspan="2"></td><td colspan="2">外加剂 2</td><td colspan="2"></td><td colspan="2">搅拌方法</td><td colspan="2">机械搅拌</td></tr>
<tr><td>养护方法</td><td colspan="4">标准养护</td><td colspan="2">温度</td><td colspan="4">20℃</td></tr>
<tr><td rowspan="2">材料品种</td><td rowspan="2">水泥</td><td rowspan="2">砂子</td><td rowspan="2">水</td><td rowspan="2">石灰</td><td colspan="2">掺和剂</td><td rowspan="2">稠度
(mm)</td><td rowspan="2">分层度
(mm)</td><td rowspan="2">抗压强度
(MPa)</td><td rowspan="2">密度
(kg / m³)</td></tr>
<tr><td>1</td><td>2</td></tr>
<tr><td>kg / m³</td><td>238</td><td>1 571</td><td>125</td><td></td><td>95</td><td></td><td></td><td></td><td></td><td></td></tr>
<tr><td colspan="11">单位工程技术负责人意见：
符合设计要求规定，施工中严格按照此配合比计量施工。

签章：×××</td></tr>
<tr><td>试验单位</td><td colspan="3">××技术研究所</td><td>负责人</td><td>×××</td><td>审核</td><td>×××</td><td>试验</td><td colspan="2">×××</td></tr>
</table>

注：此表由试验单位填制，一式三份，经签字确认后，试验单位存留一份，施工单位存留两份。

表 5-55　砂浆抗压强度检测报告

编　号:C7-13

工程名称:××住宅小区工程　　　　顺序号:×××

建设单位	×××建筑开发公司			试验编号	××××		
委托单位	××市××建筑工程公司			委托日期	2008 年×月×日		
单位工程名称	××住宅小区工程 2# 住宅楼			试验日期	2008 年×月×日		
使用部位	基础砌筑		稠度	80(mm)	设计强度		M5
水泥试验编号	××××		生产厂家	××水泥有限公司	品种		普通水泥
等级	P. O32.5		砂子产地	×××	细度模数		2.7
鉴证单位	××建筑监理公司		取样见证人	×××	送样人		×××
成型日期	2008 年×月×日			养护方法及温度	标准养护　20℃		
试压日期	2008 年×月×日			检验证书编号	××××		
执行标准	GB 50203—2002						
砂浆配合比通知单号				××××			
试件编号	试件规格(mm)	受压面积(mm^2)	强度(28 d)(MPa)	强度代表值(MPa)	养护期间平均温度	换算标准强度	站设计强度(%)
	70.7×70.7×70.7	5 000	5.43　5.6	5.78	20℃		119
			6.05　5.94				
			6.14　6.56				
单位工程技术负责人意见: 符合规范,评定合格。　　(签章)×××							
试验单位	××技术研究所	负责人	×××	审核	×××	试验	×××

注:此表由试验单位填制,一式三份,经签字确认后,试验单位存留一份,施工单位存留两份。

表 5-56　混凝土抗压检测报告

编　号:C3-14

工程名称:××住宅小区工程　　　　顺序号:×××

<table>
<tr><td colspan="2">建设单位</td><td colspan="2">×××建筑开发公司</td><td colspan="2">试验编号</td><td colspan="2">××××</td></tr>
<tr><td colspan="2">委托单位</td><td colspan="2">××市××建筑工程公司</td><td colspan="2">委托日期</td><td colspan="2">2008 年×月×日</td></tr>
<tr><td colspan="2">单位工程名称</td><td colspan="2">××住宅小区工程 2# 住宅楼</td><td colspan="2">试验日期</td><td colspan="2">2008 年×月×日</td></tr>
<tr><td>使用部位</td><td>基础柱</td><td>试件规格</td><td colspan="2">100×100×100
(mm)</td><td>设计强度</td><td colspan="2">C30</td></tr>
<tr><td>搅拌方法</td><td>机械搅拌</td><td>代表数量</td><td colspan="2">××m³</td><td>送样人</td><td colspan="2">×××</td></tr>
<tr><td>鉴证单位</td><td>××建筑监理公司</td><td>取样见证人</td><td>×××</td><td colspan="2">见证单编号</td><td colspan="2">××××</td></tr>
<tr><td colspan="2">成型日期</td><td colspan="2">2008 年×月×日</td><td colspan="2">养护方法及温度</td><td colspan="2">标准养护　20℃</td></tr>
<tr><td colspan="2">试压日期</td><td colspan="2">2008 年×月×日</td><td colspan="2">检验证书编号</td><td colspan="2">××××</td></tr>
<tr><td colspan="8">执行标准:
《混凝土强度检验标准》(GBJ 107)、《混凝土结构工程施工质量验收规范》(GB 50204—2002)</td></tr>
<tr><td colspan="2">配合比通知单号</td><td colspan="6">××××</td></tr>
<tr><td rowspan="2">受压面积
(mm²)</td><td rowspan="2">龄期
(d)</td><td colspan="4">抗压强度</td><td colspan="2" rowspan="2">占设计强度
(%)</td></tr>
<tr><td>1</td><td>2</td><td>3</td><td>强度代表值</td></tr>
<tr><td>10 000</td><td>28</td><td>365</td><td>320</td><td>339</td><td>338</td><td colspan="2">113</td></tr>
<tr><td>试验单位</td><td>××技术研究所</td><td>负责人</td><td>×××</td><td>审核</td><td>×××</td><td>试验</td><td>×××</td></tr>
<tr><td colspan="8">单位工程技术负责人意见:　合格。　　　　签章:×××</td></tr>
</table>

注:此表由试验单位填制,一式三份,经签字确认后,试验单位存留一份,施工单位存留两份。

表 5-57　混凝土抗渗检测报告

编　号:C3-15

工程名称:××住宅小区工程　　　　　　　　　　　　　　顺序号:×××

建设单位	×××建筑开发公司	试验编号	××××
委托单位	××市××建筑工程公司	委托日期	2008年×月×日
单位工程名称	××住宅小区工程 2# 住宅楼	试验日期	2008年×月×日

使用部位	基础底板	抗渗等级	P8	设计强度	C30
搅拌方法	机械搅拌	代表数量	××m^3	送样人	×××
鉴证单位	××建筑监理公司	取样见证人	×××	见证单编号	××××

成型日期	2008年×月×日	养护方法及温度	标准养护　20℃
试压日期	2008年×月×日	检验证书编号	××××

执行标准:

《地下防水工程施工质量验收规范》(GB 50208—2002)

配合比编号	砂率(%)	水灰比	塌落度(mm)	混凝土材料用量(kg/m^3)					
				水泥	砂	石子	水	掺和料	外加剂
×××	44	0.48	169	316	805	1 020	180	570	13.3

龄期(d)	渗水时最大水压(MPa)						试验抗渗等级
	1	2	3	4	5	6	
57	0.9	0.9	0.9	0.9	0.9	0.9	>P8
渗水	无	无	无	无	无	无	

结论:

依据《普通混凝土长期性能与耐久性能试验方法》(GBJ 182—85),该批混凝土抗渗性能符合 P8 要求。

试验单位	××技术研究所	负责人	×××	审核	×××	试验	×××

单位工程技术负责人意见:

以上所检项目符合 P8 抗渗等级要求。　　　　(签章)×××

注:此表由试验单位填制,一式三份,经签字确认后,试验单位存留一份,施工单位存留两份。

表 5-58 屋面蓄、淋水 检验记录

编　号:C7-28

工程名称:××住宅小区工程　　　　顺序号:×××

单位工程名称	××住宅小区工程 2# 住宅楼		建设单位	×××建筑开发公司
施工单位	××市××建筑工程公司		检验日期	2008 年×月×日
检验部位	蓄、淋水时间 (h)	蓄水深度 (mm)	蓄水面积 (mm^2)	检验结果
屋面	24	35	100.3	无渗漏现象
检验结论: 符合设计要求和规范规定。				
监理工程师(建设单位代表): ×××	施工技术负责人: ×××		施工质检员: ×××	检测人: ×××

注:此表由施工单位填制,一式四份,监理机构、检测单位、工程经理部、施工单位各一份。

表 5-59　烟(风)道　工程检查记录

编　号:C7-29

工程名称:××住宅小区工程　　　　顺序号:×××

单位工程名称	××住宅小区工程 2# 住宅楼	建设单位	×××建筑开发公司
施工单位	××市××建筑工程公司	图号	结施××
检查部位	1～6 层烟(风)道	检查日期	2008 年×月×日

楼层	检查项目			备注
	安装牢固、方正	缝隙严密	抽气功能	
1	√	√	√	
2	√	√	√	
3	√	√	√	
4	√	√	√	
5	√	√	√	
6	√	√	√	

检查结论:

经检查,1～6 层烟(风)道安装牢固、方正;缝隙严密;抽气功能均符合要求。

监理工程师(建设单位代表):×××	施工技术负责人:×××	施工质检员:×××	检测人:×××

注:此表由施工单位填制,一式四份,监理机构、检测单位、工程经理部、施工单位各一份。

表 5-60 热力水泵安装 施工检测记录

编　号:C7-42

工程名称:××住宅小区工程　　　　顺序号:×××

单位工程名称	锅炉房	检测日期	2008年×月×日
监理单位	××市××建筑监理公司	施工单位	××建筑设备安装工程公司
系统名称	供暖系统	设备所在部位	锅炉房一层

检测项目:

1. 热力水泵安装偏差;
2. 水泵叶片与机壳的相对位置;
3. 水泵叶片的转动方向;
4. 减震器安装。

检测情况:

1. 热力水泵安装:纵、横向偏差要求±8 mm,横向实测偏差5 mm,纵向实测6 mm,符合要求;
2. 水泵叶片与机壳的相对位置正确,叶片与机壳无磕碰等异常情况,叶片转动方向正确;
3. 减震器安装符合设计要求。

检测结论:

水泵安装符合设计及规范要求。

监理工程师(建设单位代表):×××	施工技术负责人:×××	施工质检员:×××	记录人:×××

注:此表由施工单位填制,一式四份,监理机构、检测单位、工程经理部、施工单位各一份。

表 5-61　压力水泵　单机试运转记录

编　号:C7-44

工程名称:××住宅小区工程　　　　顺序号:×××

单位工程名称	××住宅小区工程 2# 住宅楼	试运转日期	2008 年×月×日
监理单位	××市××建筑监理公司	施工单位	××建筑设备安装工程公司
设备名称	离心式清水泵	规格型号	××××
设备所在系统	楼房供水系统	数量(台)	1
额定数据	供水量:××t/h　水压:××		

序号	试验项目	试验记录	试验结论
1	连续运转时间/h	24 h 正常连续	合格
2	叶轮运转	平稳	合格
3	设备震动	无异常,符合要求	合格
4	紧固件连接	无松动	合格
5	壳体密封	无渗漏	合格
6	运行功率	符合要求	合格
7	电流	符合要求	合格
8	轴承温度	符合说明书规定	合格
9	泄漏量	符合要求	合格

试运行结论:

水泵连续运转 24 h,运转正常、平稳,无异常情况,各试验项目均符合设计说明书的规定及设计要求。

试验合格。

监理工程师(建设单位代表):×××	施工技术负责人:×××	施工质检员:×××	检测人:×××

注:此表由施工单位填制,一式四份,监理机构、检测单位、工程经理部、施工单位各一份。

表 5-62 供热压力锅炉 试运行记录

编　号：C7-52

工程名称：××住宅小区工程　　　　顺序号：×××

<table>
<tr><td>建设单位</td><td>××建筑开发有限公司</td><td>单位工程名称</td><td colspan="2">××住宅小区工程锅炉房</td></tr>
<tr><td>监理单位</td><td>××市××建筑监理公司</td><td>施工单位</td><td colspan="2">××建筑设备安装工程公司</td></tr>
<tr><td>设备所在系统</td><td>小区采暖供热系统</td><td>规格型号</td><td colspan="2">××××</td></tr>
<tr><td>安全附件</td><td>已检查</td><td>安全阀</td><td colspan="2">已调整</td></tr>
<tr><td>额定数据</td><td>供热量：××kcal / h
压力：××Pa</td><td>运行时间</td><td colspan="2">2008 年×月×日×时×分起
2008 年×月×日×时×分止</td></tr>
<tr><td>序号</td><td>检查项目</td><td colspan="2">检查结果</td><td>备注</td></tr>
<tr><td>1</td><td>炉排运转及燃烧情况</td><td colspan="2">正常</td><td></td></tr>
<tr><td>2</td><td>锅炉升压及水位波动情况</td><td colspan="2">良好</td><td></td></tr>
<tr><td>3</td><td>仪表工作情况</td><td colspan="2">良好</td><td></td></tr>
<tr><td>4</td><td>水位、温度、压力报警情况</td><td colspan="2">水位计显示水位在高水位红线下，压力表读数 0.5 MPa</td><td></td></tr>
<tr><td colspan="5">综合运行过程及试验情况：
1. 锅炉烘炉、煮炉和严密性试验合格后，按《工业锅炉安装工程施工及验收规范》(GB 50273—98)的有关规定进行安全阀(在受热状态下进行)的调整。
2. 安全阀调整后，锅炉在带负荷情况下，连续运行 48 h，运行全过程未出现异常情况。</td></tr>
<tr><td colspan="5">试运行结论：
锅炉安装及试运行符合设计及规范要求，试运行合格。</td></tr>
<tr><td>监理工程师(建设单位代表)：×××</td><td>施工技术负责人：
×××</td><td>施工质检员：
×××</td><td colspan="2">检测人：
×××</td></tr>
</table>

注：此表由安装单位填制，一式四份，监理机构、工程经理部、施工单位、安装单位各一份。

表 5-63　照明安装通电试运行记录

编　号：C7-67

工程名称：××住宅小区工程　　　　顺序号：×××

建设单位	××建筑开发有限公司	单位工程名称	××住宅小区工程 2# 住宅楼
监理单位	××市××建筑监理公司	施工单位	××建筑设备安装工程公司
系统名称	照明系统		
运行时间	2008 年×月×日×时×分起　2008 年×月×日×时×分止		

运行时段第×小时	运行电压(V)			运行电流(A)			线路温度(℃)
	L1－N	L2－N	L3－N	L1	L2	L3	
开始							
2							
4							
…							
20							
22							
24							

运行结论：

所有照明系统用电器均投入运行，经 24 h 通电试验，配电控制动作正确，空气开关、电度表、表路结点的温度及器具运行情况良好，符合设计及规范要求。

监理工程师(建设单位代表)：×××	施工技术负责人：×××	施工质检员：×××	记录人：×××

注：此表由安装单位填制，一式四份，监理机构、工程经理部、施工单位、安装单位各一份。

表 5-64　电梯整机性能　检测记录

编　号：C7-81

工程名称：××住宅小区工程　　　　顺序号：×××

建设单位	××建筑开发有限公司	单位工程名称	××住宅小区工程 2# 住宅楼
监理单位	××市××建筑监理公司	安装单位	××电梯公司
电梯规格型号	××××	检测时间	2008 年×月×日

项目	检测条件及其要求	检测结果
无故障运行	轿厢分别以空载、半载和额定载荷三种工况，在通电持续率 40%，到达全行程规范围，按 120 次/小时，每天不少于 8 h，各起、制动运行 1 000 次。电梯应运行平稳、制动可靠、连续运行无故障。	电梯运行平稳、制动可靠，符合规范要求
	制动器线圈温升和减速器油温升不超过 60 K，其温度不超过 85℃。	符合规范要求
	曳引机除蜗杆轴伸出端渗滑油面积平均每小时不超过 150 cm^2 外，其余各处不得渗滑油。	无滑油现象
超载运行	断开超载控制电路，电梯在 110%额定载荷，通电持续率 40%情况下，到达全行程范围。起、制动运行 30 次，电梯应能可靠地起动、运行和停止，曳引机工作正常。	符合规范要求
曳引能力检测	电梯空载上行至端站及 125%额定载荷下行至端站，分别停层 3 次以上，轿厢应可靠制停，在超载下行时切断供电，轿厢应被可靠制动。	符合规范要求
	当对重压在缓冲器上时，空载轿厢不能被曳引绳提升起。	符合规范要求
	当轿厢面积不能限制额定载荷时，需用 150%额定载荷做曳引静载检查，历时 10 min，曳引绳应无打滑现象。	符合规范要求
安全钳装置	对瞬时式安全钳装置，轿厢应有均匀分相的额定载重量，以检修速度或平层速度下行，人为动作限速器，此时安全钳电器开关应动作，使电机停转，再将电气开关短路，再次人为动作限速器，安全钳装置应动作，夹紧导轨，轿厢停止。	符合规范要求
	对渐进式安全钳装置，轿厢应有均匀分布的 125%额定载重量，以检修速度或平层速度下行，人为动作限速器，此时安全钳电气开关应动作，使电机停转，再将电气开关短路，再次人为动作限速器，安全钳装置应动作，夹紧导轨，轿厢停止。	符合规范要求
缓冲器试验	蓄能型缓冲器，轿厢以额定载重且或轿厢空载对重装置分别以检修速度对各自的缓冲器静压 5 min 后脱离，缓冲器应回复正常位置。	符合规范要求
	耗能型缓冲器，轿厢和对重装置分别以检修速度下降将缓冲器全压缩，从离开缓冲器瞬间起，缓冲器柱塞复位时间不大于 120 s。	33 s

检测结论： 符合规范要求。			
监理工程师（建设单位代表）：×××	施工技术负责人：×××	施工质检员：×××	记录人：×××

注：此表由安装单位填制，一式四份，监理机构、工程经理部、施工单位、安装单位各一份。

5.8　检验批、分项工程、分部(子分部)工程施工质量验收记录(C8)

检验批是建筑工程质量验收的最基本单位,检验批、分项工程施工质量验收按照《黑龙江省建筑工程质量验收标准》(HB 23/711—724—2003)执行。

表 5-65　土方开挖工程　检验批质量验收记录

编　号:C8-01

工程名称:××住宅小区工程　　　　顺序号:×××

单位工程名称	××住宅小区工程 2# 住宅楼	验收部位	1～××轴独立基础
监理单位	××市××建筑监理公司	施工单位	××市××建筑工程公司

执行标准	HB/T 715—724—2003	项目经理	×××	专业工长	×××
分包单位	×××	分包项目经理	×××	班组长	×××

主控项目		规范规定、设计要求					施工单位检查评定记录								理(建设)单位验收记录
		柱基(√)基坑基槽	挖方场地平整		管沟√	地面基层	1	2	3	4	5	6	7	8	
			人工	机械√											
1	标高(mm)	−5.0	±3.0	±5.0	−5.0	−5.0									经检查,主控项目合格
2	长度宽度(mm)	+200 −50	+300 −100	+500 −150	+100	——									
3	边坡	设计或规范要求					经检查,符合规范要求								
一般项目		规范规定、设计要求					施工单位检查评定记录								监理(建设)单位验收记录
							1	2	3	4	5	6	7	8	
1	表面平整度(mm)	20√	20	50	20	20									经检查,一般项目合格。计数检验项目合格率超过80%
2	基底土性	设计要求					经检查符合设计要求								
施工单位检查评定结果		经检查,该检验批主控项目和一般项目施工质量均符合设计和规范要求,资料完整、齐全,自检评定为合格。 项目专业质量检验员:××× 检验日期:2008 年×月×日													
监理(建设)单位验收意见		经检查,检验批主控项目和一般项目施工质量均满足设计及规范要求,评定为合格,同意进入下一道工序。 监理工程师:(建设单位项目专业技术负责人)××× 验收日期:2008 年×月×日													

注:本表由施工单位项目专业质量检验员填写,一式四份,监理单位、施工单位各一份,项目经理部存留两份。

1. 检验批施工质量验收记录

(1)《检验批施工质量验收记录》的形成

同一检验批的工程施工完成后，应经过检查验收，合格后才能进行后一道工序（下一个检验批）的施工，检查验收过程及结果的记录即《____检验批施工质量验收记录》。

(2)《检验批施工质量验收记录》填制范例见表5-65～表5-80。

表5-66 土方回填工程 检验批质量验收记录

编 号：C8-01

工程名称：××住宅小区工程　　　　顺序号：×××

单位工程名称		××住宅小区工程2#住宅楼					验收部位			1～××轴独立基础					
监理单位		××市××建筑监理公司					施工单位			××市××建筑工程公司					
执行标准		HB/T 715—724—2003				项目经理		×××			专业工长			×××	
分包单位		×××			分包项目经理			×××			班组长			×××	
主控项目		规范规定、设计要求					施工单位检查评定记录								监理（建设）单位验收记录
		柱基√基坑基槽	挖方场地平整		管沟√	地面基层	1	2	3	4	5	6	7	8	
			人工	机械											
1	标高(mm)	−5.0	±3.0	±5.0	−5.0	−5.0									经检查，主控项目合格
2	分层压实系数	设计要求≥97%					合格（见检测报告×××#）								
一般项目		规范规定、设计要求					施工单位检查评定记录								监理（建设）单位验收记录
							1	2	3	4	5	6	7	8	
1	表面平整度(mm)	20√	20	50	20	20									经检查，一般项目合格。计数检验项目合格率超过80%
2	回填土料	设计要求原土回填					原图回填，符合设计要求								
3	分层厚度及含水量	设计要求厚250 mm，最优含水率					经检查符合设计要求								
施工单位检查评定结果		经检查，该检验批主控项目和一般项目施工质量均符合设计和规范要求，资料完整、齐全，自检评定为合格。 项目专业质量检验员：××× 检验日期：2008年×月×日													
监理（建设）单位验收意见		经检查，检验批主控项目和一般项目施工质量均满足设计及规范要求，评定为合格，同意进入下一道工序。 监理工程师：（建设单位项目专业技术负责人）：××× 验收日期：2008年×月×日													

注：本表由施工单位项目专业质量检验员填写，一式四份，监理单位、施工单位各一份，项目经理部存留两份。

表5-67 模板(现浇结构)工程 检验批质量验收记录

编 号:C8-01

工程名称:××住宅小区工程　　　　顺序号:×××

单位工程名称	××住宅小区工程2#住宅楼		验收部位	1~××轴独立基础	
监理单位	××市××建筑监理公司		施工单位	××市××建筑工程公司	
执行标准	HB/T 715—724—2003	项目经理	×××	专业工长	×××
分包单位	×××	分包项目经理	×××	班组长	×××

主控项目				规范规定(第×条)	施工单位检查评定记录								监理(建设)单位验收记录
					1	2	3	4	5	6	7	8	
1	模板支撑、立柱位置及垫板			×××	合格								经检查,主控项目合格
2	涂刷隔离剂			×××	钢筋与混凝土接槎处无污染								
一般项目				规范规定(第×条)	施工单位检查评定记录								监理(建设)单位验收记录
					1	2	3	4	5	6	7	8	
1	模板安装			×××	符合规范要求								检查,一般项目合格。计数检验项目合格率超过80%
2	用做模板地平、胎模的质量			×××	符合规范要求								
3	≥4m的混凝土量、板弓梁			×××	符合规范要求								
4	预埋件和预留孔洞(mm)	预埋钢板中心线位置		3	—								
		埋管预留孔中心线位置		3	—								
		插筋	中心线位置	5									
			外露长度	+10									
		预埋螺栓	中心线位置	2	—								
			外露长度	+10	—								
		预留洞	中心线位置	10	—								
			尺寸	+10	—								
5	模板安装允许偏差项目(mm)	轴线位置		5									
		底模上表面标高		±5	—								
		截面内部尺寸	基础	±10									
			柱、墙、梁	+4、-5	—								
		层高垂直度	不大于5 m	6	—								
			大于5 m	8	—								
		相邻两板表面高低差		2									
		表面平整度		5	—								
施工单位检查评定结果	经检查,该检验批主控项目和一般项目施工质量均符合设计和规范要求,资料完整、齐全,自检评定为合格。 项目专业质量检验员:××× 检验日期:2008年×月×日												
监理(建设)单位验收意见	经检查,检验批主控项目和一般项目施工质量均满足设计及规范要求,评定为合格,同意进入下一道工序。 监理工程师(建设单位项目专业技术负责人):××× 验收日期:2008年×月×日												

注:本表由施工单位项目专业质量检验员填写,一式四份,监理单位、施工单位各一份,项目经理部存留两份。

表 5-68 钢筋(连接、安装)工程 检验批质量验收记录

编 号:C8-01

工程名称:××住宅小区工程　　　　顺序号:×××

单位工程名称	××住宅小区工程 2# 住宅楼			验收部位		1～××轴独立基础					
监理单位	××市××建筑监理公司			施工单位		××市××建筑工程公司					
执行标准	HB/T 715—724—2003		项目经理	×××		专业工长			×××		
分包单位	×××	分包项目经理		×××		班组长			×××		
主控项目	规范规定(第××条)	施工单位检查评定记录 1	2	3	4	5	6	7	8	监理(建设)单位验收记录	
1 纵向受力钢筋的连接方式	×××	符合规范要求								经检查,主控项目合格	
2 机械连接、焊接接头试件力学性能检验	×××	合格(见检验报告×××)									
3 受力钢筋的品种、级别、规格和数量	×××	符合设计要求									
一般项目	规范规定(第××条)	施工单位检查评定记录 1	2	3	4	5	6	7	8	监理(建设)单位验收记录	
1 接头位置和数量	×××	符合规范要求								经检查,一般项目合格。计数检验项目合格率超过80%	
2 机械连接、焊接接头外观质量	×××	符合规范要求									
3 机械连接、焊接接头的面积百分率	×××	符合规范要求									
4 绑扎搭接接头面积百分率和搭接长度	×××	符合规范要求									
5 搭接长度范围内的箍筋	×××	符合规范要求									
6 钢筋安装位置偏差(mm) 绑扎钢筋网 长、宽	±10	—									
绑扎钢筋网 网眼尺寸	±20	—									
绑扎钢筋骨架 长	±10										
绑扎钢筋骨架 高、宽	±5										
受力钢筋 间距	±10										
受力钢筋 排距	±5	—									
受力钢筋 保护层厚度 基础	±10										
受力钢筋 保护层厚度 柱、梁	±5	—									
受力钢筋 保护层厚度 板、墙、壳	±3	—									
绑扎钢筋、横向钢筋间距(mm)	±20	—									
钢筋弯起点位置(mm)	20	—									
预埋件 中心线位置(mm)	5	—									
预埋件 水平高差(mm)	+3,0	—									
施工单位检查评定结果	经检查,该检验批主控项目和一般项目施工质量均符合设计和规范要求,资料完整、齐全,自检评定为合格。 项目专业质量检验员:××× 检验日期:2008年×月×日										
监理(建设)单位验收意见	经检查,检验批主控项目和一般项目施工质量均满足设计及规范要求,评定为合格,同意进入下一道工序。 监理工程师(建设单位项目专业技术负责人):××× 验收日期:2008年×月×日										

注:本表由施工单位项目专业质量检验员填写,一式四份,监理单位、施工单位各一份,项目经理部存留两份。

表5-69　混凝土工程　检验批质量验收记录

编　号:C8-01

工程名称:××住宅小区工程　　　　顺序号:×××

<table>
<tr><td colspan="2">单位工程名称</td><td colspan="3">××住宅小区工程2#住宅楼</td><td colspan="4">验收部位</td><td colspan="4">1～××轴独立基础</td></tr>
<tr><td colspan="2">监理单位</td><td colspan="3">××市××建筑监理公司</td><td colspan="4">施工单位</td><td colspan="4">××市××建筑工程公司</td></tr>
<tr><td colspan="2">执行标准</td><td colspan="2">HB/T 715—724—2003</td><td>项目经理</td><td colspan="3">×××</td><td colspan="3">专业工长</td><td colspan="2">×××</td></tr>
<tr><td colspan="2">分包单位</td><td colspan="2">×××</td><td>分包项目经理</td><td colspan="3">××</td><td colspan="3">班组长</td><td colspan="2">×××</td></tr>
<tr><td colspan="4" rowspan="2">主控项目</td><td colspan="8">施工单位检查评定记录</td><td rowspan="2">监理(建设)单位验收记录</td></tr>
<tr><td>1</td><td>2</td><td>3</td><td>4</td><td>5</td><td>6</td><td>7</td><td>8</td></tr>
<tr><td>1</td><td colspan="3">水泥进场复验符合国家现行标准</td><td colspan="8">合格</td><td rowspan="8">经检查,主控项目合格</td></tr>
<tr><td>2</td><td colspan="3">外加剂质量及应用符合国家现行标准</td><td colspan="8">复试合格</td></tr>
<tr><td>3</td><td colspan="3">混凝土中氯化物和碱总含量应符合国家现行标准和设计要求</td><td colspan="8">符合要求</td></tr>
<tr><td>4</td><td colspan="3">混凝土按《普通混凝土配合比设计规程》和强度等级、耐久与工作性等要求进行配合比设计</td><td colspan="8">符合规范要求</td></tr>
<tr><td>5</td><td colspan="3">混凝土原材料计量偏差不得超出标准规定</td><td colspan="8">符合要求</td></tr>
<tr><td>6</td><td colspan="3">试件留置和养护及混凝土强度等级必须符合设计要求</td><td colspan="8">符合要求</td></tr>
<tr><td>7</td><td colspan="3">抗渗混凝土抗渗等级符合设计要求</td><td colspan="8">—</td></tr>
<tr><td>8</td><td colspan="3">混凝土运输、浇筑及间歇不超过初凝时间</td><td colspan="8">符合要求</td></tr>
<tr><td colspan="4" rowspan="2">一般项目</td><td colspan="8">施工单位检查评定记录</td><td rowspan="2">监理(建设)单位验收记录</td></tr>
<tr><td>1</td><td>2</td><td>3</td><td>4</td><td>5</td><td>6</td><td>7</td><td>8</td></tr>
<tr><td>1</td><td colspan="3">矿物掺和料质量应符合现行国家标准,掺量应通过试验确定</td><td colspan="8">符合要求</td><td rowspan="8">经检查,一般项目合格</td></tr>
<tr><td>2</td><td colspan="3">粗、细骨料的质量及其最大颗粒粒径应符合标准要求</td><td colspan="8">符合要求</td></tr>
<tr><td>3</td><td colspan="3">拌制混凝土用水应符合国家现行标准《混凝土拌合用水标准》的规定</td><td colspan="8">符合要求</td></tr>
<tr><td>4</td><td colspan="3">混凝土配合比进行开盘鉴定、留置标养试件</td><td colspan="8">符合要求</td></tr>
<tr><td>5</td><td colspan="3">拌制混凝土前应测定砂、石含水率提出施工配合比</td><td colspan="8">已据砂石含水率调整配合比</td></tr>
<tr><td>6</td><td colspan="3">施工缝留置与处理应按施工技术方案执行</td><td colspan="8">按技术方案对施工缝进行了处理</td></tr>
<tr><td>7</td><td colspan="3">后浇带位置及浇筑按设计和施工方案进行</td><td colspan="8">—</td></tr>
<tr><td>8</td><td colspan="3">混凝土的养护措施应符合施工技术方案和标准要求</td><td colspan="8">符合要求</td></tr>
<tr><td colspan="2">施工单位检查评定结果</td><td colspan="11">经检查,该检验批主控项目和一般项目施工质量均符合设计和规范要求,资料完整、齐全,自检评定为合格。
项目专业质量检验员:×××
检验日期:2008年×月×日</td></tr>
<tr><td colspan="2">监理(建设)单位验收意见</td><td colspan="11">经检查,检验批主控项目和一般项目施工质量均满足设计及规范要求,评定为合格,同意进入下一道工序。
监理工程师(建设单位项目专业技术负责人):×××
验收日期:2008年×月×日</td></tr>
</table>

注:本表由施工单位项目专业质量检验员填写,一式四份,监理单位、施工单位各一份,项目经理部存留两份。

表 5-70 砖砌体工程 检验批质量验收记录

编 号:C8-01

工程名称:××住宅小区工程 顺序号:×××

单位工程名称	××住宅小区工程 2# 住宅楼		验收部位	1～××轴独立基础	
监理单位	××市××建筑监理公司		施工单位	××市××建筑工程公司	
执行标准	HB/T 715—724—2003	项目经理	×××	专业工长	×××
分包单位	×××	分包项目经理	××	班组长	×××

序号	主控项目			规范规定(第××条)	施工单位检查评定记录 1	2	3	4	5	6	7	8	监理(建设)单位验收记录
1	砖强度等级			MU10	12.3 MPa(见砖检验报告××)								经检查,主控项目合格
1	砂浆强度等级			M5	合格(见试件×××)								
2	斜槎留置			×××	—								
3	直槎拉结钢筋及接槎处理			×××	—								
4	砂浆饱满度			≥80%									
5	位置及垂直度(mm)	轴线位移		10									
5	位置及垂直度(mm)	垂直度	每层	5	—								
5	位置及垂直度(mm)	垂直度 全高	≤10 m	10	—								
5	位置及垂直度(mm)	垂直度 全高	>10m	20	—								

序号	一般项目			规范规定(第××条)	施工单位检查评定记录 1	2	3	4	5	6	7	8	监理(建设)单位验收记录
1	组砌方法			×××	经查验,符合规范要求								经检查,一般项目合格
2	水平灰缝厚度			×××	经查验,符合规范要求								
3	砖砌体一般尺寸允许偏差(mm)	基础顶(楼)面标高(mm)		±15									
3	砖砌体一般尺寸允许偏差(mm)	表面平整度	清水	5	—								
3	砖砌体一般尺寸允许偏差(mm)	表面平整度	混水√	8									
3	砖砌体一般尺寸允许偏差(mm)	门窗洞口高、宽(mm)		±5	—								
3	砖砌体一般尺寸允许偏差(mm)	外墙上下窗口偏移(mm)		20	—								
3	砖砌体一般尺寸允许偏差(mm)	水平灰缝平直度(mm)	清水	7	—								
3	砖砌体一般尺寸允许偏差(mm)	水平灰缝平直度(mm)	混水√	10									
3	砖砌体一般尺寸允许偏差(mm)	清水墙游丁走缝		20	—								

施工单位检查评定结果	经检查,该检验批主控项目和一般项目施工质量均符合设计和规范要求,资料完整、齐全,自检评定为合格。 项目专业质量检验员:××× 检验日期:2008 年×月×日
监理(建设)单位验收意见	经检查,检验批主控项目和一般项目施工质量均满足设计及规范要求,评定为合格,同意进入下一道工序。 监理工程师(建设单位项目专业技术负责人):××× 验收日期:2008 年×月×日

注:本表由施工单位项目专业质量检验员填写,一式四份,监理单位、施工单位各一份,项目经理部存留两份。

表 5-71　卷材防水屋面保温层工程　检验批质量验收记录

编　号:C8-01

工程名称:××住宅小区工程　　　　顺序号:×××

<table>
<tr><td colspan="2">单位工程名称</td><td colspan="3">××住宅小区工程 2# 住宅楼</td><td colspan="4">验收部位</td><td colspan="6">6 层屋面 1～12 轴</td></tr>
<tr><td colspan="2">监理单位</td><td colspan="3">××市××建筑监理公司</td><td colspan="4">施工单位</td><td colspan="6">××市××建筑工程公司</td></tr>
<tr><td colspan="2">执行标准</td><td colspan="2">HB/T 715—724—2003</td><td colspan="2">项目经理</td><td colspan="3">×××</td><td colspan="3">专业工长</td><td colspan="3">×××</td></tr>
<tr><td colspan="2">分包单位</td><td colspan="2">×××</td><td colspan="2">分包项目经理</td><td colspan="3">××</td><td colspan="3">班组长</td><td colspan="3">×××</td></tr>
<tr><td colspan="3" rowspan="2">主控项目</td><td rowspan="2">规范规定
(第××条)</td><td colspan="8">施工单位检查评定记录</td><td rowspan="2">监理(建设)单位验收记录</td></tr>
<tr><td>1</td><td>2</td><td>3</td><td>4</td><td>5</td><td>6</td><td>7</td><td>8</td></tr>
<tr><td>1</td><td colspan="2">堆积密度或表观密度,导热系数以及板材的强度、吸水率</td><td>×××</td><td colspan="8">经查保温材料出厂合格证、质检报告、复验报告(编号××、××、××)各项指标均符合设计要求</td><td rowspan="2">经查保温材料出厂合格证、质量检验报告和抽样复验报告均符合设计和规范要求</td></tr>
<tr><td>2</td><td colspan="2">保温层的含水率</td><td>×××</td><td colspan="8">合格</td></tr>
<tr><td colspan="3" rowspan="2">一般项目</td><td rowspan="2">规范规定
(第××条)</td><td colspan="8">施工单位检查评定记录</td><td rowspan="2">监理(建设)单位验收记录</td></tr>
<tr><td>1</td><td>2</td><td>3</td><td>4</td><td>5</td><td>6</td><td>7</td><td>8</td></tr>
<tr><td>1</td><td colspan="2">保温层的铺设</td><td>×××</td><td colspan="8">经检查聚苯板铺贴紧贴基层,平整稳定,拼缝严密,找坡正确</td><td rowspan="4">铺设方法正确,检查数量符合规范要求,合格点率 100%</td></tr>
<tr><td rowspan="2">2</td><td rowspan="2">保温层厚度(mm)</td><td>松散保温材料和整体现浇保温层</td><td>+10%、-5%</td><td>—</td><td></td><td></td><td></td><td></td><td></td><td></td><td></td></tr>
<tr><td>板状保温材料</td><td>±5%且≤4mm</td><td></td><td></td><td></td><td></td><td></td><td></td><td></td><td></td></tr>
<tr><td>3</td><td colspan="2">倒置式屋面保护层采用卵石铺压时的要求</td><td>×××</td><td colspan="8">符合要求</td></tr>
<tr><td colspan="3">施工单位检查评定结果</td><td colspan="10">经检查,该检验批主控项目和一般项目施工质量均符合设计和规范要求,资料完整、齐全,自检评定为合格。
项目专业质量检验员:×××
检验日期:2008 年×月×日</td></tr>
<tr><td colspan="3">监理(建设)单位验收意见</td><td colspan="10">经检查,检验批主控项目和一般项目施工质量均满足设计及规范要求,评定为合格,同意进入下一道工序。
监理工程师(建设单位项目专业技术负责人):×××
验收日期:2008 年×月×日</td></tr>
</table>

注:本表由施工单位项目专业质量检验员填写,一式四份,监理单位、施工单位各一份,项目经理部存留两份。

表 5-72　卷材防水屋面找平层工程　检验批质量验收记录

编　号：C8-01

工程名称：××住宅小区工程　　顺序号：×××

<table>
<tr><td colspan="2">单位工程名称</td><td colspan="3">××住宅小区工程 2# 住宅楼</td><td colspan="4">验收部位</td><td colspan="5">6 层屋面 1～12 轴</td></tr>
<tr><td colspan="2">监理单位</td><td colspan="3">××市××建筑监理公司</td><td colspan="4">施工单位</td><td colspan="5">××市××建筑工程公司</td></tr>
<tr><td colspan="2">执行标准</td><td colspan="2">HB/T 715—724—2003</td><td colspan="2">项目经理</td><td colspan="3">×××</td><td colspan="3">专业工长</td><td colspan="2">×××</td></tr>
<tr><td colspan="2">分包单位</td><td colspan="2">×××</td><td colspan="2">分包项目经理</td><td colspan="3">××</td><td colspan="3">班组长</td><td colspan="2">×××</td></tr>
<tr><td colspan="2" rowspan="2">主控项目</td><td rowspan="2">规范规定（第××条）</td><td colspan="8">施工单位检查评定记录</td><td rowspan="2" colspan="3">监理（建设）单位验收记录</td></tr>
<tr><td>1</td><td>2</td><td>3</td><td>4</td><td>5</td><td>6</td><td>7</td><td>8</td></tr>
<tr><td>1</td><td>材料质量及配合比</td><td>×××</td><td colspan="8">经查，水泥出厂合格证（编号××）水泥、砂质检报告（编号××、××）均符合设计要求</td><td rowspan="2" colspan="3">经查验水泥、砂出厂合格证、质检报告均附合设计要求</td></tr>
<tr><td>2</td><td>排水坡度</td><td>×××</td><td colspan="8">用水平尺拉线检查排水坡度，符合设计要求</td></tr>
<tr><td colspan="2" rowspan="2">一般项目</td><td rowspan="2">规范规定（第××条）</td><td colspan="8">施工单位检查评定记录</td><td rowspan="2" colspan="3">监理（建设）单位验收记录</td></tr>
<tr><td>1</td><td>2</td><td>3</td><td>4</td><td>5</td><td>6</td><td>7</td><td>8</td></tr>
<tr><td>1</td><td>基层与突出屋面结构的交接处和基层转角处细部处理</td><td>×××</td><td colspan="8">基层与突出屋面结构的交接处和基层转角处均做成圆弧状，且整齐平顺</td><td rowspan="4" colspan="3">施工方法正确、按规范抽检检查点数 3 点均符合规范要求，合格率 100%</td></tr>
<tr><td>2</td><td>水泥砂浆、细石混凝土找平层表面质量</td><td>×××</td><td colspan="8">经检查找平层平整压光、无酥松、起砂、起皮现象</td></tr>
<tr><td>3</td><td>分格缝的位置和间距</td><td>×××</td><td colspan="8">符合设计要求</td></tr>
<tr><td>4</td><td>表面平整度（mm）</td><td>5</td><td></td><td></td><td></td><td></td><td></td><td></td><td></td><td></td></tr>
<tr><td colspan="2">施工单位检查评定结果</td><td colspan="12">经检查，该检验批主控项目和一般项目施工质量均符合设计和规范要求，资料完整、齐全，自检评定为合格。
项目专业质量检验员：×××
检验日期：2008 年×月×日</td></tr>
<tr><td colspan="2">监理（建设）单位验收意见</td><td colspan="12">经检查，检验批主控项目和一般项目施工质量均满足设计及规范要求，评定为合格，同意进入下一道工序。
监理工程师（建设单位项目专业技术负责人）：×××
验收日期：2008 年×月×日</td></tr>
</table>

注：本表由施工单位项目专业质量检验员填写，一式四份，监理、施工单位各一份，项目经理部存留两份。

表 5-73　卷材屋面防水层工程　检验批质量验收记录

归档编号：C8-01

工程名称：××住宅小区工程　　　　编　　号：×××

<table>
<tr><td colspan="2">单位工程名称</td><td colspan="2">××住宅小区工程 2# 住宅楼</td><td colspan="3">验收部位</td><td colspan="6">6 层屋面 1～12 轴</td></tr>
<tr><td colspan="2">监理单位</td><td colspan="2">××市××建筑监理公司</td><td colspan="3">施工单位</td><td colspan="6">××市××建筑工程公司</td></tr>
<tr><td colspan="2">执行标准</td><td colspan="2">HB/T 715—724—2003</td><td colspan="3">项目经理</td><td colspan="3">×××</td><td colspan="2">专业工长</td><td>×××</td></tr>
<tr><td colspan="2">分包单位</td><td colspan="2">×××</td><td colspan="3">分包项目经理</td><td colspan="3">×××</td><td colspan="2">班组长</td><td>×××</td></tr>
<tr><td colspan="3" rowspan="2">主控项目</td><td rowspan="2">规范规定
(第××条)</td><td colspan="8">施工单位检查评定记录</td><td rowspan="2">监理(建设)单位验收记录</td></tr>
<tr><td>1</td><td>2</td><td>3</td><td>4</td><td>5</td><td>6</td><td>7</td><td>8</td></tr>
<tr><td>1</td><td colspan="2">卷材防水层及其配套材料质量</td><td>×××</td><td colspan="8">经查防水材料出厂合格证质检报告、复验报告(编号××、××、××)各项指标均符合设计要求</td><td rowspan="3">经查所用的防水材料出厂合格证、质量检验报告和抽样复检报告均符合设计要求和规范要求。防水层无渗漏，细部构造符合设计要求</td></tr>
<tr><td>2</td><td colspan="2">防水层不得有渗漏或积水现象</td><td>×××</td><td colspan="8">经蓄水试验，防水层无渗漏和积水现象</td></tr>
<tr><td>3</td><td colspan="2">防水层的防水构造要求</td><td>×××</td><td colspan="8">经查验，防水层的细部构造做法均符合设计要求</td></tr>
<tr><td colspan="3" rowspan="2">一般项目</td><td rowspan="2">规范规定
(第××条)</td><td colspan="8">施工单位检查评定记录</td><td rowspan="2">理(建设)单位验收记录</td></tr>
<tr><td>1</td><td>2</td><td>3</td><td>4</td><td>5</td><td>6</td><td>7</td><td>8</td></tr>
<tr><td>1</td><td colspan="2">防水层的搭接缝与收头质量</td><td>×××</td><td colspan="8">搭接缝粘接牢固，密封严密，基本无翘边、皱折和鼓泡现象。收头粘接牢固，封闭严密，无翘边</td><td rowspan="5">经检查，各项均符合要求。播接宽度检查点数 3 点，合格点数 3 点，合格率 100%</td></tr>
<tr><td>2</td><td colspan="2">撒布材料或浅色涂料保护层、隔离层设置，分格缝留置</td><td>×××</td><td colspan="8">卷材自带保护层，隔离层的设置与分割缝的留设均符合设计要求</td></tr>
<tr><td>3</td><td colspan="2">排气屋面的排气道设置和排气管的安装</td><td>×××</td><td colspan="8">符合要求</td></tr>
<tr><td rowspan="2">4</td><td rowspan="2">卷材铺贴</td><td>方向</td><td>×××</td><td colspan="8">符合规范要求</td></tr>
<tr><td>搭接宽度</td><td>−10 mm</td><td></td><td></td><td></td><td></td><td></td><td></td><td></td><td></td></tr>
<tr><td colspan="3">施工单位检查
评定结果</td><td colspan="10">经检查，该检验批主控项目和一般项目施工质量均符合设计和规范要求，资料完整、齐全，自检评定为合格。
项目专业质量检验员：×××
检验日期：2008 年×月×日</td></tr>
<tr><td colspan="3">监理(建设)单位
验收意见</td><td colspan="10">经检查，检验批主控项目和一般项目施工质量均满足设计及规范要求，评定为合格，同意进入下一道工序。
监理工程师(建设单位项目专业技术负责人)：×××
验收日期：2008 年×月×日</td></tr>
</table>

注：本表由施工单位项目专业质量检验员填写，一式四份，监理单位、施工单位各一份，项目经理部存留两份。

表 5-74 一般抹灰工程 检验批质量验收记录

编 号：C8-01

工程名称：××住宅小区工程　　　　顺序号：×××

单位工程名称	××住宅小区工程 2# 住宅楼	验收部位	一层室内		
监理单位	××市××建筑监理公司	施工单位	××市××建筑工程公司		
执行标准	HB/T 715—724—2003	项目经理	×××	专业工长	×××
分包单位	×××	分包项目经理	×××	班组长	×××

主控项目		规范规定（第××条）		施工单位检查评定记录								监理（建设）单位验收记录
				1	2	3	4	5	6	7	8	
1	基层表面清理并洒水湿润	×××		基层表面干净、湿润								经检查，主控项目符合设计及规范要求
2	材料品种和性能、砂浆配合比	×××		水泥出厂合格证（编号××）、原材料复试报告（编号××）、配合比通知单（编号××）								
3	抹灰分层进行及质量	×××		符合设计及规范要求								
4	抹灰层之间的粘结，抹灰层与面层的质量	×××		无空鼓、脱层，符合要求								
一般项目		规范规定（第××条）		施工单位检查评定记录								监理（建设）单位验收记录
				1	2	3	4	5	6	7	8	
1	表面质量	×××		符合要求								经检查，各项均符合要求。定量项目共检测××个点，其中合格××点，不合格×点，合格率××.×%
2	护角、孔洞、槽、盒和管道后抹灰质量	×××		符合要求								
3	抹灰层总厚度及相关要求	×××		符合要求								
4	分隔条（缝）直线度	×××		符合要求								
5	滴水线（槽）	×××		符合要求								
6	允许偏差项目	允许偏差值（mm）		实测值（mm）								
		普通	高级	1	2	3	4	5	6	7	8	
	立面垂直度	4	3									
	表面平整度	4	3									
	阴阳角方正	4	3									
	分隔条（缝）直线度	4	3									
	滴水线（槽）	4	3									

施工单位检查评定结果	经检查，该检验批主控项目和一般项目施工质量均符合设计和规范要求，资料完整、齐全，自检评定为合格。 项目专业质量检验员：××× 检验日期：2008 年×月×日
监理（建设）单位验收意见	经检查，检验批主控项目和一般项目施工质量均满足设计及规范要求，评定为合格，同意进入下一道工序。 监理工程师（建设单位项目专业技术负责人）：××× 验收日期：2008 年×月×日

注：本表由施工单位项目专业质量检验员填写，一式四份，监理单位、施工单位各一份，项目经理部存留两份。

表5-75 金属(铝合金)门窗安装工程 检验批质量验收录

编 号:C8-01

工程名称:××住宅小区工程　　　顺序号:×××

单位工程名称	××住宅小区工程 $2^{\#}$ 住宅楼		验收部位	一层阳台	
监理单位	××市××建筑监理公司		施工单位	××市××建筑工程公司	
执行标准	HB/T 715—724—2003	项目经理	×××	专业工长	×××
分包单位	×××	分包项目经理	×××	班组长	×××

主控项目		规范规定(第××条)	施工单位检查评定记录 1	2	3	4	5	6	7	8	监理(建设)单位验收记录
1	门窗质量	×××	符合设计及施工规范要求,见进场材料备件验收单(顺序号××)								经检查,主控项目符合设计及规范要求。
2	框、副框安装、预埋件埋设、连接方式	×××	符合设计及施工规范要求								
3	门(窗)扇安装	×××	符合设计及施工规范要求								
4	配件质量及安装	×××	符合设计及施工规范要求								

一般项目			规范规定(第××条)	施工单位检查评定记录 1	2	3	4	5	6	7	8	监理(建设)单位验收记录
1	表面质量		×××	符合设计及施工规范要求								经检查,各项均符合要求。定量项目共检测××个点,其中合格××点,不合格×点,合格率××.×%
2	推拉门(窗)扇力 $F \leqslant 10$ N		×××	符合设计及施工规范要求								
3	门(窗)框与墙体缝隙填嵌、密封		×××	符合设计及施工规范要求								
4	密封条		×××	符合设计及施工规范要求								
5	门(窗)排水孔位置和数量		×××	符合设计及施工规范要求								
6	允许偏差项目		允许偏差值(mm)	实测值(mm) 1	2	3	4	5	6	7	8	
	门(窗)槽口宽度、高度	≤1 500 mm	1.5									
		>1 500 mm	2									
	门(窗)槽口对角线长度差	≤2 000 mm	3									
		>2 000 mm	4									
	门(窗)横框正、侧面垂直度		2.5									
	门(窗)横框的水平度		2									
	门(窗)框标高		5									
	门(窗)框竖向偏离中心		5									
	双层门(窗)内外框间距		4									
	推拉门(窗)扇与框搭接量		1.5									

施工单位检查评定结果	经检查,该检验批主控项目和一般项目施工质量均符合设计和规范要求,资料完整、齐全,自检评定为合格。 项目专业质量检验员:××× 检验日期:2008年×月×日
监理(建设)单位验收意见	经检查,检验批主控项目和一般项目施工质量均满足设计及规范要求,评定为合格,同意进入下一道工序。 监理工程师(建设单位项目专业技术负责人):××× 验收日期:2008年×月×日

注:本表由施工单位项目专业质量检验员填写,一式四份,监理单位、施工单位各一份,项目经理部存留两份。

表 5-76 水落管(斗)工程 检验批质量验收记录

编　号:C8-01

工程名称:××住宅小区工程　　　　　　　　　　　　　　　　　　顺序号:×××

单位工程名称	××住宅小区工程 2# 住宅楼		验收部位	屋面①～⑩/×～××轴	
监理单位	××市××建筑监理公司		施工单位	××市××建筑工程公司	
执行标准	HB/T 715—724—2003	项目经理	×××	专业工长	×××
分包单位	××建筑设备安装公司	分包项目经理	××	班组长	×××

主控项目			规范规定(第××条)	施工单位检查评定记录								监理(建设)单位验收记录
				1	2	3	4	5	6	7	8	
1	水漏管(斗)制作		×××	符合设计及施工规范要求								经检查,主控项目符合设计及规范要求
2	水漏管(斗)安装必须牢固,管箍固定方式正确,排水畅通,无渗漏,管口距接水面距离 L≤200 mm		×××	符合设计及施工规范要求								
一般项目			规范规定(第××条)	施工单位检查评定记录								监理(建设)单位验收记录
				1	2	3	4	5	6	7	8	
1	表面油漆		×××	符合设计及施工规范要求								经检查,各项均符合要求。定量项目共检测××个点,其中合格××点,不合格×点,合格率××.×%
2	水簸箕设置		×××	符合设计及施工规范要求								
3	阳台、雨篷出水管长度、位置偏差	≤±10 mm	×××									
4	落水管接头承插长度	≥40 mm	×××									
5	水落管垂直度	层高≤3 mm 全高≤15 mm	×××									

施工单位检查评定结果	经检查,该检验批主控项目和一般项目施工质量均符合设计和规范要求,资料完整、齐全,自检评定为合格。 项目专业质量检验员:××× 检验日期:2008年×月×日
监理(建设)单位验收意见	经检查,检验批主控项目和一般项目施工质量均满足设计及规范要求,评定为合格,同意进入下一道工序。 监理工程师(建设单位项目专业技术负责人):××× 验收日期:2008年×月×日

注:本表由施工单位项目专业质量检验员填写,一式四份,监理单位、施工单位各一份,项目经理部存留两份。

表 5-77 卫生器具给排水配件安装工程 检验批质量验收记录

编 号:C8-01

工程名称:××住宅小区工程 顺序号:×××

单位工程名称	××住宅小区工程2#住宅楼	验收部位	1~6层		
监理单位	××市××建筑监理公司	施工单位	××市××建筑工程公司		
执行标准	HB/T 715—724—2003	项目经理	×××	专业工长	×××
分包单位	××建筑设备安装公司	分包项目经理	××	班组长	×××

	主控项目	规范规定(第××条)	施工单位检查评定记录 1	2	3	4	5	6	7	8	监理(建设)单位验收记录
1	配件的质量	×××	合格证××份符合设计及施工规范要求								经检查,主控项目符合设计及规范要求
2	水嘴类型、规格	×××	符合设计要求								
3	连接卫生器具、排水短管管径和最小坡度	×××	测量资料××份符合要求								
4	各类卫生器具、给水配件	×××	卫生器具、给水配件完好齐全、接口严密、启闭部分灵活								

	一般项目			规范规定(第××条)	施工单位检查评定记录 1	2	3	4	5	6	7	8	监理(建设)单位验收记录
1	存水弯管与排水管接口连接			×××									经检查,各项均符合要求。定量项目共检测××个点,其中合格××点,不合格×点,合格率××.×%
2	大小便器感应冲洗阀安装												
3	自动冲洗的小便排水槽												
4	允许偏差项目			规范规定(第××条)	施工单位检查评定记录								
	卫生器具、给水配件标高(mm)	角阀及截止阀	±10	×××									
		水嘴	±10	×××									
		淋浴器喷头下沿距地面	±15	×××									
		浴盆软管淋浴器挂钩高度	±20	×××									

施工单位检查评定结果	经检查,该检验批主控项目和一般项目施工质量均符合设计和规范要求,资料完整、齐全,自检评定为合格。 项目专业质量检验员:××× 检验日期:2008年×月×日
监理(建设)单位验收意见	经检查,检验批主控项目和一般项目施工质量均满足设计及规范要求,评定为合格,同意进入下一道工序。 监理工程师(建设单位项目专业技术负责人):××× 验收日期:2008年×月×日

注:本表由施工单位项目专业质量检验员填写,一式四份,监理单位、施工单位各一份,项目经理部存留两份。

表 5-78 低温热水地板辐射采暖安装工程 检验批质量验收记录

编　号:C8-01

工程名称:××住宅小区工程　　　　顺序号:×××

<table>
<tr><td colspan="2">单位工程名称</td><td colspan="4">××住宅小区工程 2# 住宅楼</td><td colspan="3">验收部位</td><td colspan="4">1～6 层</td></tr>
<tr><td colspan="2">监理单位</td><td colspan="4">××市××建筑监理公司</td><td colspan="3">施工单位</td><td colspan="4">××市××建筑工程公司</td></tr>
<tr><td colspan="2">执行标准</td><td colspan="2">HB/T 715—724—2003</td><td colspan="2">项目经理</td><td colspan="2">×××</td><td colspan="3">专业工长</td><td colspan="2">×××</td></tr>
<tr><td colspan="2">分包单位</td><td colspan="2">××建筑设备安装公司</td><td colspan="2">分包项目经理</td><td colspan="2">××</td><td colspan="3">班组长</td><td colspan="2">×××</td></tr>
<tr><td colspan="3" rowspan="2">主控项目</td><td rowspan="2">规范规定
(第××条)</td><td colspan="8">施工单位检查评定记录</td><td rowspan="2">监理(建设)单位验收记录</td></tr>
<tr><td>1</td><td>2</td><td>3</td><td>4</td><td>5</td><td>6</td><td>7</td><td>8</td></tr>
<tr><td>1</td><td colspan="2">管材、管件、配件的质量</td><td>×××</td><td colspan="8">合格证××份符合设计及施工规范要求</td><td rowspan="6">经检查,主控项目符合设计及规范要求</td></tr>
<tr><td>2</td><td colspan="2">地下敷设的盘管埋地部分不应有接头</td><td>×××</td><td colspan="8">符合设计及施工规范要求</td></tr>
<tr><td>3</td><td colspan="2">盘管隐蔽前的水压试验</td><td>×××</td><td colspan="8">符合设计及施工规范要求</td></tr>
<tr><td>4</td><td colspan="2">低温热水辐射采暖的调温阀</td><td>×××</td><td colspan="8">符合设计及施工规范要求</td></tr>
<tr><td>5</td><td colspan="2">低温热水辐射采暖管道的曲率半径</td><td>×××</td><td colspan="8">符合设计及施工规范要求</td></tr>
<tr><td>6</td><td colspan="2">低温热水辐射采暖的隔热层</td><td>×××</td><td colspan="8">符合设计及施工规范要求</td></tr>
<tr><td colspan="3" rowspan="2">一般项目</td><td rowspan="2">规范规定
(第××条)</td><td colspan="8">施工单位检查评定记录</td><td rowspan="2">监理(建设)单位验收记录</td></tr>
<tr><td>1</td><td>2</td><td>3</td><td>4</td><td>5</td><td>6</td><td>7</td><td>8</td></tr>
<tr><td>1</td><td colspan="2">低温热水辐射采暖的防潮、防水及伸缩缝</td><td>×××</td><td colspan="8">符合设计要求</td><td rowspan="4">经检查,各项均符合要求。定量项目共检测××个点,其中合格××点,不合格×点,合格率××.×%</td></tr>
<tr><td>2</td><td colspan="2">分(集)水器公称压力、安装位置和高度</td><td></td><td colspan="8">符合设计要求</td></tr>
<tr><td rowspan="2">3</td><td colspan="2">允许偏差项目</td><td>规范规定
(第××条)</td><td colspan="8">施工单位检查评定记录</td></tr>
<tr><td>加热盘管管间距</td><td>±10 mm</td><td>×××</td><td></td><td></td><td></td><td></td><td></td><td></td><td></td><td></td></tr>
<tr><td colspan="2">施工单位检查
评定结果</td><td colspan="11">经检查,该检验批主控项目和一般项目施工质量均符合设计和规范要求,资料完整、齐全,自检评定为合格。
项目专业质量检验员:×××
检验日期:2008 年×月×日</td></tr>
<tr><td colspan="2">监理(建设)单位
验收意见</td><td colspan="11">经检查,检验批主控项目和一般项目施工质量均满足设计及规范要求,评定为合格,同意进入下一道工序。
监理工程师(建设单位项目专业技术负责人):×××
验收日期:2008 年×月×日</td></tr>
</table>

注:本表由施工单位项目专业质量检验员填写,一式四份,监理单位、施工单位各一份,项目经理部存留两份。

表 5-79　电梯、液压电梯轿厢安装工程　检验批质量验收记录

编　号:C8-01

工程名称:××住宅小区工程　　　　顺序号:×××

单位工程名称	××住宅小区工程服务楼	验收部位	主楼电梯间
监理单位	××市××建筑监理公司	施工单位	××市××建筑工程公司
产品合同号／安装合同号	××××／××××	电梯型号	×××××

执行标准	《电梯工程施工工艺标准》QB×××××—××××	项目经理	×××	专业工长	×××
分包单位	××电梯公司	分包项目经理	××	班组长	×××

主控项目		规范规定(第××条)	施工单位检查评定记录 1 2 3 4 5 6 7 8	监理(建设)单位验收记录
1	轿厢底盘平面的水平度不应超过 3‰	×××	符合设计及施工规范要求	经检查,主控项目符合设计及规范要求
2	轿壁应垂直于轿底,且垂直度不应超过 1‰	×××	符合设计及施工规范要求	
3	当距轿厢底面在 1.1 m 以下使用玻璃轿壁时,必须在距桥底面 0.9～1.1 m 的高度安装扶手,且扶手必须独立地固定,不得与玻璃有关	×××	扶手安装在距轿底面 1.1 m 的高度处,且扶手是独立固定设置。符合规范要求	
一般项目		**规范规定(第××条)**	**施工单位检查评定记录 1 2 3 4 5 6 7 8**	**监理(建设)单位验收记录**
1	当轿厢有反绳轮时,反绳轮应设置防护装置和挡绳装置	×××	符合设计及施工规范要求	经检查,各项均符合要求
2	当轿顶外侧边缘至井道壁水平方向的自由距离大于 0.3 m 时,轿顶应装设防护栏及警示性标识	×××	符合设计及施工规范要求	

施工单位检查评定结果	经检查,该检验批主控项目和一般项目施工质量均符合设计和规范要求,资料完整、齐全,自检评定为合格。 项目专业质量检验员:××× 检验日期:2008 年×月×日
监理(建设)单位验收意见	经检查,检验批主控项目和一般项目施工质量均满足设计及规范要求,评定为合格,同意进入下一道工序。 监理工程师(建设单位项目专业技术负责人):××× 验收日期:2008 年×月×日

注:本表由施工单位项目专业质量检验员填写,一式四份,监理单位、施工单位各一份,项目经理部存留两份。

表 5-80 建筑照明通电试运行 检验批施工质量验收记录

编　号：C8-01

工程名称：××住宅小区工程　　　　顺序号：×××

单位工程名称	××住宅小区工程 $2^{\#}$ 住宅楼		验收部位	1～6层	
监理单位	××市××建筑监理公司		施工单位	××市××建筑工程公司	
项目经理	×××		专业工长	×××	
执行标准	HB/T 715—724—2003				
分包单位	××建筑设备安装公司	分包项目经理	×××	班组长	×××

主控项目			规范规定（第××条）	施工单位检查评定记录（1 2 3 4 5 6 7 8）	监理（建设）单位验收记录
	照明通电试运行前准备工作	电线绝缘电阻则试符合规定	×××	符合设计及施工规范要求	经检查，主控项目符合设计及规范要求
		灯具、开关、插座等器具和照明配电箱安装并检查完成	×××	符合设计及施工规范要求	
		灯具、插座回路应与配电箱内用户回路标识一致，且住宅灯具、插座等回路应与用户位置对应	×××	符合设计及施工规范要求	
		开关与照明灯具控制顺序相对应	×××	符合设计及施工规范要求	
		插座接线经检查准确无误	×××	符合设计及施工规范要求	
		灯具试亮工作已结束	×××	符合设计及施工规范要求	
		风扇的转向及调整开关正常	×××	符合设计及施工规范要求	
		动力和照明工程的漏电保护装置模拟试验已完成	×××	符合设计及施工规范要求	
2	照明通电试运行	公共建筑照明系统通电连续试运行24 h	×××	—	
		民用住宅照明系统通电连续试运行8 h	×××	符合设计及施工规范要求	
		所有照明灯具均应开启，且每2 h记录运行状态1次，连续试运行时间内无故障	×××	符合设计及施工规范要求	

施工单位检查评定结果	经检查，该检验批主控项目和一般项目施工质量均符合设计和规范要求，资料完整、齐全，自检评定为合格。 项目专业质量检验员：××× 检验日期：2008年×月×日
监理（建设）单位验收意见	经检查，检验批主控项目和一般项目施工质量均满足设计及规范要求，评定为合格，同意进入下一道工序。 监理工程师 （建设单位项目专业技术负责人）：××× 验收日期：2008年×月×日

注：本表由施工单位项目专业质量检验员填写，一式四份，监理单位、施工单位各一份，项目经理部存留两份。

2. 分项工程施工质量验收记录

(1)《分项工程质量验收记录》的形成：

分项工程质量验收是在检验批验收合格的基础上进行的，通常起一个归纳整理的作用，没有实质性的验收内容。

(2)《分项工程质量验收记录》填写的要点：

① 检查检验批是否覆盖了该分项工程的全部施工内容，是否有漏掉的部位未验收；

② 有混凝土、砂浆强度要求的项目，到龄期后能否达到规范规定；

③ 检查检验批的资料，并依次进行登记整理，作好资料管理的中间环节。

(3)《分项工程质量验收记录》的填写范例见表5-81～表5-87。

表5-81　土方开挖分项工程　质量验收记录

编　号：C8-02

工程名称：××住宅小区工程　　　　顺序号：×××

单位工程名称	××住宅小区2#住宅楼	结构类型	砖混	检验批数	2
施工单位	××市××建筑工程公司	项目经理	×××	项目技术负责人	×××
分包单位	×××	分包负责人	××	分包项目经理	××
序号	检验批部位、区段	施工单位检查评定结果		监理（建设）单位验收结论	
1	1～10柱基础	合格		符合要求	
2	11～20柱基础	合格		符合要求	
3					
4					
5					
施工单位检查结论	经检查，土方开挖分项工程的检验批质量验收记录完整，施工质量符合设计和规范要求，评定合格。 项目专业技术负责人：××× 2008年×月×日		监理（建设单位）验收结论	经检查，土方开挖分项工程的检验批质量验收记录完整，质量符合设计和规范要求，评定合格。同意验收。 监理工程师（建设单位项目专业技术负责人）：××× 2008年×月×日	

注：(1) 分项工程质量验收由监理工程师（建设单位项目专业技术负责人）组织施工单位项目专业质量（技术）负责人进行验收。

(2) 此表由施工单位质量检查员填制，一式四份，监理机构（建设单位）各一份，施工单位存留两份。

表 5-82 模板分项工程 质量验收记录

编　号：C8-02

工程名称：××住宅小区工程　　　　顺序号：×××

<table>
<tr><td>单位工程名称</td><td colspan="2">××住宅小区 2# 住宅楼</td><td>结构类型</td><td>砖混</td><td>检验批数</td><td>8</td></tr>
<tr><td>施工单位</td><td colspan="2">××市××建筑工程公司</td><td>项目经理</td><td>×××</td><td>项目技术负责人</td><td>×××</td></tr>
<tr><td>分包单位</td><td colspan="2">×××</td><td>分包负责人</td><td>×××</td><td>分包项目经理</td><td>×××</td></tr>
<tr><td>序号</td><td colspan="2">检验批部位、区段</td><td colspan="2">施工单位检查评定结果</td><td colspan="2">监理（建设）单位验收结论</td></tr>
<tr><td>1</td><td colspan="2">1～10 独立柱基础模板安装</td><td colspan="2">合格</td><td colspan="2">符合要求</td></tr>
<tr><td>2</td><td colspan="2">11～20 独立柱基础模板安装</td><td colspan="2">合格</td><td colspan="2">符合要求</td></tr>
<tr><td>3</td><td colspan="2">1～10 独立柱基础模板拆除</td><td colspan="2">合格</td><td colspan="2">符合要求</td></tr>
<tr><td>4</td><td colspan="2">11～20 独立柱基础模板拆除</td><td colspan="2">合格</td><td colspan="2">符合要求</td></tr>
<tr><td>5</td><td colspan="2">1～10 地基梁模板安装</td><td colspan="2">合格</td><td colspan="2">符合要求</td></tr>
<tr><td>6</td><td colspan="2">11～20 地基梁模板安装</td><td colspan="2">合格</td><td colspan="2">符合要求</td></tr>
<tr><td>7</td><td colspan="2">1～10 地基梁模板拆除</td><td colspan="2">合格</td><td colspan="2">符合要求</td></tr>
<tr><td>8</td><td colspan="2">11～20 地基梁模板拆除</td><td colspan="2">合格</td><td colspan="2">符合要求</td></tr>
<tr><td></td><td colspan="2"></td><td colspan="2"></td><td colspan="2"></td></tr>
<tr><td></td><td colspan="2"></td><td colspan="2"></td><td colspan="2"></td></tr>
<tr><td></td><td colspan="2"></td><td colspan="2"></td><td colspan="2"></td></tr>
<tr><td></td><td colspan="2"></td><td colspan="2"></td><td colspan="2"></td></tr>
<tr><td>施工单位检查结论</td><td colspan="2">经检查，模板分项工程的检验批质量验收记录完整，施工质量符合设计和规范要求，评定合格。
项目专业技术负责人：×××
2008 年×月×日</td><td>监理（建设单位）验收结论</td><td colspan="3">经检查，模板分项工程的检验批质量验收记录完整，质量符合设计和规范要求，评定合格。同意验收。
监理工程师（建设单位项目专业技术负责人）：×××
2008 年×月×日</td></tr>
</table>

注：(1) 分项工程质量验收由监理工程师（建设单位项目专业技术负责人）组织施工单位项目专业质量（技术）负责人进行验收。

(2) 此表由施工单位质量检查员填制，一式四份，监理机构（建设单位）各一份，施工单位存留两份。

表 5-83　钢筋分项工程 质量验收记录

编　号：C8-02

工程名称：××住宅小区工程　　　　顺序号：×××

单位工程名称	××住宅小区 2# 住宅楼	结构类型	砖混	检验批数	5
施工单位	××市××建筑工程公司	项目经理	×××	项目技术负责人	×××
分包单位	×××	分包负责人	×××	分包项目经理	×××

序号	检验批部位、区段	施工单位检查评定结果	监理(建设)单位验收结论
1	基础钢筋原材料及加工	合格	符合要求
2	1～10 轴柱基钢筋连接、安装	合格	符合要求
3	11～20 轴柱基钢筋连接、安装	合格	符合要求
4	1～10 轴地基梁钢筋连接、安装	合格	符合要求
5	11～20 轴地基梁钢筋连接、安装	合格	符合要求

施工单位检查结论	经检查，钢筋分项工程的检验批质量验收记录完整，施工质量符合设计和规范要求，评定合格。 项目专业技术负责人：××× 2008 年×月×日	监理(建设单位)验收结论	经检查，钢筋分项工程的检验批质量验收记录完整，质量符合设计和规范要求，评定合格。同意验收。 监理工程师(建设单位项目专业技术负责人)：××× 2008 年×月×日

注：(1) 分项工程质量验收由监理工程师(建设单位项目专业技术负责人)组织施工单位项目专业质量(技术)负责人进行验收。

(2) 此表由施工单位质量检查员填制，一式四份，监理机构(建设单位)各一份，施工单位存留两份。

表 5-84 混凝土分项工程 质量验收记录

编 号:C8-02

工程名称:××住宅小区工程　　顺序号:×××

单位工程名称	××住宅小区 2# 住宅楼	结构类型	砖混	检验批数	6
施工单位	××市××建筑工程公司	项目经理	×××	项目技术负责人	×××
分包单位	×××	分包负责人	×××	分包项目经理	×××

序号	检验批部位、区段	施工单位检查评定结果	监理(建设)单位验收结论
1	1～10 轴基础垫层混凝土施工	合格	符合要求
2	1～10 轴独立基础混凝土施工	合格	符合要求
3	1～10 轴地基梁混凝土施工	合格	符合要求
4	11～20 轴基础垫层混凝土施工	合格	符合要求
5	11～20 轴独立基础混凝土施工	合格	符合要求
6	11～20 轴地基梁混凝土施工	合格	符合要求

施工单位检查结论	经检查,混凝土分项工程的检验批质量验收记录完整,施工质量符合设计和规范要求,强度符合要求,评定合格。 项目专业技术负责人:××× 2008 年×月×日	监理(建设单位)验收结论	经检查,混凝土分项工程的检验批质量验收记录完整,质量符合设计和规范要求,评定合格。同意验收。 监理工程师(建设单位项目专业技术负责人):××× 2008 年×月×日

注:(1) 分项工程质量验收由监理工程师(建设单位项目专业技术负责人)组织施工单位项目专业质量(技术)负责人进行验收。

(2) 此表由施工单位质量检查员填制,一式四份,监理机构(建设单位)各一份,施工单位存留两份。

表 5-85　配筋砌体分项工程 质量验收记录

编　号:C8-02

工程名称:××住宅小区工程　　　　顺序号:×××

单位工程名称		××住宅小区 2# 住宅楼	结构类型	砖混	检验批数	12
施工单位		××市××建筑工程公司	项目经理	×××	项目技术负责人	×××
分包单位		×××	分包负责人	×××	分包项目经理	×××
序号	检验批部位、区段		施工单位检查评定结果		监理(建设)单位验收结论	
1	1～6 层 1～10 轴砌体(6 个检验批)		合格		符合要求	
2	1～6 层 11～20 轴砌体(6 个检验批)		合格		符合要求	
3						
4						
5						
施工单位检查结论	经检查,配筋砌体分项工程的检验批质量验收记录完整,施工质量符合设计和规范要求,评定合格。 项目专业技术负责人:××× 2008年×月×日		监理(建设单位)验收结论	经检查,配筋砌体分项工程的检验批质量验收记录完整,质量符合设计和规范要求,评定合格。同意验收。 监理工程师(建设单位项目专业技术负责人):××× 2008年×月×日		

注:(1) 分项工程质量验收由监理工程师(建设单位项目专业技术负责人)组织施工单位项目专业质量(技术)负责人进行验收。

(2) 此表由施工单位质量检查员填制,一式四份,监理机构(建设单位)各一份,施工单位存留两份。

表 5-86 屋面保温层分项工程 质量验收记录

编 号:C8-02

工程名称:××住宅小区工程　　　　顺序号:×××

单位工程名称	××住宅小区 2# 住宅楼		结构类型	砖混	检验批数	2
施工单位	××市××建筑工程公司		项目经理	×××	项目技术负责人	×××
分包单位	×××		分包负责人	×××	分包项目经理	×××
序号	检验批部位、区段		施工单位检查评定结果		监理(建设)单位验收结论	
1	6 层 1～10 屋面保温层(炉渣)		合格		符合要求	
2	6 层 11～20 屋面保温层(炉渣)		合格		符合要求	
3						
4						
5						
施工单位检查结论	经检查,配筋砌体分项工程的检验批质量验收记录完整,施工质量符合设计和规范要求,评定合格。 项目专业技术负责人:××× 2008 年×月×日		监理(建设单位)验收结论	经检查,配筋砌体分项工程的检验批质量验收记录完整,质量符合设计和规范要求,评定合格。同意验收。 监理工程师(建设单位项目专业技术负责人):××× 2008 年×月×日		

注:(1) 分项工程质量验收由监理工程师(建设单位项目专业技术负责人)组织施工单位项目专业质量(技术)负责人进行验收。

(2) 此表由施工单位质量检查员填制,一式四份,监理机构(建设单位)各一份,施工单位存留两份。

表 5-87　门窗玻璃安装分项工程　质量验收记录

编　号:C8-02

工程名称:××住宅小区工程　　　　顺序号:×××

<table>
<tr><td>单位工程名称</td><td colspan="2">××住宅小区 2# 住宅楼</td><td>结构类型</td><td>砖混</td><td>检验批数</td><td>6</td></tr>
<tr><td>施工单位</td><td colspan="2">××市××建筑工程公司</td><td>项目经理</td><td>×××</td><td>项目技术负责人</td><td>×××</td></tr>
<tr><td>分包单位</td><td colspan="2">×××</td><td>分包负责人</td><td>×××</td><td>分包项目经理</td><td>×××</td></tr>
<tr><td>序号</td><td colspan="2">检验批部位、区段</td><td colspan="2">施工单位检查评定结果</td><td colspan="2">监理(建设)单位验收结论</td></tr>
<tr><td>1</td><td colspan="2">1 层门窗玻璃安装</td><td colspan="2">合格</td><td colspan="2">符合要求</td></tr>
<tr><td>2</td><td colspan="2">2 层门窗玻璃安装</td><td colspan="2">合格</td><td colspan="2">符合要求</td></tr>
<tr><td>3</td><td colspan="2">3 层门窗玻璃安装</td><td colspan="2">合格</td><td colspan="2">符合要求</td></tr>
<tr><td>4</td><td colspan="2">4 层门窗玻璃安装</td><td colspan="2">合格</td><td colspan="2">符合要求</td></tr>
<tr><td>5</td><td colspan="2">5 层门窗玻璃安装</td><td colspan="2">合格</td><td colspan="2">符合要求</td></tr>
<tr><td>6</td><td colspan="2">6 层门窗玻璃安装</td><td colspan="2">合格</td><td colspan="2">符合要求</td></tr>
<tr><td></td><td colspan="2"></td><td colspan="2"></td><td colspan="2"></td></tr>
<tr><td></td><td colspan="2"></td><td colspan="2"></td><td colspan="2"></td></tr>
<tr><td></td><td colspan="2"></td><td colspan="2"></td><td colspan="2"></td></tr>
<tr><td></td><td colspan="2"></td><td colspan="2"></td><td colspan="2"></td></tr>
<tr><td></td><td colspan="2"></td><td colspan="2"></td><td colspan="2"></td></tr>
<tr><td></td><td colspan="2"></td><td colspan="2"></td><td colspan="2"></td></tr>
<tr><td></td><td colspan="2"></td><td colspan="2"></td><td colspan="2"></td></tr>
<tr><td>施工单位检查结论</td><td colspan="2">经检查,门窗玻璃安装分项工程的检验批质量验收记录完整,施工质量符合设计和规范要求,评定合格。
项目专业技术负责人:×××
2008 年×月×日</td><td>监理(建设单位)验收结论</td><td colspan="3">经检查,门窗玻璃安装分项工程的检验批质量验收记录完整,质量符合设计和规范要求,评定合格。同意验收。
监理工程师(建设单位项目专业技术负责人):×××
2008 年×月×日</td></tr>
</table>

注:(1) 分项工程质量验收由监理工程师(建设单位项目专业技术负责人)组织施工单位项目专业质量(技术)负责人进行验收。

(2) 此表由施工单位质量检查员填制,一式四份,监理机构(建设单位)各一份,施工单位存留两份。

3. 分部(子分部)工程质量验收记录

(1)《分部(子分部)工程质量验收记录》的形成：

分部(子分部)工程质量验收，是在分项工程质量进行检查验收后，对有关工程控制资料、安全及功能检验、抽样检测结果的资料核查，包括对观感质量进行评价等活动所形成的记录。

(2) 分部(子分部)工程质量验收的内容及形成的验收资料：

① 对分项工程质量进行验收(注明该分项工程所含的检验批数)，并形成《____分部(子分部)工程质量验收记录》。

② 依据《建筑工程施工质量验收统一标准》(GB 50300—2001)确定该分部(子分部)工程质量控制资料项目，逐项进行核查，并形成《____分部(子分部)工程质量控制资料核查记录》。

③ 依据《建筑工程施工质量验收统一标准》(GB 50300—2001)确定该分部(子分部)工程安全和功能检测(检验)项目，逐项核查该分部(子分部)安全和功能检测(检验)结果，并形成《____分部(子分部)安全和功能检验(检测)报告》。

安全和功能检测(检验)报告是竣工抽样检测项目，一般情况下，能在分部(子分部)工程中检测的，放在分部(子分部)工程中检测。检测的内容见《建筑工程施工质量验收统一标准》(GB 50300—2001)。

④ 对需要做观感质量检查的项目，应以总监理工程师(建设单位项目专业技术负责人)为主，由施工单位项目经理组织对分部(子分部)工程观感质量进行现场检查验收，并形成《____分部(子分部)观感质量验收记录》，观感质量评定分为三等：好、一般、差。

由于工程项目划分不同，有些工程可按分部工程验收，有些工程可按子分部工程验收，不论是以分部工程验收或是以子分部工程进行验收，其验收的程序和形成的资料应一致。

(3)《分部(子分部)工程质量验收记录》的填制范例见表 5-88～表 5-95。

表 5-88　混凝土结构　分部(子分部)工程质量验收记录

编　号:C8-03-01

顺序号:×××

<table>
<tr><td>工程名称</td><td>××住宅小区服务楼</td><td>结构类型</td><td>框架</td><td>层数地上/地下</td><td>地上3层/地下1层</td></tr>
<tr><td>施工单位</td><td>××市××建筑工程公司</td><td>技术部门负责人</td><td>×××</td><td>质量部门负责人</td><td>×××</td></tr>
<tr><td>分包单位</td><td>×××</td><td>分包单位负责人</td><td>×××</td><td>分包技术负责人</td><td>×××</td></tr>
<tr><td>序号</td><td>分项工程名称</td><td>检验批数</td><td colspan="2">施工单位质量鉴定</td><td>验收意见</td></tr>
<tr><td>1</td><td>模板</td><td>××</td><td colspan="2">符合要求</td><td rowspan="11">各分项检验批验收合格,符合质量验收规范要求</td></tr>
<tr><td>2</td><td>钢筋</td><td>××</td><td colspan="2">符合要求</td></tr>
<tr><td>3</td><td>混凝土</td><td>××</td><td colspan="2">符合要求</td></tr>
<tr><td>4</td><td>现浇结构</td><td>××</td><td colspan="2">符合要求</td></tr>
<tr><td>5</td><td></td><td></td><td colspan="2"></td></tr>
<tr><td>6</td><td></td><td></td><td colspan="2"></td></tr>
<tr><td>7</td><td></td><td></td><td colspan="2"></td></tr>
<tr><td>8</td><td></td><td></td><td colspan="2"></td></tr>
<tr><td></td><td></td><td></td><td colspan="2"></td></tr>
<tr><td></td><td></td><td></td><td colspan="2"></td></tr>
<tr><td></td><td></td><td></td><td colspan="2"></td></tr>
<tr><td colspan="2">质量控制资料核查记录</td><td>表 5-89</td><td colspan="2">资料齐全符合要求</td><td>同意验收</td></tr>
<tr><td colspan="2">安全和功能检验(检测)报告</td><td>表 5-90</td><td colspan="2">结构实体检验报告符合要求</td><td>同意验收</td></tr>
<tr><td colspan="2">观感质量验收</td><td>表 5-91</td><td colspan="2">混凝土结构尺寸符合设计要求;表面无缺陷;观感质量良好</td><td>同意验收</td></tr>
<tr><td rowspan="5">验收单位</td><td>分包单位</td><td colspan="4">项目经理:×××
2008 年×月×日</td></tr>
<tr><td>施工单位</td><td colspan="4">项目经理:×××
2008 年 × 月 × 日</td></tr>
<tr><td>勘察单位</td><td colspan="4">项目负责人:×××
2008 年 × 月 × 日</td></tr>
<tr><td>设计单位</td><td colspan="4">项目负责人:×××
2008 年 × 月 × 日</td></tr>
<tr><td>监理(建设)单位</td><td colspan="4">总监理工程师(建设单位项目专业负责人):×××
2008 年 × 月 × 日</td></tr>
</table>

注:(1) 地基与基础、主体结构分部工程的勘察、设计单位项目负责人和施工单位技术、质量部门负责人也应参加相关分部工程验收。

(2) 该表有施工单位项目经理部填制,至少保证参加单位均存留一份。

表 5-89 混凝土结构 分部(子分部)工程质量控制资料核查记录

编　号:C8-03-02

顺序号:×××

工程名称	××住宅小区服务楼	施工单位	××市××建筑工程公司

序号	分部(子分部)工程验收时需检查的文件记录	文件、记录、测试报告份数	施工单位自检	监理单位核查
1	施工图设计变更文件商洽记录	××	记录齐全符合要求	同意验收
2	原材料出厂合格证书进场检(试)验报告	××	记录齐全符合要求	同意验收
3	钢筋接头实验报告	××	记录齐全符合要求	同意验收
4	混凝土抗压强度报告及统计评定记录	××	记录齐全符合要求	同意验收
5	隐蔽工程验收记录	××	记录齐全符合要求	同意验收
6	施工记录	××	记录齐全符合要求	同意验收
7	预制结构件合格证、预拌混凝土合格证	××	记录齐全符合要求	同意验收
8	混凝土结构实体检验记录	××	记录齐全符合要求	同意验收
9	分项、分部工程及所含检验批质量验收记录	××	记录齐全符合要求	同意验收
10	工程质量事故及事故调查处理报告	—	记录齐全符合要求	同意验收
11	新材料、新工艺施工记录	××	记录齐全符合要求	同意验收
12	其他必要的文件和记录	××	记录齐全符合要求	同意验收
	合计(份)	××		

检查结果	检查评定合格。 施工单位: ××市××建筑工程公司 项目负责人(项目经理): ××× 技术负责人:×× 质量负责人:××× 2008 年 × 月 × 日	验收结论	符合要求,同意验收。 监理(建设)单位: ××建设工程监理公司 总监理工程师(建设单位项目专业负责人): ××× 专业监理工程师:××× 2008 年 × 月 × 日

表 5-90　混凝土结构　分部(子分部)安全和功能检验(检测)报告

编　号:C8-03-03

顺序号:×××

<table>
<tr><td colspan="2">工程名称</td><td>××住宅小区服务楼</td><td colspan="2">施工单位</td><td colspan="2">××市××建筑工程公司</td></tr>
<tr><td rowspan="2">序号</td><td rowspan="2" colspan="2">分部(子分部)工程名称</td><td rowspan="2">检验(检测)项目</td><td colspan="2">施工单位自检</td><td rowspan="2">监理工程师抽查核定</td><td rowspan="2">备注</td></tr>
<tr><td>证件名称及份数</td><td>核查意见</td></tr>
<tr><td>1</td><td colspan="2">混凝土结构子分部</td><td>混凝土结构实体检验</td><td>检验报告(×份)</td><td>合格</td><td>同意验收</td><td></td></tr>
<tr><td>2</td><td colspan="2">混凝土结构子分部</td><td>同条件养护试件强度检验</td><td>验报告(×份)</td><td>合格</td><td>同意验收</td><td></td></tr>
<tr><td>3</td><td colspan="2">混凝土结构子分部</td><td>钢筋保护层厚度检验</td><td>检验报告(×份)</td><td>合格</td><td>同意验收</td><td></td></tr>
<tr><td></td><td colspan="2"></td><td></td><td></td><td></td><td></td><td></td></tr>
<tr><td></td><td colspan="2"></td><td></td><td></td><td></td><td></td><td></td></tr>
<tr><td></td><td colspan="2"></td><td></td><td></td><td></td><td></td><td></td></tr>
<tr><td></td><td colspan="2"></td><td></td><td></td><td></td><td></td><td></td></tr>
<tr><td></td><td colspan="2"></td><td></td><td></td><td></td><td></td><td></td></tr>
<tr><td>检查结果</td><td colspan="2">该分部工程安全和功能检验(检查)资料核查合格;主要功能抽查符合要求,合格。
施工单位:
××市××建筑工程公司
项目负责人(项目经理):×××
施工单位技术负责人:×××
2008 年 × 月 × 日</td><td>验收结论</td><td colspan="4">同意验收。
监理(建设)单位:
××建设工程监理公司
总监理工程师(建设单位项目专业负责人):×××
专业监理工程师:×××
2008 年 × 月 × 日</td></tr>
</table>

表 5-91 混凝土结构 分部(子分部)观感质量验收记录

编　号:C8-03-04

顺序号:×××

工程名称		××住宅小区服务楼										施工单位		××市××建筑工程公司			
序号	各检验批中一般项目的规定	抽查质量情况										自检结论			验收结论		
		1	2	3	4	5	6	7	8	9	10	好	一般	差	好	一般	差
1	露筋	√	√	√	√	√	√	√	√	√	√	√			√		
2	蜂窝	√	√	√	√	√	○	×	×	√	√			√			√
3	孔洞	√	√	√	○	√	√	√	√	√	○		√			√	
4	夹渣	√	√	√	√	√	√	√	√	√	√	√			√		
5	疏松	√	√	√	√	√	√	√	√	√	√	√			√		
6	裂缝	√	√	√	√	√	√	√	√	√	√	√			√		
7	连接部位缺陷	√	√	√	√	√	√	√	√	○	√	√			√		
8	外形缺陷	√	√	√	√	√	√	√	√	√	√	√			√		
9	外表缺陷	√	○	√	√	×	×	√	√	√	○			√			√

检查结果	主控项目合格,一般项目满足规范要求。 施工单位: ××市××建筑工程公司 项目负责人(项目经理):××× 施工单位技术负责人:××× 2008 年 × 月 × 日	验收结论	同意验收。 监理(建设)单位: ××建设工程监理公司 总监理工程师(建设单位项目专业负责人):××× 专业监理工程师:××× 2008 年 × 月 × 日

注:(1) 有关分部工程的安全和功能检验(检测)在开工前应由施工单位作出检验计划,报总监理工程师(建设单位负责人)同意。

(2) 监理单位同时应制定有关分部工程安全和功能抽检计划,与施工单位协商后报建设单位项目负责人同意。

表 5-92 <u>钢结构</u> 分部(子分部)工程施工质量验收记录

编　号:C8-03-01

顺序号:×××

工程名称	××公司原料堆场	结构类型	轻钢结构	层数 地上/地下	地上1层
施工单位	××市××建筑工程公司	技术部门负责人	×××	质量部门负责人	×××
分包单位	××钢结构公司	分包单位负责人	××	分包技术负责人	××
序号	分项工程名称	检验批数	施工单位质量鉴定		验收意见
1	钢结构焊接	1	符合要求		各分项检验批验收合格,符合质量验收规范要求
2	钢结构安装	1	符合要求		
3	钢结构紧固件	1	符合要求		
4	钢结构防腐涂装	1	符合要求		
5	型压金属板	1	符合要求		
6					
钢结构子分部工程质量控制资料核查记录		表 5-93	资料齐全符合要求		同意验收
钢结构子分部工程安全和功能检验(检测)报告		表 5-94	结构实体检验报告符合要求		同意验收
钢结构子分部工程观感质量验收		表 5-95	结构尺寸符合设计要求;表面无缺陷;观感质量良好		同意验收
验收单位	分包单位	项目经理:×× 2008年×月×日			
	施工单位	项目经理:××× 2008年×月×日			
	勘察单位	项目负责人:××× 2008年×月×日			
	设计单位	项目负责人:××× 2008年×月×日			
	监理(建设)单位	总监理工程师(建设单位项目专业负责人):××× 2008年×月×日			

注:(1) 地基与基础、主体结构分部工程的勘察、设计单位项目负责人和施工单位技术、质量部门负责人也应参加相关分部工程验收。

(2) 该表有施工单位项目经理部填制,至少保证参加单位均存留一份。

表 5-93 钢结构 分部(子分部)工程质量控制资料核查记录

编 号:C8-03-02

顺序号:×××

工程名称	××公司原料堆场		施工单位	××市××建筑工程公司
序号	分部(子分部)工程验收时需检查的文件记录	文件、记录、测试报告份数	施工单位自检	监理单位核查
1	施工图会审、设计变更文件商洽记录	××	记录齐全符合要求	同意验收
2	工程定位、测量放线记录	××	记录齐全符合要求	同意验收
3	原材料出厂合格证书进场检(试)验报告	××	记录齐全符合要求	同意验收
4	构配件出厂合格证	××	记录齐全符合要求	同意验收
5	隐蔽工程验收记录	××	记录齐全符合要求	同意验收
6	施工记录	××	记录齐全符合要求	同意验收
7	分项、分部工程及所含检验批质量验收记录	××	记录齐全符合要求	同意验收
8	工程质量事故及事故调查处理报告	/		
9	新材料、新工艺施工记录	/		
10	其他必要的文件和记录	××	记录齐全符合要求	同意验收
11				
12				
	合计(份)	××		
检查结果	检查评定合格。 施工单位: ××市××建筑工程公司 项目负责人(项目经理):××× 技术负责人:×× 质量负责人:××× 2008 年 × 月 × 日	验收结论	符合要求,同意验收。 监理(建设)单位: ××建设工程监理公司 总监理工程师(建设单位项目专业负责人):××× 专业监理工程师:××× 2008 年 × 月 × 日	

表 5-94　钢结构　分部(子分部)安全和功能检验(检测)报告

编　号:C8-03-03

顺序号:×××

<table>
<tr><td colspan="2">工程名称</td><td>××公司原料堆场</td><td>施工单位</td><td colspan="3">××市××建筑工程公司</td></tr>
<tr><td rowspan="2">序号</td><td colspan="2" rowspan="2">检验(检测)项目</td><td colspan="2">施工单位自检</td><td rowspan="2">监理工程师抽查核定</td><td rowspan="2">备注</td></tr>
<tr><td>证件名称及份数</td><td>核查意见</td></tr>
<tr><td>1</td><td rowspan="2">鉴证取样和送样项目</td><td>高强度六角螺栓连接副扭矩系数复检报告</td><td>检验报告(×份)</td><td>合格</td><td>同意验收</td><td></td></tr>
<tr><td>2</td><td>高强度六角螺栓连接摩擦面抗滑移系数复检报告</td><td>检验报告(×份)</td><td>合格</td><td>同意验收</td><td></td></tr>
<tr><td>3</td><td rowspan="2">焊缝质量</td><td>外观缺陷检查记录</td><td>检查记录(×份)</td><td>合格</td><td>同意验收</td><td></td></tr>
<tr><td>4</td><td>焊缝尺寸检查记录</td><td>检查记录(×份)</td><td>合格</td><td>同意验收</td><td></td></tr>
<tr><td>5</td><td>高强度螺栓施工质量</td><td>终拧扭矩检查记录</td><td>检查记录(×份)</td><td>合格</td><td>同意验收</td><td></td></tr>
<tr><td>6</td><td rowspan="3">柱脚及网架支座</td><td>锚栓紧固检查记录</td><td>检查记录(×份)</td><td>合格</td><td>同意验收</td><td></td></tr>
<tr><td>7</td><td>垫板、垫块施工记录</td><td>施工记录(×份)</td><td>合格</td><td>同意验收</td><td></td></tr>
<tr><td>8</td><td>二次灌浆施工记录</td><td>施工记录(×份)</td><td>合格</td><td>同意验收</td><td></td></tr>
<tr><td>9</td><td rowspan="2">主要构件变形</td><td>钢屋(托)架、桁架、钢梁、吊车梁等垂直度和侧向弯曲实测记录</td><td>实测记录(×份)</td><td>合格</td><td>同意验收</td><td></td></tr>
<tr><td>10</td><td>钢柱垂直度测量记录</td><td>测量记录(×份)</td><td>合格</td><td>同意验收</td><td></td></tr>
<tr><td>11</td><td rowspan="2">主体结构尺寸</td><td>整体垂直度测量记录</td><td>测量记录(×份)</td><td>合格</td><td>同意验收</td><td></td></tr>
<tr><td>12</td><td>整体平面弯曲测量记录</td><td>测量记录(×份)</td><td>合格</td><td>同意验收</td><td></td></tr>
<tr><td></td><td></td><td></td><td></td><td></td><td></td><td></td></tr>
<tr><td>检查结果</td><td colspan="2">该分部工程安全和功能检验(检查)资料核查合格;主要功能抽查符合要求、合格。

施工单位:
××市××建筑工程公司
项目负责人(项目经理):×××
施工单位技术负责人:×××
2008 年 × 月 × 日</td><td>验收结论</td><td colspan="3">同意验收。

监理(建设)单位:
××建设工程监理公司
总监理工程师(建设单位项目专业负责人):×××
专业监理工程师:×××
2008 年 × 月 × 日</td></tr>
</table>

表 5-95 钢结构 子分部观感质量验收记录

编　号：C8-03-04

顺序号：×××

工程名称	××住宅小区服务楼	施工单位	××市××建筑工程公司

序号	各检验批中一般项目的规定	抽查质量情况										自检结论			验收结论		
		1	2	3	4	5	6	7	8	9	10	好	一般	差	好	一般	差
1	涂层表面	√	√	√	√							√			√		
2	型压金属板表面	√	√	√	√							√			√		

检查结果	主控项目合格，一般项目满足规范要求。 施工单位： ××市××建筑工程公司 项目负责人(项目经理)：××× 施工单位技术负责人：××× 2008 年 × 月 × 日	验收结论	同意验收。 监理(建设)单位： ××建设工程监理公司 总监理工程师(建设单位项目专业负责人)：××× 专业监理工程师：××× 2008 年 × 月 × 日

第6章

竣工图及竣工验收资料(D、E类)

教学目的

本章主要介绍竣工图文件和竣工资料文件的内容、形成及编制过程,通过本章的学习,应达到以下目的:

1. 了解D、E类文件的主要内容;
2. 熟悉D、E类文件的编号和归档范围;
3. 掌握D、E类文件的编写、收集、整理工作的内容。

能力要求

1. 能按规定基本完成竣工图的改绘及编制;
2. 熟练完成D、E类文件的收集、汇总、整理和编写工作。

6.1 竣工图文件(D类)

竣工图是建筑工程档案的重要组成部分,是工程建设完成后的主要凭据资料,是建筑物的真实写照,是工程维护、管理、改建、扩建的重要依据,也是竣工验收的必备条件之一。

1. 竣工图文件编制范围及编制单位

(1) 新建、改建、扩建项目均应编制竣工图。

(2) 竣工图的改绘及编制工作应由建设单位负责。建设单位也可以委托施工单位、监理单位或设计单位编制。

2. 竣工图编制的内容

竣工图应按单位工程编制,并根据专业、系统进行分类和整理。竣工图编制一般包括以下内容:

(1) 工程项目综合竣工图(总平面布置图、竖向布置图);

(2) 建筑竣工图;

(3) 结构竣工图;

(4) 装饰装修工程竣工图;

(5) 建筑给水、排水与采暖竣工图;

(6) 通风及空调竣工图;

(7) 建筑电气竣工图;

(8) 智能建筑竣工图;

(9) 燃气工程竣工图;

(10) 地上部分的道路、绿化、庭院照明、喷泉等竣工图;

(11) 地下部分的各种市政、电力、电信管线等竣工图。

3. 竣工图编制的要求

(1) 凡按施工图施工,在施工过程中没有变动的,由编制单位在施工图图签附近空白处加盖竣工图章,并签字。

(2) 有一般性图纸变更的,编制单位可根据设计变更依据,在施工图上直接改绘,加盖竣工图章,并签字。

(3) 结构形式、工艺、平面布置等有重大改变或变更部分超过图面 1/3 的,应重新绘制竣工图。由竣工图编制单位在重新绘制的图纸上加盖竣工图章,并签字(因设计原因造成的变更,由设计单位重新绘制竣工图;因施工原因造成的变更,由施工单位重新绘制竣工图;因其他原因造成的变更,由建设单位负责重新绘制竣工图。重新绘制的竣工图纸必须有图名和图号,图号可按原图编号)。

(4) 编制竣工图时,必须编制各专业竣工图的图纸目录,绘制的竣工图必须准确、清楚、完整、规范,能真实地反映工程竣工后的实际情况。

(5) 用于改绘竣工图的图纸必须是新蓝图或绘图仪绘制的白图,不得使用复印的图纸。

(6) 竣工图编制单位应按照国家建筑制图规范要求绘制竣工图,使用绘图笔或签字笔及不褪色的绘图墨水。

4. 竣工图绘制的方法

(1) 在施工蓝图上改绘竣工图

在施工蓝图上改绘竣工图一般采用杠改法或叉改法,局部修改可以圈出更改部位,在原图空白处绘出更改内容。

所有变更处都必须引出索引线并注明更改依据。

① 取消修改内容的更改

- 尺寸、材料、设备规格型号、数量、注解说明等数字和文字形式的取消采用杠改法(将要取消的数字或文字用横杠划掉,填上变更后的内容,并从修改的位置引出带箭头的索引线,在索引线上注明修改的依据)。

【例 6-1】 结构施工图中柱(Z-12)截面尺寸由 250 mm×250 mm 变更为 300 mm×300 mm,如图 6-1 所示。

- 设备、墙体、钢筋等其他图形取消采用叉改法。

【例 6-2】 建筑平面图中取消 A-B 轴之间②轴上的隔墙(将要取消的部位打×,填上变更后的内容,并从修改的位置引出带箭头的索引线,在索引线上注明修改的依据),如图 6-2 所示。

② 增加修改内容的更改

- 在建筑物某一部位增加墙、窗、灯具、设备等修改,均应在施工图上的实际位置规范绘出,并从修改的位置引出带箭头的索引线,在索引线上注明修改的依据。
- 如增加的内容在原图位置绘制不清楚,可在本图适当空白位置按需要补绘大样图。

如本图上无空白位置，则可另晒蓝图或绘制白图附后。

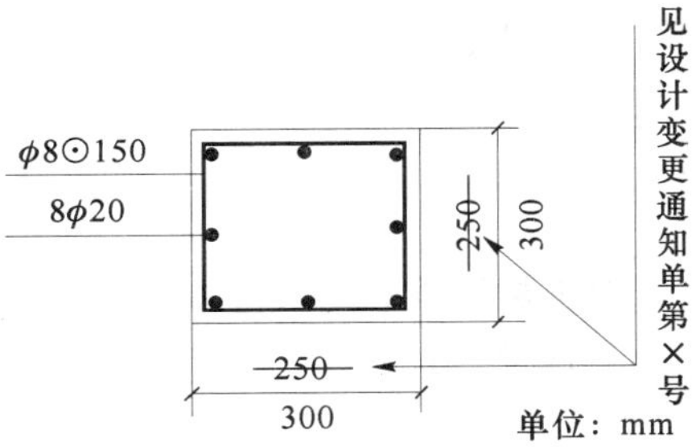

图 6-1　例 6-1 图

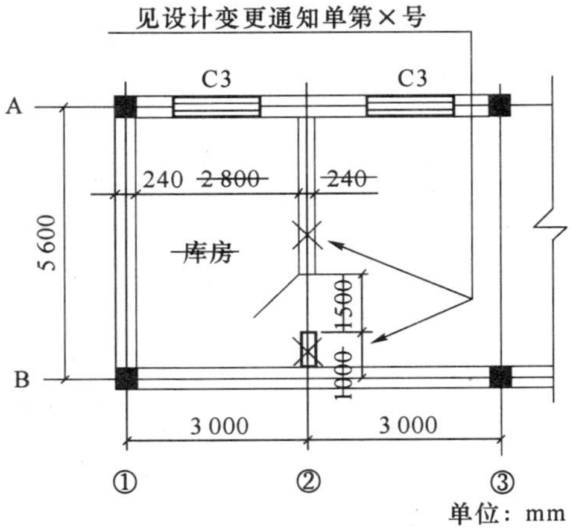

图 6-2　例 6-2 图

【例 6-3】　一层建筑平面图上 Z1 由方柱改为圆柱 Z4（直径 600），如图 6-3 所示。

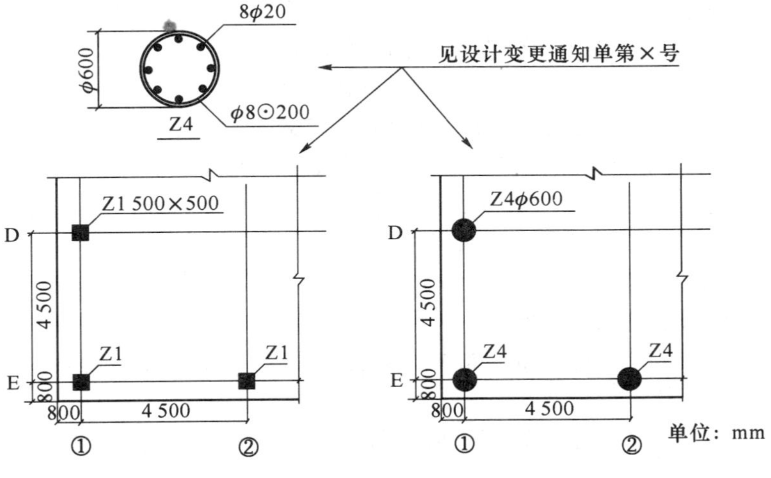

图 6-3　例 6-3 图

③ 加写说明更改

- 涉及多处更改，用绘图的方法仍不能反映变更的全部内容，可以在原图上用精练的语言加以说明；
- 钢筋变换、混凝土强度等级的改变、装修材料变换等无法用图示方式表达清楚的变更，可以加注活用索引的形式加以说明；
- 说明类型的商洽记录，应在图纸上反映商洽内容。

(2) 在硫酸纸底图上修改竣工图

在晒制施工蓝图的硫酸纸底图上修改竣工图，采用刮改法（依据设计变更或商洽记录，在硫酸纸的底图上，将需要改动的内容刮掉，规范绘制所修改的内容，并在空白处作索引说明），并在图纸的空白处编制《修改备考表》。《修改备考表》的格式见表 6-1。

表 6-1　修改备考表

序号	设计变更、工程商洽记录编号	修改内容(简要提示)
1		
2		
3		

修改后的硫酸纸底图称为二底图，修改后的部位用语言表述不清楚的，可以用细实线在图上勾出修改范围。

(3) 重新绘制竣工图

重新绘制竣工图时，应注意几个问题：

① 竣工图应与原图的比例一致，符合制图规范，有标准的图框和内容齐全的图签；

② 图签中应有明确“竣工图”字样，原设计人员应在重新绘制的竣工图上签字；

③ 重新绘制竣工图，应加盖竣工图章。

(4) 在 CAD 底图上改绘竣工图

在电子版底图上改绘竣工图，除应符合重新绘制的竣工图的要求外，还必须在修改后用云图圈出修改部位，原设计人员在图签上签字，并在图纸的空白处做《修改备考表》。

5. 竣工图编制的份数

(1) 大中型建设项目和城市住宅小区建设的竣工图不得少于两套，一套移交生产使用单位保管，另一套交技术档案管理部门长期保存。

(2) 关系到全国性特别重要的项目，应增加一套交国家档案馆保存。

(3) 小型建设项目的竣工图不得少于一套，交生产使用单位保管。

(4) 其他情况需要增加的，应事先在合同中约定。

6. 竣工图章

(1) 不论采用何种方式编制的竣工图，均应在原图图签附近的空白处加盖竣工图章。加盖竣工图章应使用不易褪色的印泥。

(2) 所有竣工图都应由竣工图编制单位逐张加盖竣工图章，不得漏张。竣工图章中的内容应本人签字，填写齐全。

(3) 凡是由设计单位编制的竣工图，再设计图签中必须注明为竣工阶段，并有绘制人和技术负责人在设计图上签字。

竣工图章的格式和内容见图 6-4。

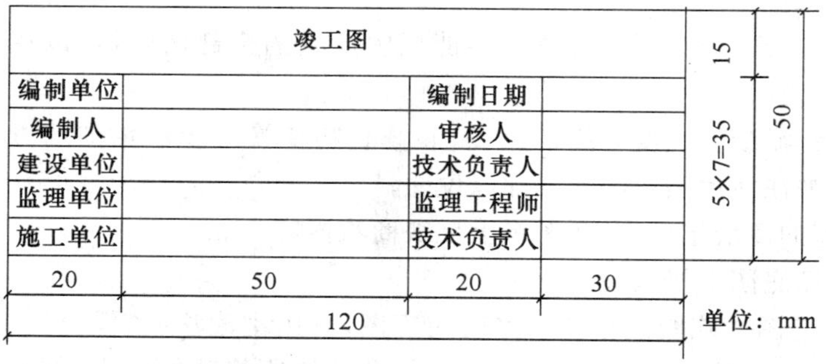

图 6-4　竣工图章的格式和内容

7. 竣工图资料的内容

竣工图资料一般包括三大类：综合竣工图（D1）、室外专业竣工图（D2）、专业竣工图（D3）。

竣工图类资料的详细分类见表 2-1 竣工图（D）类资料。

6.2　单位工程竣工验收文件（E 类）

单位（子单位）工程施工质量验收是工程竣工质量验收的基本单位，单位（子单位）工程竣工验收的文件是工程项目参建各方对工程竣工验收过程所形成的记录。详见表 2-1 单位（子单位）工程竣工验收（E 类）文件资料。

1. 单位（子单位）工程竣工验收的时机

单位（子单位）工程竣工验收是在该单位（子单位）工程所包含的分部（子分部）或分项工程全部完成，且质量验收全部合格后进行。

2. 单位（子单位）工程竣工验收环节及内容

（1）施工单位自检验收

单位（子单位）工程全部完成后，施工单位应首先组织自检验收，自检验收内容包括：单位（子单位）工程施工质量验收、施工质量事故及处理结果资料、单位（子单位）工程施工质量控制资料核查、单位（子单位）工程安全和功能检验资料及主要功能抽查记录核查、单位（子单位）工程施工观感质量检查评价等，自检验收通过，由施工单位出具《______单位（子单位）工程竣工预验收报告》，申请单位（子单位）工程竣工预验收。

（2）单位（子单位）工程竣工预验收

单位（子单位）工程竣工预验收有建设单位项目负责人组织，监理单位、设计单位、勘察单位施工单位参加，进行验收，验收内容与施工单位自检验收内容一致，验收通过，并形成《______单位（子单位）工程施工质量验收记录》、《______单位（子单位）工程施工质量控制资料核查记录》、《______单位（子单位）工程安全和功能检验资料及主要功能抽查记录核查记录》、《______单位（子单位）工程施工观感质量检查评价记录》等预验收文件。

（3）单位（子单位）工程竣工验收

单位（子单位）工程竣工预验收通过后，施工单位应编制《______单位（子单位）工程验收申请报告》（建设工程档案预验收完成后），申请工程竣工验收。

3. 单位（子单位）工程竣工验收文件的填写范例

单位（子单位）工程竣工验收文件的填写范例见表 6-2～表 6-10。

表 6-2　工程概况表

编　号:E1

工程名称:××住宅小区工程　　　　顺序号:×

工程概况表				
一般情况	单位工程名称	××住宅小区 2# 住宅楼	建设单位	××建筑开发公司
	建筑用途	商品住宅	设计单位	××建筑设计院
	建设地点	××市××区××路东段×号	施工单位	××市××建筑工程公司
	总建筑面积	××××m^2	施工单位	××市××建筑公司
	开工日期	2008 年×月×日	竣工日期	2009 年×月×日
	结构类型	砖混	基础类型	钢筋混凝土独立基础
	层数	地上 6 层	建筑檐高	××m
	人防等级	×级	抗震等级	×级
构造特征	地基与基础	地基持力层为粉质黏土;基础为大开挖独立基础		
	柱、内外墙	独立基础柱为 C30 混凝土,外墙和室内承重墙均为 240 mm 机制红砖砌筑,室内隔墙为 120 mm 红砖砌筑		
	梁、板、楼盖	现浇混凝土梁、板、楼盖强度等级均为 C30		
	外墙装饰	外墙装饰以水刷石抹面为主,+3.00 m 以下为面砖		
	内墙装饰	内墙装饰以乳胶漆为主,厨房、卫生间为白色卫生面砖		
	楼地面装饰	公用空间为水泥压光抹面,宅内为水泥拉毛		
	屋面构造	SBS 改性沥青卷材与双层三元乙丙丁基卷材结合防水屋面		
	防火设施	×级防火等级,每层设消火栓箱		
机电系统名称		电气系统包括照明、电视、电话、给排水等		
采暖、供气系统		集中供暖;天燃气管道供气		
智能化系统		安防报警系统、门禁系统、网络系统		

注:本表由施工单位填写,一式两份,施工单位、城市建设档案馆各存留一份。

表 6-3　工程质量事故报告表

编　号：E2

工程名称：××粉磨站二期建设工程　　　　顺序号：×

填报单位	××建筑工程公司	单位工程名称	磨机房
设计单位	××建筑材料设计院	施工单位	××建筑工程公司
事故发生时间	2007年×月×日	事故发生地点	施工现场内
当前伤亡情况	无	预计事故损失	×××××元
主送单位	建委	抄送单位	质量监督站

事故简要情况：

本工程基础施工顺序为先打工程桩，再施工基坑支护桩，最后进行土方开挖和地下基础施工。地下室基坑土方开挖后发现电梯井群桩基础中有9根桩身出现严重倾斜，倾斜度为1.84%～3.66%，均超过施工规范桩身垂直度允许偏差值1%的要求。为全面了解倾斜桩的桩身质量，对此9根桩进行动测，同时对管桩内腔采用灯炮照射法直观检查。检测结果除21号、23号桩未发现缺陷，满足设计承载力要求外，其他7根桩在基坑底面以下2～3 m范围内桩身均出现严重断裂。

事故原因的初步判断：

1. 场地清障后回填土未经压实是造成该工程桩质量事故的主要原因；
2. 设计布桩较密及一期工程建成后，生活用污水池池底的松木桩未清理也是管桩倾斜断裂的原因之一；
3. 施工队伍技术素质低、管理水平不高、施工机械性能较差也是造成桩基质量事故的重要原因。

目前采取的措施及事故控制的情况：

根据事故现状及现场的施工条件，对严重缺陷的7根桩采取补桩方法处理。

拟处理意见：

由于地下室基坑已开挖，其他桩基已施工，打桩机在坑底施工难度很大，宜先回填基坑再打桩。为保证补桩施工质量，减少对旧桩及基坑支护影响，拟处理意见如下。

1. 基坑回填粗砂及石粉，分层淋水夯实，上铺钢板，采用D62履带式柴油锤桩机施工。
2. 为避免回填后补桩与旧桩位相碰，同时便于基坑开挖后桩位复核，在回填前对旧桩进行准确测位记录。
3. 为减少补打桩对旧桩的挤压影响，回填前对旧桩芯顶一定深度内采用C30混凝土填实，配5ϕ16钢筋笼，增大旧桩抗受挤压刚度。
4. 基坑回填前对基坑支护桩加砂包保护，以减少打桩震动对支护的影响，而且在补打桩过程中加强对支护桩的监测。

2007年×月×日

企业技术负责人	×××	报告人	×××	报告日期	2007年×月×日

注：此表由施工单位填制，一式七份，分别报当地建设主管部门、质量监督站、建设单位、设计单位、勘察单位、监理单位各一份、施工单位存留一份。

表 6-4　工程质量事故处理记录

编　号：E3

工程名称：××粉磨站二期建设工程　　　　顺序号：×

<table>
<tr><td>建设单位</td><td>××建材有限公司</td><td>单位工程名称</td><td colspan="3">磨机房</td></tr>
<tr><td>设计单位</td><td>××建筑材料设计院</td><td>施工单位</td><td colspan="3">××建筑工程公司</td></tr>
<tr><td>监理单位</td><td>××建设工程监理公司</td><td>事故发生时间</td><td colspan="3">2007 年×月×日</td></tr>
<tr><td>损失价值</td><td>×××××元</td><td>事故报告单编号</td><td colspan="3">第×号</td></tr>
<tr><td>直接责任人／职务</td><td colspan="5">×××／施工工长</td></tr>
<tr><td colspan="6">事故简要情况：
本工程基础施工顺序为先打工程桩，再施工基坑支护桩，最后进行土方开挖和地下基础施工。地下室基坑土方开挖后发现电梯井群桩基础中有 9 根桩身出现严重倾斜，倾斜度为 1.84%～3.66%，均超过施工规范桩身垂直度允许偏差值 1%的要求。为全面了解倾斜桩的桩身质量，对此 9 根桩进行动测，同时对管桩内腔采用灯炮照射法直观检查。检测结果除 21 号、23 号桩未发现缺陷，满足设计承载力要求外，其他 7 根桩在基坑底面以下 2～3 m 范围内桩身均出现严重断裂。
事故原因的初步判断：
1. 场地清障后回填土未经压实是造成该工程桩质量事故的主要原因；
2. 设计布桩较密及一期工程建成后，生活用污水池池底的松木桩未清理也是管桩倾斜断裂的原因之一；
3. 施工队伍技术素质低、管理水平不高、施工机械性能较差也是造成桩基质量事故的重要原因。</td></tr>
<tr><td colspan="4">处理办法：
1. 基坑回填粗砂及石粉，分层淋水夯实，上铺钢板，采用 D62 履带式柴油锤桩机施工；
2. 为避免回填后补桩与旧桩位相碰，同时便于基坑开挖后桩位复核，在回填前对旧桩进行准确测位记录；
3. 为减少补打桩对旧桩的挤压影响，回填前对旧桩芯顶一定深度内采用以 C30 混凝土填实，配 $5\phi16$ 钢筋笼，增大旧桩抗受挤压刚度；
4. 基坑回填前对基坑支护桩加砂包保护，以减少打桩震动对支护的影响，而且在补打桩过程中加强对支护桩的监测。</td><td colspan="2">处理后复查意见：
通过采取补桩方法处理基坑开挖后经检查新、旧桩及支护桩均未受影响，处理效果较好。</td></tr>
<tr><td colspan="2">事故调查组审批意见：
满足使用功能要求，达到《建筑地基基础工程施工质量验收规范》(GB 50202)规定。

审批人：×××
2007 年×月××日</td><td>建设单位
×××
2007 年×月××日</td><td>监理单位
×××
2007 年×月××日</td><td>设计单位、勘察单位
×××
2007 年×月××日</td><td>施工单位
×××
2007 年×月××日</td></tr>
</table>

注：此表由施工单位填制，一式七份，分别报当地建设主管部门、质量监督站、建设单位、设计单位、勘察单位、监理单位各一份，施工单位存留一份。

表 6-5　______单位(子单位)工程验收申请报告

编　号:E4

工程名称:××住宅小区工程　　顺序号:×

<table>
<tr><td>单位工程名称</td><td colspan="2">××住宅小区 2#住宅楼</td><td>工程地址</td><td>××市××区××路</td></tr>
<tr><td>建设单位</td><td colspan="2">×××建筑开发公司</td><td>建筑面积</td><td>×××××m^2</td></tr>
<tr><td>设计单位</td><td colspan="2">××建筑设计院</td><td>建筑层数</td><td>地上 6 层</td></tr>
<tr><td>监理单位</td><td colspan="2">××建设工程监理公司</td><td>结构类型</td><td>砖混</td></tr>
<tr><td>施工单位</td><td colspan="2">××市××家住工程公司</td><td>开／竣工日期</td><td>2008 年×月×日～
2009 年×月×日</td></tr>
<tr><td rowspan="11">竣工条件与自检情况</td><td colspan="3">项目内容</td><td>施工单位自检意见</td></tr>
<tr><td colspan="3">设计与合同约定的各项内容完成情况</td><td>均已完成</td></tr>
<tr><td colspan="3">工程施工资料的收集、整理、归档情况</td><td>均已完成</td></tr>
<tr><td colspan="3">工程所用的建筑材料、建筑构配件、商品混凝土和设备的进场试验报告</td><td>均已整理齐全</td></tr>
<tr><td colspan="3">涉及安全结构的试块、试件、施工检测资料及有关材料的试验报告</td><td>均已整理齐全</td></tr>
<tr><td colspan="3">地基基础、主体结构等主要分部(分项)工程质量验收报告的签字情况</td><td>均已签字，整理齐全</td></tr>
<tr><td colspan="3">建设行政主管部门、质量监督机构或其他有关部门责令整改问题的执行情况</td><td>均已按要求完成</td></tr>
<tr><td colspan="3">单位工程质量自检</td><td>均已自检合格</td></tr>
<tr><td colspan="3">工程质量保修书</td><td>已签订</td></tr>
<tr><td colspan="3">工程款支付情况</td><td>按合同规定正常支付</td></tr>
<tr><td colspan="5">经检验，该工程已完成设计及合同约定的各项内容，工程施工质量符合建设工程施工质量验收标准，并经自检合格，报请建设单位组织竣工验收。

工程施工项目经理:×××
施工企业技术负责人:×××
企业法定代表人:×××
（单位公章）
2009 年×月×日</td></tr>
<tr><td colspan="5">监理单位意见:
可以组织正式验收。

总监理工程师:×××　（单位公章）
2009 年×月×日</td></tr>
</table>

注:此表由工程项目经理部填报，一式五份，报建设单位、监理单位、设计单位、勘察单位各一份，施工单位存留一份。

表 6-6　建设工程竣工档案预验收意见

××市城档建字×××号

工程名称：××住宅小区建设工程　　　　　　　　　　　　　　　　编　号：E5

单位工程名称	××住宅小区 2#住宅楼	工程地址	××市××区 ××路××号	规划许可证号	×××
建设单位	××建筑开发公司	建筑面积	××××m²	施工许可证号	××××
设计单位	××建筑设计院	结构类型	砖混	建设单位 联系人	×××
监理单位	×××建设工程 监理公司	层数	地上 6 层	联系电话	029-××××××××
施工单位	××市××建筑 工程公司	计划竣工日期	2009 年×月×日	实际竣工日期	2009 年×月×日

工程竣工档案内容与编审意见

根据国务院《建设工程质量管理条例》和建设部《城市建设档案管理规定》，经审查，本工程竣工档案的基建文件、监理文件、施工文件及竣工图已基本收集齐全，可以满足竣工档案编制的要求。

建设单位已正式办理了竣工档案编制委托合同，并已经在城建档案馆路部门备案。

竣工档案应在 2009 年×月×日之前向城建档案管理部门移交。

建设单位：　　　　（公章） 负责人：××× 联系电话：　029-×××××××× 2009 年×月×日	城建档案馆预验收意见： 该工程的工程档案已具备竣工验收条件，可以进行工程竣工验收。 （公章） 验收人：××× 负责人：××× 2009 年×月×日

注：此表一式三份，一份留城市档案管理部门，一份交质量监督机构竣工备案，一份交建设单位。

表 6-7 ______单位(子单位)工程施工质量验收记录

编　号:E6

工程名称:××住宅小区工程　　　　顺序号:×

<table>
<tr><td rowspan="2">单位工程名称</td><td colspan="3" rowspan="2">××住宅小区4#住宅楼</td><td rowspan="2">结构类型</td><td rowspan="2">砖混</td><td>层数</td><td>地上16层</td></tr>
<tr><td>建筑面积</td><td>××km²</td></tr>
<tr><td>施工单位</td><td colspan="3">××市××建筑工程公司</td><td>技术负责人</td><td>×××</td><td>质量负责人</td><td>×××</td></tr>
<tr><td>项目经理</td><td>×××</td><td>项目技术负责人</td><td>×××</td><td>开工日期</td><td>2008年×月×日</td><td>竣工日期</td><td>2009年×月×日</td></tr>
<tr><td>序号</td><td colspan="2">项目</td><td colspan="3">验收记录</td><td colspan="2">验收结论</td></tr>
<tr><td>1</td><td colspan="2">分部工程</td><td colspan="3">共××分部工程,全部核查,全部符合质量标准及设计要求</td><td colspan="2">经对××各分部工程验收,全部工程质量全部符合验收标准</td></tr>
<tr><td>2</td><td colspan="2">质量控制资料核查</td><td colspan="3">共××项,全部审核,经核定,全部××项符合规定要求</td><td colspan="2">经核查,全部××项符合规范要求</td></tr>
<tr><td>3</td><td colspan="2">安全及主要使用功能核查及抽查记录</td><td colspan="3">共核查××项,全部××项符合要求,共抽查××项,全部××项符合要求,经返工处理符合要求0项</td><td colspan="2">核查××项,抽查××项,全部符合要求,均满足使用功能</td></tr>
<tr><td>4</td><td colspan="2">观感质量验收</td><td colspan="3">共抽查××项,符合要求××项,不符合要求0项</td><td colspan="2">观感质量验收评定为好</td></tr>
<tr><td>5</td><td colspan="7">综合验收结论:
经对本工程施工质量综合验收,各分项、分部工程全部符合设计要求,施工质量均满足有关质量验收规范和标准要求,单位工程竣工验收合格。</td></tr>
<tr><td rowspan="4">参加验收单位</td><td colspan="7">建设单位:　　　　(公章)
单位(项目)负责人:×××
2009年×月×日</td></tr>
<tr><td colspan="7">监理单位:　　　　(公章)
总监理工程师:×××
2009年×月×日</td></tr>
<tr><td colspan="7">设计(勘察)单位:　　　　(公章)
单位(项目)负责人:×××
2009年×月×日</td></tr>
<tr><td colspan="7">施工单位:　　　　(公章)
单位技术负责人:×××
2009年×月×日</td></tr>
</table>

注:此表由工程项目经理部填报,一式五份,建设单位、监理单位、设计单位、勘察单位各一份,施工单位存留一份。

表 6-8 ______单位(子单位)工程施工质量控制资料核查记录

编　号:E7

工程名称:××住宅小区工程　　　　顺序号:×

工程名称		××住宅小区 4#住宅楼	施工单位	××市××建筑工程公司	
序号	项目	资料名称	份数	核查意见	核查
1	建筑与结构	图纸会审、设计变更、洽商记录	×	资料齐全符合要求	×××
2		工程定位、测量放线记录	×	资料齐全符合要求	
3		原材料出场合格证书及进场检(试)验报告	××	资料齐全符合要求	
4		施工记录报告、见证检测报告	××	资料齐全符合要求	
5		隐蔽工程验收记录	××	资料齐全符合要求	
6		施工记录	××	资料齐全符合要求	
7		预制构件、预拌混凝土合格证	××	资料齐全符合要求	
8		地基基础、主体结构检验及抽样检测资料	××	资料齐全符合要求	
9		分项、分部工程质量验收记录	××	资料齐全符合要求	
10		工程质量事故及事故调查处理资料	×	资料齐全符合要求	
11		新材料、新工艺施工记录	××	资料齐全符合要求	
1	给排水与采暖	图纸会审、设计变更、洽商记录	××	资料齐全符合要求	×××
2		材料、配件、设备出场合格证书及进场检(试)验报告	××	资料齐全符合要求	
3		管道、设备强度试验和严密性试验	××	资料齐全符合要求	
4		隐蔽工程验收记录	×	资料齐全符合要求	
5		系统清洗、灌水、通水、通球实验记录	××	资料齐全符合要求	
6		施工记录	××	资料齐全符合要求	
7		分项、分部工程质量验收记录	××	资料齐全符合要求	
1	建筑电气	图纸会审、设计变更、洽商记录	××	资料齐全符合要求	×××
2		材料、配件、设备出场合格证书及进场检(试)验报告	×	资料齐全符合要求	
3		设备调试记录	××	资料齐全符合要求	
4		接地、绝缘电阻测试记录	××	资料齐全符合要求	
5		隐蔽工程验收记录	××	资料齐全符合要求	
6		施工记录	××	资料齐全符合要求	
7		分项、分部工程质量验收记录	××	资料齐全符合要求	
1	通风与空调	图纸会审、设计变更、洽商记录	××	资料齐全符合要求	×××
2		材料、配件、设备出场合格证书及进场检(试)验报告	×	资料齐全符合要求	
3		制冷、空调、水管道强度试验和严密性试验	××	资料齐全符合要求	
4		隐蔽工程验收记录	××	资料齐全符合要求	
5		制冷、通风、空调系统设备运行调试记录	××	资料齐全符合要求	
6		施工记录	××	资料齐全符合要求	
7		分项、分部工程质量验收记录	××	资料齐全符合要求	
1	电梯	图纸会审、设计变更、洽商记录	××	资料齐全符合要求	×××
2		设备出厂合格证及开箱检验记录	×	资料齐全符合要求	
3		隐蔽工程验收记录	××	资料齐全符合要求	
4		接地、绝缘电阻测试记录	××	资料齐全符合要求	
5		负荷试验、安全装置检查记录	××	资料齐全符合要求	
6		施工记录	××	资料齐全符合要求	
7		分项、分部工程质量验收记录	××	资料齐全符合要求	
1	建筑智能化	图纸会审、设计变更、洽商记录	××	资料齐全符合要求	×××
2		材料、配件、设备出场合格证书及进场检(试)验报告	×	资料齐全符合要求	
3		隐蔽工程验收记录	××	资料齐全符合要求	
4		系统功能测定及设备调试记录	××	资料齐全符合要求	
5		系统技术操作及维护手册	××	资料齐全符合要求	
6		系统管理、操作人员培训记录	××	资料齐全符合要求	
7		系统检测报告	××	资料齐全符合要求	
8		分项、分部工程质量验收记录	××	资料齐全符合要求	
结论:共核查××项,均符合要求。 施工单位项目经理:×××　2009年×月×日　　总监理工程师:×××　2009年×月×日					

表 6-9 ______单位(子单位)工程安全和功能检验资料及主要功能抽查核查记录

编 号:E8

工程名称:××住宅小区工程　　　　顺序号:×

工程名称		××住宅小区4#住宅楼	施工单位	××市××建筑工程公司		
序号	项目	资料名称	份数	核查意见	抽查结果	核查
1	建筑与结构	屋面雨后(或淋水)试验记录	×	试验记录齐全	合格	
2		墙体内表面潮湿、结露(霜)及霉变检查记录	×	检查记录齐全	合格	
3		地下室防水试验效果检查记录	××	检查记录齐全	合格	
4		有防水要求的地面蓄水试验记录	×	试验记录齐全	合格	
5		建筑物垂直度、标高、全高测量记录	×	测量记录齐全	合格	×××
6		抽气(风)道检查记录	×	符合要求	合格	
7		幕墙及外窗气密性、水密性、耐风压检测报告	××	符合要求	合格	
8		建筑物沉降观测记录	×	符合要求	合格	
9		节能、保温测试记录	×	符合要求	合格	
10		室内环境监测报告	×	符合要求	合格	
1	给排水与采暖	给水管道通水、清洗试验记录	××	记录齐全符合要求	合格	
2		暖气管道、散热器压力试验记录	××	记录齐全符合要求	合格	
3		卫生器具满水试验记录	××	记录齐全符合要求	合格	×××
4		消防管道压力试验记录	××	记录齐全符合要求	合格	
5		排水干管通球实验记录	××	记录齐全符合要求	合格	
1	电气	照明全负荷试验记录	×	记录齐全符合要求	合格	
2		大型灯具牢固性试验记录	×	记录齐全符合要求	合格	×××
3		避雷接地电阻测试记录	×	记录齐全符合要求	合格	
4		线路、插座、开关接地检验记录	××	记录齐全符合要求	合格	
1	通风与空调	通风、空调系统试运行记录	×	记录齐全符合要求	合格	
2		风量、温度测试记录	××	记录齐全符合要求	合格	×××
3		洁净室洁净度测试记录	×	记录齐全符合要求	合格	
4		制冷机组运行调试记录	×	调试运行正常	合格	
1	电梯	电梯运行记录	×	记录齐全符合要求	合格	×××
2		电梯安全装置检测记录	×	记录齐全符合要求	合格	
1	智能建筑	系统检测及运行记录	×	记录齐全符合要求	合格	×××
2		电源系统、防雷及接地系统检测报告	×	记录齐全符合要求	合格	
1	建筑燃气	燃气管道压力试验记录	×	记录齐全符合要求	合格	×××
2		燃气泄露报警装置测试记录	×	记录齐全符合要求	合格	

结论:

对本工程的安全和功能检验资料进行核查,符合要求。

对单位工程的主要功能进行抽查,抽查结果合格满足使用功能,同意竣工验收。

施工单位项目经理:×××　　　　总监理工程师(建设单位项目技术负责人):×××

2009年×月×日　　　　2009年×月×日

表 6-10 ______单位(子单位)工程施工观感质量检查评价记录

编　号:E9

工程名称:××住宅小区工程　　　　　　顺序号:×

工程名称		××住宅小区 4#住宅楼					施工单位			××市××建筑工程公司					
序号		项目	抽查质量情况										质量评价		
			1	2	3	4	5	6	7	8	9	10	好	一般	差
1	建筑与结构	室外墙面	√	√	√	√	√	√	√	√	√	√	√		
2		变形缝	√	√	√	√	√	√	√	√	√	√	√		
3		水落管、屋面	√	√	○	√	√	√	○	√	√	√		√	
4		室内墙面	√	√	√	√	√	√	√	√	√	√	√		
5		室内顶棚	√	√	√	√	√	√	√	√	√	√	√		
6		室内地面	√	√	√	√	√	√	√	√	√	√	√		
7		楼梯、踏步、护栏	○	√	√	√	√	√	√	○	√	√		√	
8		卫生间、厨房	√	√	√	√	√	√	√	√	√	√	√		
9															
1	给排水与采暖	管道接口、坡度、支架	√	√	√	√	√	√	√	√	√	√	√		
2		卫生器具、支架、阀门	√	√	√	√	√	√	√	√	√	√	√		
3		检查口、清扫口、地漏	√	√	√	√	√	√	√	√	√	√	√		
4		消火栓	√	√	√	√	√	√	√	√	√	√	√		
5															
1	建筑电气	配电箱、盘、板、接线盒	√	√	√	√	√	√	√	√	√	√	√		
2		设备器具、开关、插座	√	√	√	√	√	√	√	√	○	√	√		
3		防雷、接地	√	√	√	√	√	√	√	√	√	√	√		
4															
1	通风与空调	风管、支架	√	√	√	√	√	√	√	√	√	√	√		
2		风口、阀门	√	√	√	√	√	√	√	√	√	√	√		
3		风机、空调设备	√	√	√	○	√	√	√	○	√	√		√	
4		阀门、支架	√	√	√	√	√	√	√	√	√	√	√		
5		水泵、冷却塔	√	√	√	√	√	√	√	√	√	√	√		
6		绝热	√	√	√	√	√	√	√	√	√	√	√		
7															
1	电梯	运行、平层、开关门	√	√	√	√	√	√	√	√	√	√	√		
2		层门、信号系统	√	√	√	√	√	√	√	√	√	√	√		
3		机房	√	√	√	√	√	√	√	√	√	√	√		
4															
1	智能建筑	机房设备安装及布局	√	√	○	√	√	√	√	√	√	√	√		
2		现场设备安装	√	√	√	√	√	√	√	√	√	√	√		
观感质量综合评价			好												
检查结论	观感质量综合评价为“好”,验收合格。 施工单位项目经理:××× 2009年×月×日 总监理工程师:××× (建设单位项目技术负责人) 2009年×月×日														

6.3　工程竣工总结(例文略)

工程竣工，一般应由建设单位牵头，组织有关单位编写工程竣工总结。工程竣工总结分为综合性或专题性的总结。工程竣工总结一般应包含三个方面的内容。

其一，工程管理工作的总结。应根据工程的特点与难点，着重总结项目质量、现场施工、合同履行、成本控制、综合管理等方面的做法。

其二，工程技术工作方面的总结。总结技术管理的措施，施工技术方案。还应包括工程采用的新技术、新工艺、新材料等方面的成绩。

其三，本工程施工的经验与教训总结。

6.4　房屋工程质量保修书(例文略)

《房屋工程质量保修书》是由建设单位和施工单位签署的对建设工程(新建、改建、扩建及装修工程)竣工验收后，在保修期内出现的质量缺陷(工程质量不符合工程建设强制性标准及合同的约定)，予以修复的约定。

根据《建设工程质量管理条例》和《房屋建筑工程质量管理办法》的规定，为保护建设单位、施工单位、房屋建筑所有人、使用人的合法权益，维护公共安全和公众利益，建设单位应和施工单位签署《房屋工程质量保修书》。

第7章 建筑工程资料管理概述

教学目的

本章主要介绍建筑工程资料管理的意义、建筑工程资料管理的职责、建筑工程资料的管理的密级及期限。通过本章的学习，应达到以下目的：

1. 正确认识建筑工程资料管理的意义与作用；
2. 理解建筑工程资料的管理的密级及期限要求；
3. 明确建筑工程参建各方资料管理的职责。

能力要求

1. 掌握资料员岗位的基本职责；
2. 掌握建筑工程资料管理的基本程序。

7.1 建筑工程资料管理的意义与作用

1. 建筑工程资料管理的意义

建筑物和建筑工程资料都是工程建设项目竣工后的成果，建筑物是看得见、摸得着的有形实体，只能从外观上进行评价，其内在施工质量和质量管理实施情况只能通过清楚、齐全、规范的技术资料来证实。所以，衡量每一建筑工程项目是否达到竣工验收的要求，最基本的条件是：①建筑物实体施工达到验收条件；②施工过程的质量、技术、管理资料达到验收条件，二者缺一不可。

建筑工程施工过程不但要形成真实、准确、规范、时效的技术文件，更需要规范的管理，才能充分发挥资料的作用。

任何一个工程项目，不合格的工程技术资料，都对导致对工程施工质量的质疑，甚至否决，所以，做好建筑工程技术资料的管理具有重要的意义。

2. 建筑工程资料管理的作用

(1) 一份完整、真实、规范的工程资料是工程竣工验收的必须具备的条件之一，是工程施工过程的施工质量和质量管理情况的证实依据；

(2) 工程竣工移交后，工程资料将对使用单位使用过程的检查、维护及以后的改、扩建提供可靠的依据；

(3) 工程资料移交城建档案馆后，档案资料是城市建设管理的重要依据；

(4) 建设工程文件资料市建设单位建设过程的重要管理依据。

3. 建设工程资料管理的相关概念

(1) 建筑工程资料

建筑工程资料是指参建各方在工程建设活动中，直接形成的文字、图、表、声、像等各种形式的历史记录。

(2) 建筑工程资料的收集

建筑工程资料的收集是指对建设过程所形成的资料进行收缴、归纳、整理的过程。

(3) 组卷(立卷)

组卷是指按一定的原则和方法，将收集到的资料分门别类整理成卷的过程。

(4) 归档

归档是指将整理立卷后的工程文件按规定移交给档案管理部门的过程。

7.2　建筑工程资料保管的期限与密级

1. 工程资料的保管期限

(1) 永久保管：是指工程档案需永久保存。

(2) 长期保管：是指工程档案的保存期限等于该工程的使用寿命。

(3) 短期保管：是指工程档案保存期在 20 年以下。

如果在同一案卷内，同时存在有不同保管期限的文件和资料时，则该案卷保管期限应以保管期限较长的为准。工程档案的保期限参见表 2-1。

2. 工程资料保管密级的划分

工程资料保管的密级可划分为绝密、机密、秘密三种。如果在同一案卷内有不同密级的文件，则应以其中最高的密级作为该卷的密级。

7.3　建筑工程资料管理的职责

国家规定：参与工程建设的建设、勘察、设计、监理和施工等单位均负有工程资料管理的责任。这些管理职责对参与建设各方来说，有些是相同的、一致的，即为通用职责，有些是参与建设的某一方所特有的职责。参建各方应当认真履行通用职责和自己的职责。

1. 通用职责

(1) 工程资料的形成应符合国家相关的法律、法规、技术规范、质量验收标准、工程合同约定和设计文件等规定。

(2) 工程各参建单位应将工程资料的形成和积累纳入工程建设管理的各个环节和全过程。建设、监理、施工单位应各自负责本单位的工程资料的管理工作，并应明确相关人员的职责。

(3) 工程资料应随工程进度同步收集、整理，并按规定进行移交。资料组卷与资料份数应符合规定。

(4) 工程资料应实行分级管理，参建各方单位主管技术负责人负责本单位工程资料的全过程管理工作。建设过程中工程资料的收集、整理和审核工作的责任人，应具备相应的岗位资格。

(5) 工程各参建单位应确保各自所形成资料的真实性、有效性、完整性。对工程资料进行涂改、伪造，或发生损毁、丢失等现象，应按有关规定对相关责任人予以处罚，情节严重的，应依法追究法律责任。

(6) 重要工程资料应保持其页码、内容的连续性，不准随意撕扯、更换。资料的原始记录均应为真实的原始现场记录，不准再次抄录。当工程资料中有需要修改的内容时，应采取“杠改”的方式修改，“杠改”部分要清晰可辨，并注明更改原因，在修改位置旁由修改人本人签名承担责任。

2. 参建各单位职责

(1) 建设单位职责

① 主要负责工程准备及验收阶段资料的管理工作，并设专人对这些资料进行收集、整理和归档。

② 在工程招标及与参建各方签订合同或协议时，应对工程资料和工程档案的编制责任、套数、费用、质量和移交期限等提出明确要求。

③ 向参与工程建设的勘察、设计、施工、监理等单位提供与建设工程有关的资料。由建设单位负责采购的建筑材料、构配件和设备等物资，应保证其符合设计文件和合同要求，并提供完整、真实和有效的物资文件。

④ 负责监督和检查各参建单位工程资料的形成、积累和立卷工作，负责组织竣工图的绘制工作，该两项工作也可委托监理单位、施工单位或设计单位实施。

⑤ 对需建设单位签认的工程资料管理问题签署意见。

⑥ 收集和汇总勘察、设计、监理和施工等单位立卷后的归档档案。

⑦ 工程开工前，与城建档案馆签订《建设工程竣工档案责任书》，工程竣工验收前，应提请城建档案馆对工程档案进行预验收，未取得《建设工程竣工档案预验收意见》的，不得组织工程竣工验收。

⑧ 在工程竣工验收后3个月内将1套完整的工程档案移交城建档案馆。

(2) 勘察、设计单位职责

① 按合同和规范要求及时提供勘察、设计文件，包括工程洽商记录和设计变更记录。

② 对需由勘察、设计单位签认的工程资料，应及时签署意见。

③ 按照有关规定参加工程竣工验收，并出具工程质量检查报告。

(3) 监理单位职责

① 负责监理资料的管理工作，并设专人对监理资料进行收集、整理、组卷和归档。

② 按照合同约定，在勘察、设计阶段，对勘察、设计文件的形成、积累、组卷和归档进行监督、检查；在施工阶段，应对施工资料的形成、积累、组卷和归档进行监督、检查，使工程资料的完整性、准确性符合有关规定。

③ 对需由监理单位出具或签认的工程资料，应及时办理。

④ 列入城建档案馆接收范围的监理资料，监理单位应在工程竣工验收后两个月内移交建设单位。

(4) 施工单位职责

① 负责施工资料的管理工作,实行技术负责人负责制,逐级建立、健全施工资料管理岗位责任制。

② 分包单位应负责其分包范围内施工资料的收集和整理,并对施工资料的真实性、完整性和有效性负责,总包单位负责汇总各分包单位施工资料的编制和管理。

③ 在工程竣工验收前,完成工程的施工资料整理、汇总工作,并移交建设单位,提请城市建设档案馆进行预验收。

④ 负责施工资料的编制,一般不少于两套,一套自行保存,另一套移交建设单位。

3. 资料员的基本要求和工作职责

(1) 资料员的基本要求

① 有认真、负责的工作态度。

② 了解建设工程项目的工程概况,熟悉本工程的施工图、施工基础知识、施工技术规范、施工质量验收规范、建筑材料的技术性能、质量要求及使用方法、有关政策、法规和地方性法规、条文等。

③ 了解并掌握施工管理的全过程,了解并掌握各项资料产生的时间。

④ 学会处理好以下工作关系:

- 处理好与项目经理之间的责任承包关系;
- 处理好与技术负责人之间的业务直接领导与被领导的关系;
- 处理好与技术员、施工员、材料员、质检员、安全员、造价员等之间的协同工作关系;
- 处理好与工程项目经理部及公司主管部门之间的局部与整体之间的关系;
- 处理好与勘察单位、设计单位之间的业务往来关系;
- 处理好与监理单位之间的监理与被监理的关系;
- 处理好与城建档案管理部门之间的监督、指导与被监督、指导的关系。

(2) 资料员的工作职责

① 熟练掌握档案资料工作的业务知识,包括以下内容:

- 国家、地区、上级单位有关档案、资料管理的法规、条例、规定等;
- 资料的收集、整理、归档;
- 报送建设单位归档资料;
- 施工单位归档资料;
- 报送城建档案馆(室)归档资料。

② 遵循资料收集和管理的基本原则。

- 参与的原则:工程资料管理必须纳入项目管理的程序中,资料员应参加生产协调会、项目管理人员工作会等,及时掌握施工管理信息,便于对资料管理、监控。
- 同步的原则:工程资料的收集必须与实际施工进度同步。
- 否定的原则:对分包单位应提供的施工技术资料严格把关,对所提供资料不符合规定要求的,不予结算工程款。

③ 规范资料的保管的过程。

- 分类整理:按质量验收记录、工程质量控制资料核查记录、施工技术管理资料、工程安全功能检验资料核查和主要功能检查资料等划分，同类资料按产生时间的先后排列。

- 固定存放：根据施工现场实际条件，配备必要的箱柜存放资料，并注意做到防火、防蛀、防霉。
- 借阅手续：资料的借阅必须建立一定的借阅制度，并按制度办理借阅手续。
- 按规定移交、归档：项目通过竣工验收前、后，按规定将资料分别移交给公司、建设单位和城建档案管理部门。

4. 档案员的工作内容

资料员在不同施工阶段有不同的工作内容。

(1) 施工前期阶段

① 熟悉建设项目的有关资料和施工图。

② 协助编制施工组织设计(施工技术方案)，并填写施工组织设计(方案)报审表，报现场监理机构审批。

③ 填报开工报告和工程开工报审表，填写开工通知单。

④ 协助编制各工种的技术交底材料。

⑤ 协助制定各种规章制度。

(2) 施工阶段

① 及时搜集整理进场的工程材料、构配件、成品、半成品和设备的质量保证资料及质量证明书、生产许可证、准用证、交易证，填报工程材料、构配件、设备报审表，报监理工程师审批。

② 与施工进度同步，做好隐蔽工程验收记录及检验批质量验收记录的报审工作。

③ 及时整理施工试验记录和测试记录。

④ 阶段性的协助整理施工日记。

(3) 竣工验收阶段

① 工程竣工资料组卷。内容包括：

- 单位(子单位)工程质量验收记录；
- 单位(子单位)工程质量控制资料核查记录；
- 单位(子单位)工程安全与功能检验资料核查及主要功能抽查记录；
- 单位(子单位)工程观感质量验收记录。

② 整理归档资料(提交城建档案馆)。内容包括：

- 施工技术准备文件；
- 工程图纸变更记录；
- 地基处理记录；
- 施工材料预制构件质量证明文件及复试试验报告；
- 施工试验记录；
- 施工记录；
- 隐蔽工程检查记录；
- 工程质量事故处理记录等。

第8章 建筑工程资料的归档整理

教学目的

本章主要介绍建筑工程资料的归档范围及整理要求；建筑工程资料的组卷要求和归档，通过本章的学习，应达到以下目的：

1. 掌握建筑工程资料的编制范围和质量要求；
2. 熟悉建筑工程资料的组卷规定；
3. 明确建筑工程资料的归档范围。

能力要求

会按照规范规定进行建筑工程资料的组卷整理、移交、归档工作。

8.1 建筑工程资料的归档范围与质量要求

1. 建筑工程资料归档的概念

建筑工程技术资料的归档是指工程技术资料的形成单位，在完成工作任务后，将形成的资料整理、立卷，按规定移交档案管理机构的整个过程。归档包括两方面的含义：

一是建设、勘察、设计、施工、监理等单位将本单位在工程建设过程中形成的资料向本单位档案管理机构移交；

二是勘察、设计、施工、监理等单位将本单位在工程建设过程中形成的资料向建设单位移交，由建设单位向当地城建档案管理机构移交。

2. 建筑工程资料归档的范围

与工程建设有关的重要活动记录；工程建设主要过程和现状的记载、具有保存价值的各种载体的文件，均应收集齐全、整理立卷后向相应的部门归档。

3. 归档文件的质量要求

(1) 归档的工程文件应为原件。因各种原因不能使用原件的，应在复印件上加盖单位公章，注明原件存放处，并有经办人签字及时间；

(2) 工程文件的内容及其深度必须符合国家有关工程勘察、设计、施工、监理等方面的技术规范、标准和规程；

(3) 工程文件的内容必须真实、准确，与工程实际相符合；

(4) 工程文件应采用耐久性强的书写材料（如碳素墨水、蓝黑墨水），不得使用易褪色的书写材料（如红色墨水、纯蓝墨水、圆珠笔、复写纸、铅笔等）；

(5) 工程文件应字迹清楚、图样清晰、图表整洁、签字盖章手续完备；

(6) 工程文件中文字材料的幅面尺寸规格宜为 A4 幅面（297 mm×210 mm），图纸宜采用国家标准图幅，并折叠成 A4 幅面（297 mm×210 mm），图标栏露在外面；

(7) 工程文件的纸张应采用能够长期保存的韧力大、耐久性强的纸张，图纸一般采用蓝图。竣工图应是新蓝图，计算机出图必须清晰，不得使用计算机出图的复印件；

(8) 所有竣工图均应加盖竣工图章，并使用不易褪色的红印泥，盖在图标栏上方空白处；

(9) 利用施工图改绘竣工图，必须标明变更修改依据，凡施工图结构、工艺、平面布置等有重大改变，或变更部分超过图面 1/3 的，应当重新绘制竣工图。

4. 文件归档时间的规定

(1) 根据建设程序和工程特点，归档可以分阶段、分期进行，也可以在单位或分部工程通过竣工验收后进行；

(2) 勘察、设计单位应当在合同约定任务完成时，施工、监理单位应当在工程竣工验收前，将各自形成的有关工程档案向建设单位归档移交；

(3) 勘察、设计、施工单位在向建设单位移交工程档案时，必须按有关规定进行整理立卷，编制移交清单，双方签字盖章后方可交接；

(4) 凡设计、施工及监理单位需要向本单位归档的文件，应按国家有关规定和规范的要求单独立卷归档。

8.2 建筑工程资料组卷的原则要求及方法

1. 组卷的概念

组卷又称立卷，是指按一定的原则和方法，将有保存价值的资料进行详细核对、系统整理、编制目录后装订成案卷的过程。

2. 组卷的基本原则

(1) 一个建设工程由多个单位工程组成时，工程文件应按单位工程组卷；

(2) 卷内资料的顺序应遵循工程文件的自然形成规律，保持卷内文件的有机联系，便于档案的保管和查询；

(3) 案卷内不应有重份文件，不同载体的文件一般应分别组卷；

(4) 文字材料按事项、专业顺序排列，同一事项的请示与批复、同一文件的印本与定稿、主件与附件不能分开，并按批复在前、请示在后，印本在前、定稿在后，主件在前、附件在后的顺序排列；

(5) 图纸按专业排列整理，同专业图纸按图号顺序排列；

(6) 既有文字材料又有图纸的案卷,文字材料排前,图纸排后。

3. 组卷的要求

(1) 案卷不宜过厚,一般不超过40 mm;

(2) 工程资料应根据不同的收集和整理单位及资料类别进行整理,大类可按建设单位资料、监理单位资料、施工单位资料、竣工图及竣工验收文件5部分分别进行组卷;

(3) 卷内项目排列一般顺序为封面、目录、资料部分、备考表和封底。卷内资料部分应按小类顺序排列,同一小类的资料应按资料形成的时间顺序排列。

4. 资料组卷的方法

(1) 工程准备阶段文件可按建设程序、专业、形成单位等组卷;

(2) 监理文件可按单位工程、分部工程、专业、阶段等组卷;

(3) 施工文件可按单位工程、分部工程、专业、阶段等组卷;

(4) 竣工图可按单位工程、专业等组卷;

(5) 竣工验收文件可按单位工程、专业等组卷;

(6) 各类资料均可以根据类别和数量的多少组成一卷或多卷。

8.3 建筑工程资料组卷的顺序

1. 建设单位资料组卷的顺序

建设单位资料组卷的顺序可参考表2-1组成一卷或多卷,如工程资料较多,可以考虑按照A1～A4单独组卷。

2. 监理单位资料组卷顺序

监理单位资料组卷的顺序可参考表2-1组成一卷或多卷,如工程资料较多,可以考虑按照B1～B4单独组卷。

3. 施工单位资料组卷顺序

(1) 施工单位资料一般较多,组卷顺序应首先按单位(子单位)工程、分部工程、系统来分别组卷,每卷再按照资料类别从C1～C8排序,依据资料的多少组成一卷或多卷。

(2) 对于施工工艺复杂、专业化程度较高的工程,通常由专业分包单位对于子分部(分项)工程进行单独组卷。可进行单独组卷的子分部(分项)工程见表8-1。

实际上,可进行单独组卷的子分部(分项)工程都是专业性较强的、可进行核心能力外包的子分部(分项)工程。可单独组卷不一定非得单独组卷。

可单独组卷的子分部(分项)工程卷内资料应按照表2-1中C2～C8顺序排列,根据资料的多少组成一卷或多卷。

(3) 施工单位资料卷一般组成11分册,每分册可以是一卷或多卷。施工单位资料卷内资料排列顺序及内容(见表8-2～表8-12)。

表 8-1　可单独组卷的子分部(分项)工程一览表

序号	单位工程	可单独组卷的子分部(分项)工程	备注
1	地基基础工程	基坑工程	
		桩基工程	
		预应力混凝土工程	
		钢结构工程	
2	主体结构工程	预应力混凝土工程	
		钢结构与工程	
		木结构工程	
		网架和索膜工程	
3	建筑装饰工程	幕墙工程	
4	建筑屋面工程	玻璃屋面工程	
5	建筑给排水及采暖工程	供热锅炉及辅助设备	
		纯净水工程	
		建筑中水工程	
6	建筑电气工程	变配电室	
7	智能化建筑工程	通信网络系统	
		信息网络系统	
		建筑设备监控系统	
		火灾报警及消防联动系统	
		安全防范系统	
		综合布线系统	
		建筑环境工程	

表 8-2　第一分册:建筑与结构工程资料

序号	资料名称	序号	资料名称
施工管理资料			
1	施工现场质量管理检查记录	2	建设工程特殊工种上岗证审查表
3	施工日志	4	工程开/复工报审表
施工技术资料			
1	单位工程施工组织设计	2	专项施工方案
3	专项施工方案专家论证审查报告	4	设计交底记录
5	技术、质量交底记录	6	设计变更通知单
7	图纸会审记录	8	技术联系(通知)单
9	工程洽商记录		

续 表

序号	资料名称	序号	资料名称
施工物资资料			
1	出厂质量证明文件		
各种材料、构件、半成品、成品合格证		质量证明文件	
钢材性能检验报告		钢筋机械连接型式检验报告	
水泥性能检验报告		砂、石性能检验报告	
外加剂性能检验报告		掺合料性能检验报告	
防水涂料性能检验报告		防水卷材性能检验报告	
砖（砌块）性能检验报告		轻集料性能检验报告	
保温材料的外墙外保温系统耐候性检验报告		胶粉 EPS 颗粒保温浆料外墙外保温系统抗拉强度检验报告	
EPS 板现浇混凝土外墙外保温系统粘结强度检验报告		保温材料的外墙外保温系统抗风荷载性能、抗冲击性、吸水量、耐冻融性、热阻、抹面层不透水性、保护层水蒸气渗透阻检验报告	
外墙外保温系统组成材料性能检验报告		门、窗性能检验报告	
吊顶材料性能检验报告		饰面板材性能检验报告	
饰面石材性能检验报告		饰面砖性能检验报告	
轻质隔墙材料性能检验报告		涂料性能检验报告	
玻璃性能检验报告		壁纸、墙布防火、阻燃性能检验报告	
装修用胶黏剂性能检验报告		隔声/隔热/阻燃/防潮材料特殊性能检验报告	
木结构材料检验报告		材料污染物含量检验报告	
预拌混凝土出厂合格证等			
2	试验报告		
钢材物理性能试验报告		钢材化学分析试验报告	
水泥试验报告		砂试验报告	
碎（卵）石试验报告		混凝土早强、减水类外加剂试验报告	
混凝土引气剂试验报告		混凝土缓凝剂试验报告	
混凝土泵送剂试验报告		砂浆防水剂试验报告	
混凝土减水剂试验报告		混凝土防冻剂试验报告	
混凝土膨胀剂试验报告		混凝土速凝剂试验报告	
砌筑砂浆增塑剂试验报告		掺合料试验报告	
轻骨料试验报告		烧结普通砖试验报告	
烧结空心砖、空心砌砖、烧结多孔砖试验报告		粉煤灰砖试验报告	
蒸压灰砂砖、蒸压灰砂空心砖试验报告		粉煤灰砌块试验报告	
轻骨料混凝土小型空心砌块试验报告		普通混凝土小型空心砌块试验报告	
木结构材料试验报告		膨胀珍珠岩试验报告	
聚苯乙烯泡沫塑料		胶粉 EPS 颗粒浆料试验报告	
苯板胶黏剂性能试验报告		耐碱玻璃纤维网格布试验报告	
门窗力学性能试验报告		门窗物理性能试验报告	
门窗保温性能试验报告		密封材料试验报告	
外墙涂料试验报告		合成树脂乳液内墙涂料试验报告	
水溶性内墙涂料试验报告		外墙饰面砖试验报告	
防水涂料试验报告		防水卷材试验报告	
装饰装修材料有害物质试验报告			

续表

序号	资料名称	序号	资料名称
施工测量记录			
1	工程定位测量记录	2	基槽（孔）验线记录
3	楼层平面放线记录	4	楼层标高抄测记录
5	建筑物垂直度、标高、全高测量记录	6	建筑物沉降观测测量记录
施工记录			
1	地基验槽（孔）记录	2	地基处理记录
3	预拌混凝土运输交接记录	4	混凝土开盘鉴定
5	混凝土工程施工记录	6	混凝土拆模申请批准单
7	混凝土养护测温记录	8	大体积混凝土养护测温记录
9	混凝土结构同条件养护试件测温记录	10	构件安装记录
11	焊接材料烘焙记录	12	木结构施工记录
13	涂料施工记录		
隐蔽工程检查验收记录			
1	地基验槽记录	2	地基处理复检记录
3	基础、主体钢筋绑扎、焊接工程验收记录	4	现场结构焊接验收记录
5	屋面防水层下各层细部做法验收记录	6	厕浴间防水层下各层细部做法等验收记录
施工检测资料			
1	锚固抗拔承载力检测报告	2	地基平板载荷试验报告
3	土工击实试验报告	4	回填土密实检测报告
5	钢筋（材）焊接接头物理性能检测报告	6	钢筋机械连接接头抗拉强度检验报告
7	砂浆配合比试验报告	8	砂浆抗压强度检测报告
9	灌入法砂浆抗压强度检测报告	10	地下工程防水效果检验记录
11	防水工程淋（蓄）水检验记录	12	通风（烟）道检查记录
13	墙体传热系数检测报告	14	室内环境污染物检测委托单
15	室内环境污染物检测报告		
检验批、分项工程、分部（子分部）工程施工质量验收记录			
1	地基与基础分部工程质量验收记录	2	地基与基础分部中分项工程质量验收记录
3	主体结构分部工程质量验收记	4	主体结构分部中分项工程质量验收记录
5	建筑装饰装修分部工程质量验收记录	6	建筑装饰装修分部各分项工程质量验收记录
7	建筑屋面分部工程质量验收记录	8	建筑屋面分部各分项工程质量验收记录
9	结构实体检验记录		

表 8-3　第二分册：基坑工程施工资料

序号	资料名称	序号	资料名称
施工技术资料			
1	单位工程施工组织设计	2	专项施工方案
3	专项施工方案专家论证审查报告	4	设计交底记录
5	技术、质量交底记录	6	图纸会审记录
7	设计变更通知单	8	工程洽商记录
9	技术联系（通知）单		
施工物资资料			
1	出厂质量证明文件	2	试验报告
施工测量记录			
1	施工放线测量报验表		
施工记录			
1	支护结构施工记录	2	降水与排水施工记录
隐蔽工程检查验收记录			
施工检测资料			
1	基坑支护变形监测记录，附：基坑平面示意图	2	锚固抗拔承载力检测报告
3	基坑支护工程施工检测记录	4	基坑支护工程用锚杆、土钉锁定力抽样检测
检验批、分项工程、分部（子分部）工程施工质量验收记录			

表 8-4　第三分册：桩基工程施工资料

序号	资料名称	序号	资料名称
施工技术资料			
1	单位工程施工组织设计	2	专项施工方案
3	专项施工方案专家论证审查报告	4	技术、质量交底记录
5	设计交底记录	6	图纸会审记录
7	设计变更通知单	8	工程洽商记录
9	技术联系（通知）单		
施工物资资料			
1	出厂质量证明文件	2	试验报告
施工测量记录			
1	施工测量放线报验表等		
施工记录			
1	混凝土灌注桩施工记录	2	钻孔后压浆混凝土灌注桩施工记录
3	钻孔后压浆灌注桩施工记录	4	振动沉管灌注桩施工记录
5	混凝土预制桩打桩施工记录	6	静力压桩施工记录等
隐蔽工程检查验收记录			
施工检测资料			
1	基桩检测报告	2	桩基工程其他检测项目
检验批、分项工程、分部（子分部）工程施工质量验收记录			

表 8-5　第四分册:预应力工程施工资料

序号	资料名称	序号	资料名称
施工技术资料			
1	单位工程施工组织设计	2	专项施工方案
3	专项施工方案专家论证审查报告	4	技术、质量交底记录
5	设计交底记录	6	设计变更通知单
7	图纸会审记录	8	技术联系(通知)单
9	工程洽商记录		
施工物资资料			
1	预应力钢筋性能检验报告	2	预应力筋、锚(夹)具和连接器、水泥、外加剂出厂质量证明文件
3	预应力筋孔道用螺旋管出厂质量证明文件	4	预应力锚具、夹具和连续器性能检验报告等
5	预应力钢筋力学性能试验报告	6	孔道灌浆用水泥及外加剂试验报告
施工测量记录			
施工记录			
1	预应力钢筋固定、张拉端施工记录	3	预应力钢筋张拉记录
2	预应力钢筋封锚记录	4	有黏结力预应力孔道灌浆记录
隐蔽工程检查验收记录			
施工检测资料			
1	砂浆抗压强度检测报告		
检验批、分项工程、分部(子分部)工程施工质量验收记录			

表 8-6　第五分册:钢结构工程施工资料

序号	资料名称	序号	资料名称
施工技术资料			
1	单位工程施工组织设计	2	专项施工方案
3	专项施工方案专家论证审查报告	4	技术、质量交底记录
5	设计交底记录	6	图纸会审记录
7	设计变更通知单	8	工程洽商记录
9	技术联系(通知)单		
施工物资资料			
1	钢材钢构件性能检验报告	2	钢材化学分析检验报告
3	焊接材料检验报告	4	连接用紧固标准件性能检验报告
5	高强度六角头螺栓连接副紧固力抽检验报告	6	扭剪型高强度螺栓连接副紧固轴力检验报告
7	焊接球及制造焊接球所采用的原材料性能检验报告	8	螺栓球及制造螺栓球节点采用的原材料性能检验报告
9	封板、锥头和套筒及其原材料性能检验报告	10	金属压型板及原材料检验报告
11	涂装材料性能检验报告	12	防火涂料性能检验报告
13	钢结构用其他材料性能检验报告	14	钢结构用钢材力学性能试验报告
15	钢结构用钢材化学分析试验报告	16	钢结构涂料试验报告
17	高强度大六角头螺栓连接副扭矩系数试验报告	18	扭剪型高强度螺栓连接副紧固轴力试验报告
19	焊接材料试验报告	20	螺栓实物最小载荷试验报告等
施工测量记录			
施工记录			
1	焊材烘焙记录	2	钢结构防腐(火)涂料施工记录
3	钢结构制作记录	4	钢结构安装记录
5	钢结构焊接记录	6	保温、保护层施工记录等
隐蔽工程检查验收记录			
施工检测资料			
1	钢结构工程焊接检测报告封皮	2	焊接探伤示意图
3	超声波探伤检测报告	4	焊接X射线探伤检测报告
5	磁粉探伤检测报告	6	网架节点承载力检测报告
7	抗滑移系数检测报告等		
检验批、分项工程、分部(子分部)工程施工质量验收记录			

表 8-7　第六分册:幕墙工程施工资料

序号	资料名称	序号	资料名称
施工技术资料			
1	单位工程施工组织设计	2	专项施工方案
3	专项施工方案专家论证审查报告	4	技术、质量交底记录
5	设计交底记录	6	图纸会审记录
7	设计变更通知单	8	工程洽商记录
9	技术联系（通知)单等		
施工物资资料			
1	幕墙用铝塑板检验报告（三性试验）	2	幕墙用硅酮结构胶检验报告
3	铝型材涂膜厚度检验报告	4	幕墙用玻璃性能检验报告及 3C 认证书
5	幕墙用石材性能检验报告	6	幕墙用金属板检验报告
7	防火材料防火性能检验报告等	8	幕墙用铝塑板试验报告
9	幕墙用石材试验报告	10	幕墙用安全玻璃试验报告
11	硅酮结构密封胶物理力学性能试验报告	12	幕墙用硅酮结构胶密封性能试验报告
施工测量记录			
施工记录			
1	幕墙注胶施工记录		
隐蔽工程检查验收记录			
施工检测资料			
1	锚固抗拔承载力检测报告	2	幕墙气密性、耐风压性能检测报告
3	幕墙平面变形性能检测报告	4	幕墙淋水检测记录
检验批、分项工程、分部（子分部)工程施工质量验收记录			

表 8-8　第七分册:建筑给排水及采暖工程施工资料

序号	资料名称	序号	资料名称
施工技术资料			
1	单位工程施工组织设计	2	专项施工方案
3	专项施工方案专家论证审查报告	4	技术、质量交底记录
5	设计交底记录	6	图纸会审记录
7	设计变更通钮单	8	工程洽商记录
9	技术联系（通知)单		
施工物资资料			
1	各类管材、备件等产品质量证明文	2	设备、配件及器具等质量合格证
3	设备、配件及器具等安装说明书	4	特定设备及材料的检验报告
5	安全阀、减压阀的调试报告	6	锅炉、承压设备焊缝无损探伤检测报告
7	给水管道材料卫生检验报告	8	水表和热量表计量检定证书
9	绝热材料产品质量合格证和性能检验报告	10	阀门、水嘴压力试验报告
11	散热器压力试验报告		
施工测量记录			
施工记录			
1	补偿器安装记录	2	伸缩器安装及预拉伸记录
3	设备精平、找正记录	4	风机、水泵安装记录

续表

序号	资料名称	序号	资料名称
隐蔽工程检查验收记录			
1	直埋于地下或结构中和暗敷设于沟槽、管井及进入吊顶内的给水、排水、雨水、采暖、消防管道和相关设备的检查验收记录	2	有绝热、防腐要求的给水、排水、采暖、消防、喷淋管道和相关设备的检查验收记录
3	有防水要求的套管检查验收记录	4	埋地的采暖、热水管道检查验收记录
5	保温层、保护层的检查验收记录	6	地面辐射采暖检查验收记录
施工检测资料			
1	设备及管道附件检测记录	2	灌水、满水检测记录
3	管道与设备强度、严密性试验记录	4	通水检测记录
5	管道冲洗、吹扫、脱脂检测记录	6	室内排水管道通球检测记录
7	室内消火栓试射记录	8	生活用水卫生检测报告
9	安全附件安装检测记录	10	锅炉烘炉记录
11	锅炉煮炉记录	12	锅炉试运行记录
13	安全阀调试记录等		
检验批、分项工程、分部（子分部）工程施工质量验收记录			
1	建筑给水、排水及采暖分部工程质量验收记录	2	建筑给水、排水及采暖分部各分项工程质量验收记录

表 8-9　第八分册：通风空调工程施工资料

序号	资料名称	序号	资料名称
施工技术资料			
1	单位工程施工组织设计	2	专项施工方案
3	专项施工方案专家论证审查报告	4	技术、质量交底记录
5	设计交底记录	6	图纸会审记录
7	设计变更通知单	8	工程洽商记录
9	技术联系（通知）单		
施工物资资料			
1	各种设备、配件及器具质量证明文件	2	绝热材料产品质量合格证和性能检验报告
3	各类板材、管材出厂质量证明文件	4	各类板材、管材性能检验报告
5	压力表、温度计、湿度计、流量计、水位计等产品的合格证和检测报告等	6	阀门的压力试验报告
施工测量记录			
施工记录			
1	设备精平、找正记录	2	风机、水泵安装记录等
隐蔽工程检查验收记录			
1	敷设于竖井内的风道（包括各类附件、部件、设备等）的检查验收记录	2	有绝热、防腐要求的风管、空调水管及设备的检查验收记录等
施工检测资料			
1	风管漏光检测记录	2	风管漏风检测记录
3	除尘器、空调机漏风检测记录	4	室内风量、温度检测记录
5	风管风量平衡检测记录	6	制冷系统气密性检测记录
7	净化空调系统检测记录	8	防、排烟系统联合试运行记录
检验批、分项工程、分部（子分部）工程施工质量验收记录			
1	通风与空调分部工程质量验收记录	2	通风与空调分部各份项工程质量验收记录

表 8-10　第九分册:建筑电气工程施工资料

序号	资料名称	序号	资料名称
施工技术资料			
1	单位工程施工组织设计	2	专项施工方案
3	专项施工方案专家论证审查报告	4	技术、质量交底记录
5	设计交底记录	6	图纸会审记录
7	设计变更通知单	8	工程洽商记录
9	技术联系（通知)单		
施工物资资料			
1	低压成套配电柜、动力、照明配电箱（盘、柜）出厂合格证、试验记录、“CCC”认证标志	2	电力变压器、柴油发电机组、高压成套配电柜、蓄电池柜、不间断电源柜、控制柜(屏、台)出厂合格证和试验记录
3	电动机、电加热器、电动执行机构和低压开关设备合格证、“CCC”认证标志	4	照明灯具、开关、插座、风扇及附件出厂合格证、“CCC”认证标志
5	电线、电缆出厂合格证、“CCC”认证标志	6	导管、型钢出厂合格证和材质证明书
7	电缆桥架、线槽出厂合格证	8	封闭母线、插接母线出厂合格证、“CCC”认证标志
9	裸母线、裸导线、电缆头部件及接线端子、电焊条、钢制灯柱、混凝土电杆和其他混凝土制品出厂合格证	10	镀锌制品（支架、横担、接地极、避雷用型钢等)、外线金具出厂合格证和镀锌质量证明书
11	进口物资的商检证明	12	设备安装技术文件等
施工测量记录			
施工记录			
隐蔽工程检查验收记录			
1	埋于结构内的各种电线导管、结构钢筋避雷引下线、等电位及均压环暗敷设、接地极装置埋设、金属门窗、幕墙金属框架接地、不进入吊顶内的电线导管、不进入吊顶内的线槽、直埋电缆、不进入电缆沟内敷设的电缆、管(线)路经过建筑物变形缝处的补偿装置、大型灯具及吊扇的预埋件（吊钩)等项目的检查验收记录。		
施工检测资料			
1	电气接地电阻检测记录	2	等电位联结导通性检测记录
3	电气绝缘电阻检测记录	4	大型照明灯具载荷测试记录
5	电气器具通电安全测试记录	6	建筑物照明通电试运行记录
7	电气设备空载试运行记录	8	大容量电气线路结点温度检测记录
9	避雷带支架拉力测试记录	10	高压部分检测记录
11	电度表检定记录等		
检验批、分项工程、分部（子分部)工程施工质量验收记录			
1	建筑电气分部工程质量验收记录	2	建筑电气分部各分项工程质量验收记录

表 8-11 第十分册:智能建筑工程施工资料

序号	资料名称	序号	资料名称
施工技术资料			
1	单位工程施工组织设计	2	专项施工方案
3	专项施工方案专家论证审查报告	4	技术、质量交底记录
5	设计交底记录	6	图纸会审记录
7	设计变更通知单	8	工程洽商记录
9	技术联系(通知)单		
施工物资资料			
1	材料、设备出厂合格证或产品认证书、检验报告、产品说明书、主要设备安装使用说明书	2	硬件设备及材料的可靠性检测报告,商业化软件的使用许可证
3	各类用户应用软件功能测试和系统测试报告,以及根据需要进行的容量、可靠性、安全性、可恢复性、兼容性、自诊断、可维护性等功能测试报告	4	各类用户应用软件的规定、安装调试说明、使用和维护说明等文档资料
5	系统接口规定、系统接口测试方案	6	批准使用新材料、新产品的主管部门证明文件
施工测量记录			
施工记录			
隐蔽工程检查验收记录			
1	埋在结构内的各种电线导管、不进入吊顶内的电线导管、不进入吊顶内的线槽、直埋电缆、不进入电缆沟敷设的电缆等的检查验收记录		
施工检测资料			
1	电气接地电阻检测记录	2	电气绝缘电阻检测记录
3	电气器具通电安全测试记录	4	建筑智能系统功能检测记录
5	综合布线系统性能测试记录	6	视频系统末端测试记录
7	建筑设备监控系统功能测试记录	8	建筑智能系统试运行记录
检验批、分项工程、分部(子分部)工程施工质量验收记录			
1	智能建筑分部工程质量验收记录	2	智能建筑分部各分项工程质量验收记录

表8-12 第十一分册:电梯工程施工资料

序号	资料名称	序号	资料名称
施工技术资料			
1	单位工程施工组织设计	2	专项施工方案
3	专项施工方案专家论证审查报告	4	技术、质量交底记录
5	设计交底记录	6	图纸会审记录
7	设计变更通知单	8	工程洽商记录
9	技术联系(通知)单		
施工物资资料			
1	电梯主要设备、材料及附件出厂合格证、产品说明书、安装技术文件、设备开箱检验记录		
施工测量记录			
施工记录			
1	电梯技术参数	2	电梯机房、井道土建交接记录
3	自动扶梯、自动人行道土建交接记录	4	电梯导轨支架安装记录
5	电梯导轨安装记录	6	电梯轿厢、安全钳、限速器、缓冲器安装记录
7	电梯对重装置、导向轮、复绕轮、曳引机安装记录	8	电梯门系统安装记录
9	电梯电气装置安装记录	10	自动扶梯、自动人行道电气装置安装记录
11	自动扶梯、自动人行道机械装置安装记录		
隐蔽工程检查验收记录			
1	电梯承重梁埋设隐蔽工程检查验收记录	2	电梯钢丝绳头灌注隐蔽工程检查验收记录
3	电梯导轨支架、层门支架、螺栓埋设隐蔽工程检查验收记录		
施工检测资料			
1	电梯电气绝缘电阻检测记录	2	轿厢平面准确度检测记录
3	电梯负荷运行检测记录	4	电梯噪声检测记录
5	电梯电气装置检测记录	6	电梯整机性能检测记录
7	电梯主要功能检测记录	8	自动扶梯、自动人行道安全装置检测记录
9	自动扶梯、自动人行道整机性能检测记录等		
检验批、分项工程、分部(子分部)工程施工质量验收记录			
1	电梯分部工程质量验收记录	2	电梯分部各分项工程质量验收记录等

4. 竣工图和竣工验收文件组卷顺序

竣工图和竣工验收文件可按单位工程、专业分别组卷,一般可以划分为“综合竣工图资料卷”、“室外专业竣工图资料卷”、“专业竣工图资料卷”、“单位(子单位)工程竣工资料卷”,然后再根据资料的多少,组成一卷或多卷。竣工图和竣工验收文件的组卷顺序见表8-13～表8-16。

表 8-13 综合竣工图资料卷

序号	资料名称	序号	资料名称
1	设计总说明书	2	总平面布置图(包括建筑、建筑小品、照明、道路、绿化等)施工文件
3	竖向布置图	4	室外给水、排水、热力、燃气管网综合图
5	电气(包括电力、电讯、电视系统)综合图		

表 8-14 室外专业竣工图资料卷

序号	资料名称	序号	资料名称
1	室外给水工程竣工图及设计说明书	2	室外雨水工程竣工图及设计说明书
3	室外污水工程竣工图及设计说明书	4	室外热力工程竣工图及设计说明书
5	室外燃气工程竣工图及设计说明书	6	室外电讯工程竣工图及设计说明书
7	室外电力工程竣工图及设计说明书	8	室外电视工程竣工图及设计说明书
9	室外建筑小品工程竣工图及设计说明书	10	室外消防工程竣工图及设计说明书
11	室外照明工程竣工图及设计说明书	12	室外水景工程竣工图及设计说明书
13	室外道路工程竣工图及设计说明书	14	室外绿化工程竣工图及设计说明书

表 8-15 专业竣工图资料卷

序号	资料名称	序号	资料名称
1	建筑竣工图及设计说明书	2	结构竣工图及设计说明书
3	装修(装饰)竣工图及设计说明书	4	给排水工程竣工图及设计说明书
5	采暖工程竣工图及设计说明书	6	消防工程竣工图及设计说明书
7	通风空调工程竣工图及设计说明书	8	燃气工程竣工图及设计说明书
9	电气工程竣工图及设计说明书	10	智能化建筑工程竣工图及设计说明书
11	电梯工程竣工图及设计说明书		

表 8-16 单位(子单位)工程竣工验收资料卷

序号	资料名称	序号	资料名称
1	工程概况	2	工程质量事故报告
3	工程质量事故调(勘)查记录	4	单位(子单位)工程施工总结
5	单位(子单位)工程施工质量竣工验收报告		
建筑工程质量验收程序和组织			
单位(子单位)工程质量控制资料核查记录			
单位(子单位)工程安全和功能检验资料核查及主要功能抽查记录			
单位(子单位)工程观感质量检查记录等			

8.4　建筑工程资料组卷格式的一般规定

建筑工程案卷资料的排列顺序应为：案卷封面、卷内目录、卷内资料、卷内备考表。

1. 案卷封面的编制规定

(1) 案卷封面格式

案卷封面分卷盒、卷夹封面和卷内封面，案卷封面格式应符合规范规定(图 8-1)。

(2) 案卷封面内容及填写

① 档号：由分类号、项目号和案卷号组成，由档案保管单位填写。

② 档案馆代号：应填写国家给定该档案馆的代号，由档案馆填写。

③ 案卷题名：应包括工程名称、专业名称、卷内文件的内容。

④ 编制单位：应填写卷内文件的形成单位或主要责任人。

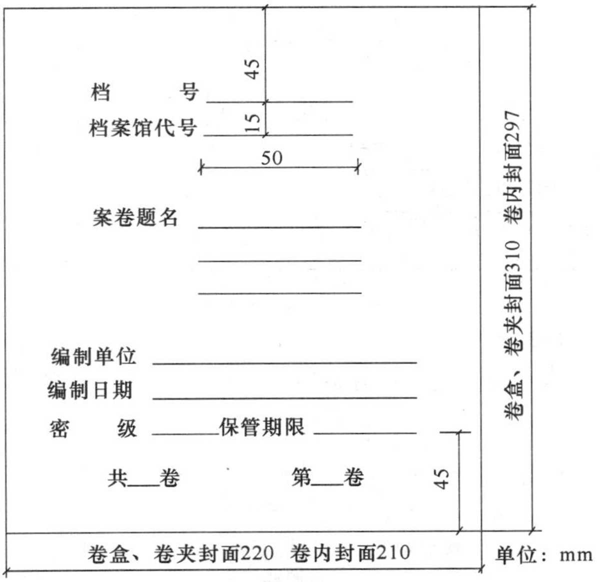

图 8-1　案卷封面

⑤ 起止日期：应填写卷内文件形成的起止日期。

⑥ 保管期限：应填写案卷资料保管的期限。

2. 卷内目录的编制规定

(1) 卷内目录的格式

卷内目录的格式应符合规范规定(图 8-2)。

(2) 卷内目录内容及填写

① 序号：以一份文件为单位，用阿拉伯数字从 1 开始，依次标出。

② 文件编号：填写文件原有的文号或图号。

③ 责任者：填写文件直接形成单位和个人。

④ 文件题名：填写文件标题的全称。

⑤ 日期:填写文件形成的日期。

⑥ 页次:填写文件在卷内的起始页号(最后一份文件应填写起止页号)。

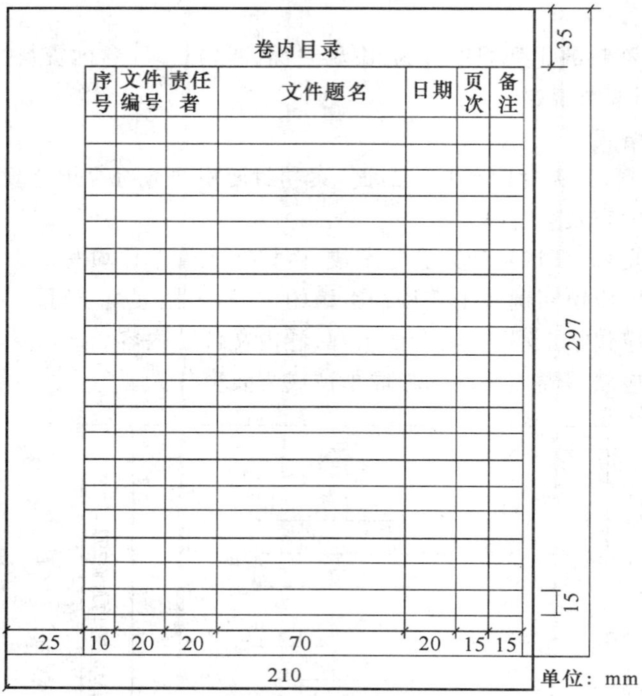

图 8-2　卷内目录

3. 卷内备考表编制规定

卷内备考表格式应符合规范规定(图 8-3)。

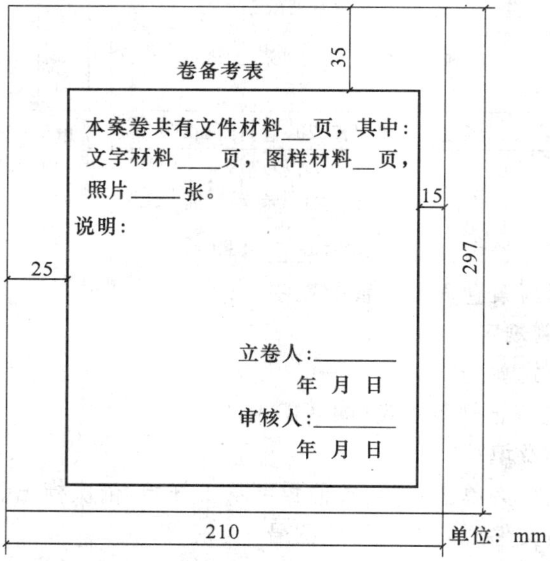

图 8-3　卷内备考表

4. 卷内文件页号编制规定

(1) 页号编写的方法：卷内文件按有书写内容的页面编号，每卷单独编排页号，页号从 1 开始，封面、卷内目录及卷内备考表不编页号。

(2) 页号编写的位置：单面书写的文件，页号编在右下角；双面书写的文件，正面编在右下角，背面编在左下角；折叠后的图纸一律编在右下角。

(3) 成套的图纸或印刷成册的资料文献，自成一卷的，原目录可代替卷内目录，不再重新编写页号。

5. 案卷的规格与装订

(1) 案卷的规格

案卷的尺寸为 297 mm×210 mm(A4)幅面，卷盒和卷夹的外表尺寸为 310 mm×220 mm。案卷的厚度一般不超过 40 mm，卷盒、卷夹应采用无酸纸制作。

(2) 案卷的装订

① 案卷采用装订与不装订两种形式，文字资料必须装订；既有文字资料又有图纸的案卷应装订，其他形式的资料可以不装订。

② 装订采用线绳三孔左侧装订法，要求整齐、牢固，便于保管和查阅。

8.5　竣工图纸的折叠方法

图纸幅面与代号

(1) 工程图纸幅面样式

工程图纸在折叠前，应按图 8-4 所示裁剪整齐。图纸幅面样式与代号如图 8-4 和表 8-17 所示。

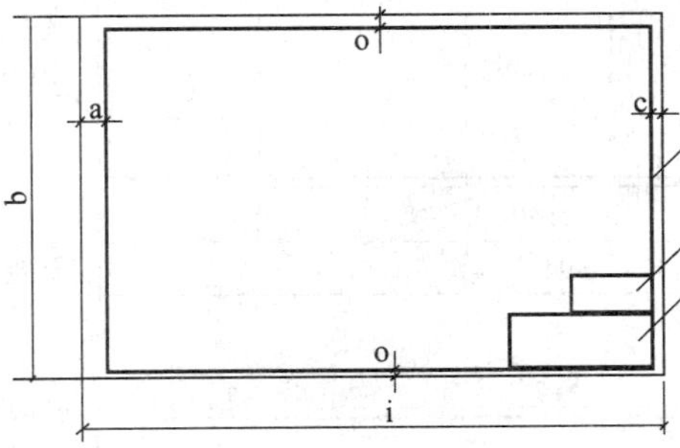

图 8-4　工程图纸的剪裁办法

表 8-17　工程图纸基本幅面与代号

基本幅面代号	0	1	2	3	4
$b\times i$	841×1 189	594×841	420×594	297×420	297×210
c	10			5	
a	25				

(2) 工程图纸折叠的一般要求

① 图纸折叠后的幅面尺寸应以 4 号图纸基本尺寸(297 mm×210 mm)为准，4 号图纸不

需折叠。

② 图纸应向内折叠，靠非装订边的最后一次折叠应保证图纸正面向外，即保证图标和竣工图章露在外面。

③ 0～3 号图纸应在装订边(297 mm)处折一三角或剪一缺口，保证图纸装订后能正常展开查阅。

(3) 图纸折叠的方法。4 号图纸不折叠，3～0 号图纸折叠方法见图 8-5～图 8-8。

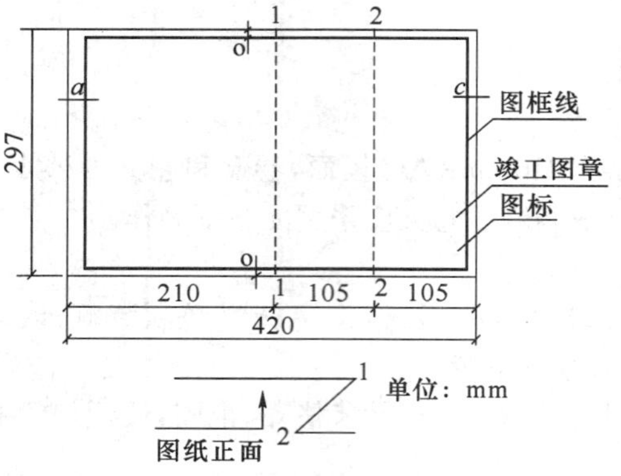

图 8-5　3 号图纸折叠示意图

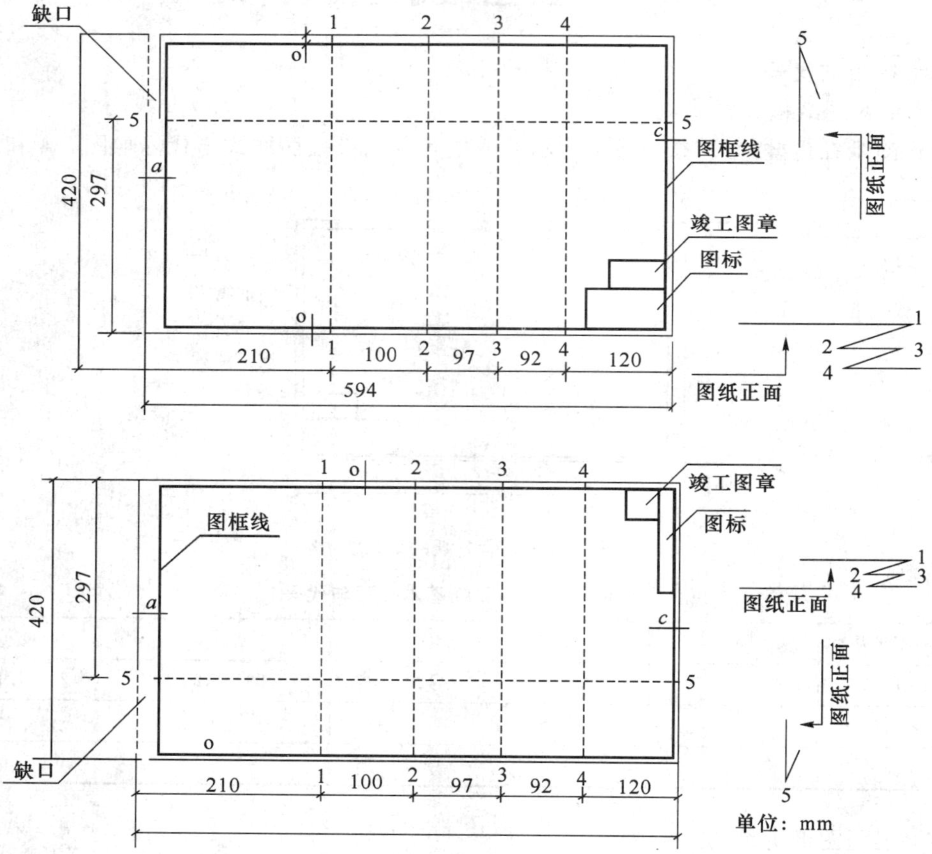

图 8-6　2 号图纸折叠示意图

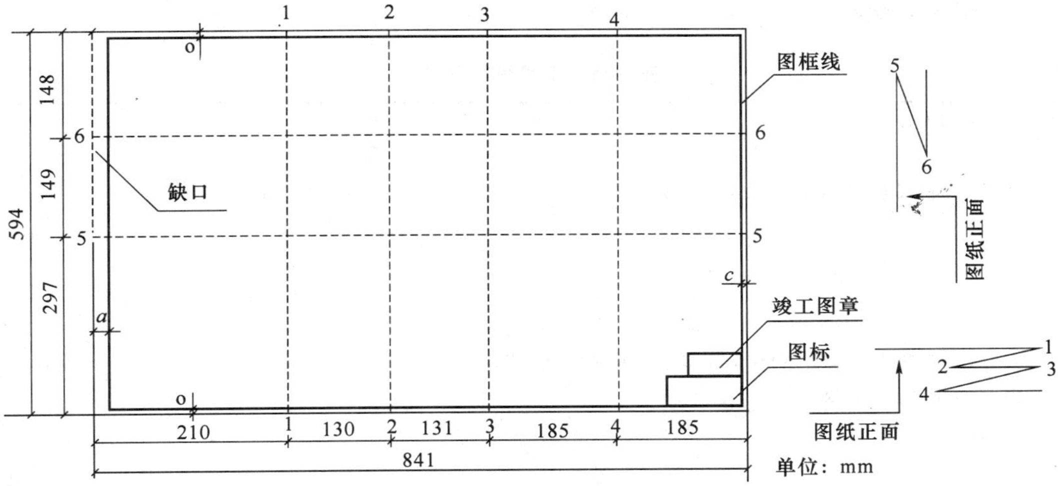

图 8-7 1 号图纸折叠示意图

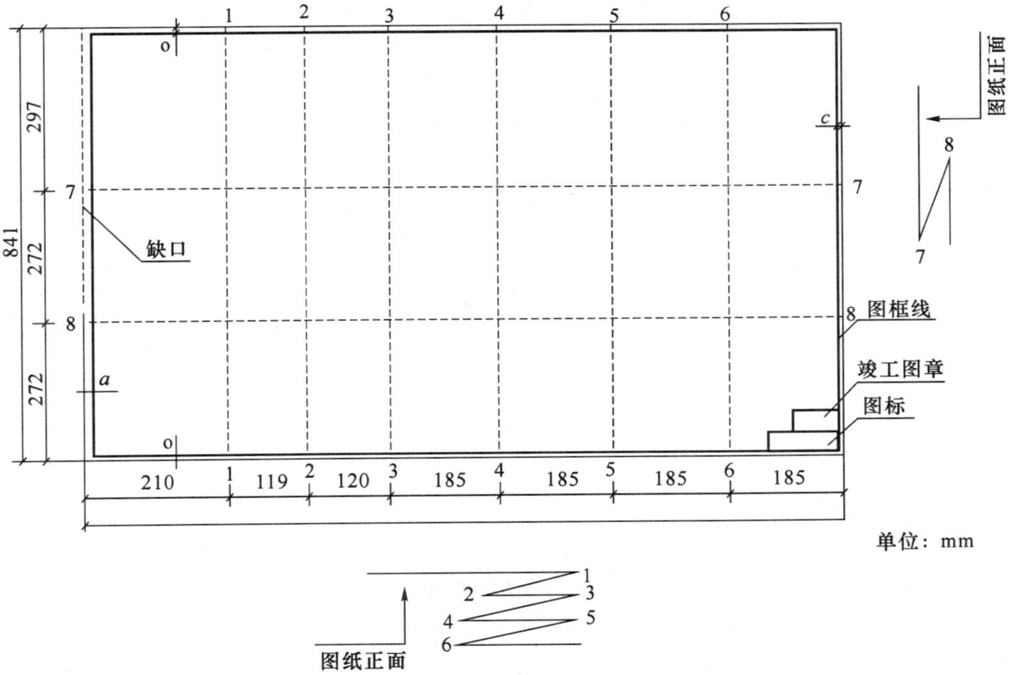

图 8-8 0 号图纸折叠示意图

8.6 工程资料的移交与归档验收

1. 工程资料的移交

工程竣工验收移交后，施工、监理等单位应将工程建设资料按合同或协议约定的时间、套数移交给建设单位，并办理移交手续，填写《工程资料移交书》。

《工程资料移交书》见表 8-18。

表 8-18　工程资料移交书

××××建筑房地产开发公司 按照工程协议第××条××款规定，特办理××住宅小区 2＃住宅楼工程资料移交手续。共计××册。 其中文字资料 4 册，图样资料 11 册，其他资料××(册)张。 附：工程资料移交目录。 移交单位(章)：　　接收单位(章)： 单位负责人：　　单位负责人： 技术负责人：　　技术负责人： 移交人：　　接收人： 移交时间：2008 年×月×日

2. 工程资料的归档验收

建筑工程资料的验收分为四个环节：

(1) 单位(子单位)工程完工以后，由施工单位组织的施工资料自验收。

① 单位(子单位)工程完工以后，施工单位除自行组织有关人员对工程质量进行检查评定，还应该对单位(子单位)工程的施工资料(包括分包单位的施工资料)进行整理查验，自验收合格后填写形成《单位工程竣工预验收报验表》，并形成《单位(子单位)工程施工质量控制资料核查记录》等资料，附在《单位工程竣工预验收报验表》之后，报工程项目监理机构，申请工程竣工预验收。

② 总监理工程师组织项目监理机构人员与施工单位一起进行检查验收(包括工程资料)，合格后由总监理工程师签署《单位工程竣工预验收报验表》。

(2) 在工程竣工验收前，由建设单位对各参建单位资料进行预验收。

① 工程竣工预验收前，参建各方的技术负责人(主管)应对本单位形成的工程资料进行审查和自验收，验收合格，提交建设单位。

② 建设单位应按照国家验收规范的规定和城建档案管理的要求，对勘察、设计、监理、施工等单位汇总审查后的资料进行再验收，使其完整、准确、真实。

(3) 在工程竣工验收前，由城建档案馆进行的预验收。

① 经建设单位进行验收的档案资料，应由城市建设档案馆进行归档前的预验收，城建档案馆依据城建档案管理的要求对该工程的档案提出存在问题及要求，并出具《建设工程竣工档案预验收意见》。

② 参建各单位应按照城建档案馆的要求，对各自所形成的档案资料进行再整理。

《建设工程竣工档案预验收意见》见表8-19。

(4) 工程竣工验收后，工程档案向城建档案馆移交。

① 工程竣工验收后，3个月内，建设单位应将工程建设档案报城建档案馆做最后的验收，验收合格，向城建档案馆移交，并办理移交手续，填制《城市建设档案移交书》，《工程资料移交目录》。

② 如果工程档案经城建档案馆最后的验收不合格，档案馆将责成建设单位重新编制，符合要求后重新报送，直至符合要求为止。

《城市建设档案移交书》见表8-20，《工程资料移交目录》见表8-21。

表 8-19　建设工程竣工档案预验收意见

××市城建档字第×××号

工程名称	××住宅小区 2#住宅楼	工程地址	××区××路 ××号	规划许可 证号	×××
建设单位	××房地产 开发公司	建筑面积	×××××m^2	施工许可证号	施字×××号
设计单位	××建筑设计院	结构类型	砖混	建设单位联系人	××
施工单位	××建筑工程 有限公司	层数	6 层	电话	××××× ×××
监理单位	××建筑工程 监理公司	计划竣工日期	××年×月×日	实际竣工日期	××年×月×日

工程竣工档案内容与编审意见：

根据国务院《建设工程质量管理条例》和建设部《城市建设档案管理规定》，经审查，本工程竣工档案的基建文件、建设文件、施工文件及竣工图已基本收集齐全，可以满足竣工档案编制的要求。

建设单位已经正式办理了竣工档案编制的委托合同，并已在城建档案管理部门备案，竣工档案应在××××年×月×日前向城建档案管理部门移交。

建设单位：　　（章） 负责人：××× 联系电话：××××××××××× ××××年×月×日	城建档案馆预验收意见： 该工程的竣工档案已经具备竣工验收条件，可以进行工程竣工验收。 （章） 验收人：××× ××××年×月×日

表 8-20　城市建设档案移交书

×××市城市建设档案馆：

依据城市建设档案管理的有关规定，我公司现向城建档案馆移交××住宅小区工程 2＃住宅楼档案资料共计 18 卷，其中文字资料 8 卷，图样资料 10 卷，其他资料 18 张(照片)。

附：城市建设档案移交目录一式三份，共三张。

移交单位(章)：　　　　　　接收单位(章)：

单位负责人：　　　　　　单位负责人：

技术负责人：　　　　　　技术负责人：

移交人：　　　　　　接收人：

移交时间：2008 年×月×日

表 8-21　城市建设档案移交目录

序号	工程项目名称	××住宅小区工程 2# 住宅楼								
		资料数量								备注
		文字资料		图样资料		综合卷		其他资料		
		卷	张	卷	张	卷	张	卷	张	
1	建设单位资料	1	51							
2	监理单位资料	2	79							
3	施工技术资料	1	153							
4	施工监测资料	1	62							
5	隐蔽工程验收记录	1	43							
6	施工质量验收记录	1	217							
7	建筑竣工图			2	37					
8	结构竣工图			3	59					
9	给水竣工图			1	7					
10	排水竣工图			1	5					
11	采暖竣工图			1	9					
12	电气竣工图			1	8					
13	智能竣工图			1	11					
14	其他资料								18	

第9章 建筑工程技术资料管理软件简介

目前，可以用于建筑工程资料管理软件较多，在业内获得普遍公认的、贴近工程实际、使用方便快捷的软件不少，“易先工程资料管理软件”当属其中之一。

“易先工程资料管理软件”是北京永进易达科技有限公司针对工程技术资料的编制、管理规范要求定制研发的软件产品。该软件自上市以来在全国已经拥有万余用户，与多个省市具有合作关系，也是西安市乃至陕西省目前统一使用的建筑工程资料管理软件。

该软件系统不仅是一个资料软件，更是一个资料开发平台，具有强大的灵活性与开放性，允许用户利用本系统开发各自的资料管理软件；同时，还具有对输入的数据进行智能处理。比如可以检查输入数据的有效性和合理性，按要求进行求平均值计算，警示超标的数值，判断其是否合格等功能。

“易先工程资料管理软件”系统还可以适时更新，将新版本的标准、规范融入系统中，用户随时都可以查看内容，从而可以大大提高填表的效率和检查评定验收的效果。

9.1 “易先工程资料管理软件”系统简介

1. 软件的功能

“易先工程资料管理软件”系统是依据国家《建筑工程文件归档整理规范》(GB/T 50328—2001)及《建筑工程质量验收统一标准》(GB 50300—2001)编制而成的软件系统。

(1) 软件包含了以下七大功能：

① 监理表格；

② 施工表格；

③ 工程质量验收规范全套表格(含全套验收规范)；

④ 安全管理表格；

⑤ 智能建筑表格；

⑥ 具有自动填表、自动评定等智能化功能；

⑦ 建筑工程施工验收全过程所需要的各种类别的技术资料，如工程建设前期资料、监理管理资料、施工过程中的质量控制资料(包括各检验批验收记录)、竣工验收备案资料及相关的国家统一标准和质量验收规范和规程等。

(2) 软件功能特点

① 结构清晰，资料目录和资料编制一体化设计，便于查阅和管理资料，大大提高了查阅

和录入的速度。

② 资料填写完全实现智能化设置，例如自动填写表头，打印出的资料规范、整齐，且速度快，是手工填写速度的数倍。

③ 对于需要计算的表格，软件自动计算资料中的数据，节省了用户填表时用于数字计算的时间。

④ 对于填表时经常使用的、常见的行业规范语言，软件允许用户将其保存为模板，提高了用户填写资料的速度，方便用户表格填写要求。

⑤ 软件提供了大量的技术交底模板，规范了技术交底资料的格式，提高用户编制交底资料的速度。

⑥ 软件提供了模糊查询的功能，当资料文件内容较多时，用户可以利用模糊查询的功能，尽快实现资料的查询。

⑦ 软件提供了查阅规范的功能，用户在填写每张表格时，可以方便地查阅与验收内容对应的相关规范条款。

⑧ 软件还提供了切块操作功能，方便用户处理成批的数据。

⑨ 软件提供了灵活方便的表格编辑功能，允许用户修改表格中的字体、字号等，并允许用户增加新表。

2. 系统的运行环境

本软件可安装并运行在普通微机环境下。其硬件环境要求：PC586 或以上，内存 64 MB 或以上，硬盘空间 500 M 或以上，显卡应支持 16 位或以上真彩色和 800×600 像素或以上的显示模式。软件环境要求：操作系统中文 Windows98/ME/NT/2000/XP/Vista。

9.2 系统的安装与登录

1. 系统安装

(1) 打开计算机，启动 Windows 系统。

(2) 将软件光盘放入光驱中，打开“陕西建安资料”文件夹，运行可执行文件，然后按照安装提示安装即可。系统安装完成后，该软件相应的操作图标会被自动添加到 Windows“开始”菜单的“程序”组里，同时也会在 Windows 桌面上自动生成快捷图标，如图 9-1 所示。

图 9-1 快捷键图标

注：安装目录默认为 D:陕西易先建安资料管理软件。也可以选择其他路径，等安装完毕，插入加密狗，软件即可支持运行。

2. 系统登录

(1) 系统启动

单击 Windows“开始”菜单，移动鼠标到“程序”上，打开“陕西易先建安资料管理软件”程序组，单击“陕西易先建安资料管理软件”启动。也可以通过双击 Windows 桌面上“陕西易先建安资料管理软件”的快捷方式图标启动。

(2) 用户登录

每次进入系统时，首先要检查确认操作者的用户身份，本系统支持多个操作人员登录并使用，在登录窗口(见图 9-2)中“管理员名称”处选择不同的管理员，然后输入相应的密码，单击“确定”按钮才能操作使用本系统。

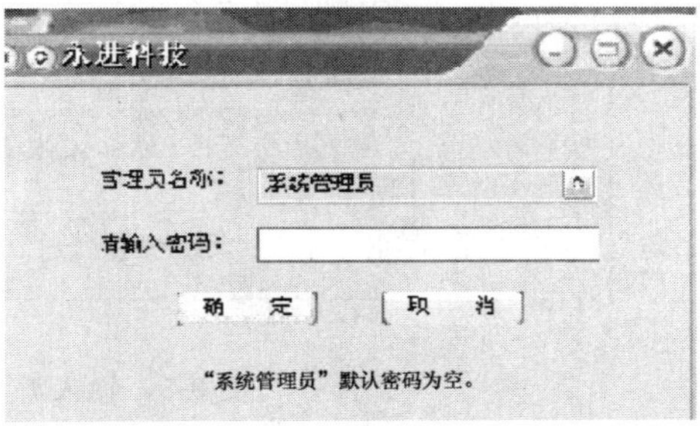

图 9-2　用户登录窗口

如果是第一次运行本系统，双击桌面上的快捷方式图标，打开软件，出现程序登录界面(图 9-2)所示，可以用管理员身份登录，密码初始为空。登录完成后，即可操作相应的功能。

(3) 添加、删除管理人员

系统管理员具有增加、删除、修改其他管理员的权限，用初始用户代码及密码登录本系统后，建议选择“系统”菜单→“操作员管理”程序，使用管理员用户的登录密码，则系统将弹出“维护管理员”窗口，如图 9-3 所示。

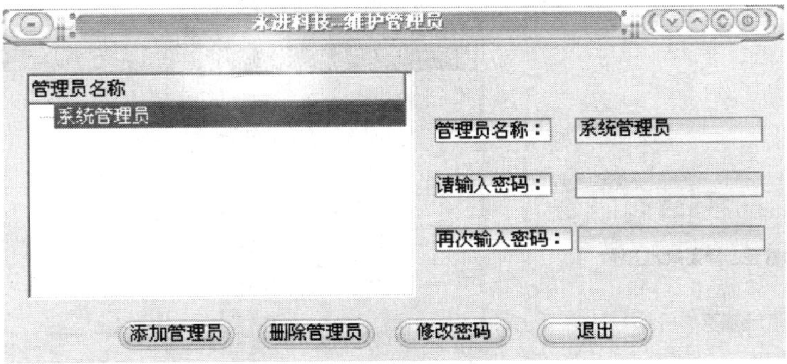

图 9-3　“维护管理员”窗口

系统只默认有一个“系统管理员”，如果想设置其他的操作人员，可在图 9-3 右侧“管理员名称”、“请输入密码”、“再次输入密码”后的方框中，依次输入相应的内容，单击“添加管理员”按钮，设置的管理员会自动添加到左侧的“管理员名称”列表中。

如想在系统中删除某个管理人员，则在管理员名称栏中选中该管理员，单击“删除管理员”按钮，即可删除该管理员。

（4）修改工程密码

如果需要修改管理员的密码时，可在左侧管理员名称列表中选中管理员名称，右侧显示相应的信息，可直接输入新密码，单击“修改密码”按钮，弹出图 9-4 所示确认对话框。单击“确定”按钮，提示输入需要修改的旧密码，如图 9-5 所示，输入后单击“确定”按钮即可修改。

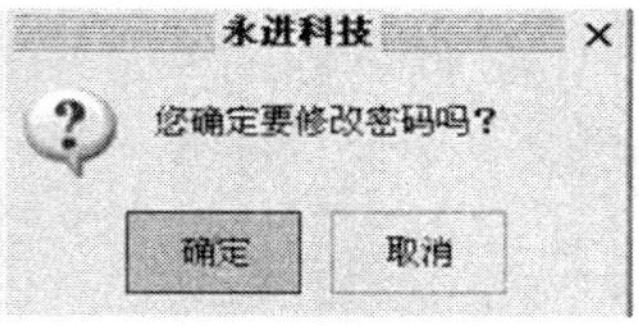

图 9-4　修改密码

图 9-5　输入需要修改的旧密码

9.3　系统操作

1. 新建工程

（1）初次使用该软件系统

如果是初次使用该软件系统，系统登录完成后，会弹出如图 9-6 所示的提示框，单击“确定”按钮，自动弹出“项目管理”窗口，如图 9-7 所示，此时系统中还没有建立可选的工程。

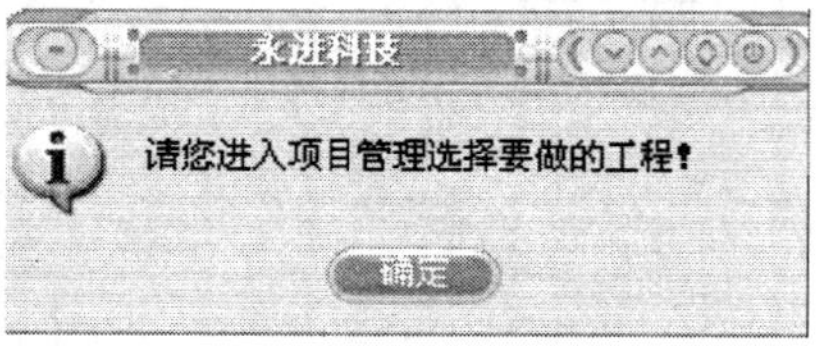

图 9-6　新建工程对话框

图 9-7　“项目管理”窗口

单击“确定”按钮，系统将弹出管理选择窗口，但管理项目中只有“实例模板”和“模板”两个系统工程。单击右侧可选项目中的“新建工程”键，即可建立自己的工程窗口，如图 9-8 所示，在“请输入工程名称”栏中填写所需的工程名称，输入完后单击“确定”按钮，就可以进入图 9-9 所示“工程信息维护”窗口，为所选定的工程填写工程信息了。

图 9-8　建立工程窗口

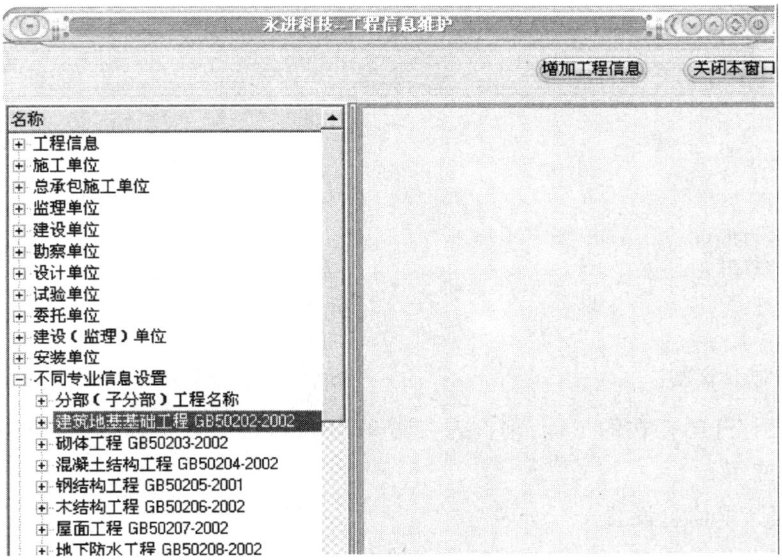

图 9-9　“工程信息维护”窗口

填写完工程信息后，系统进入如图 9-10 所示的主界面，即可单击相应的功能实现操作。

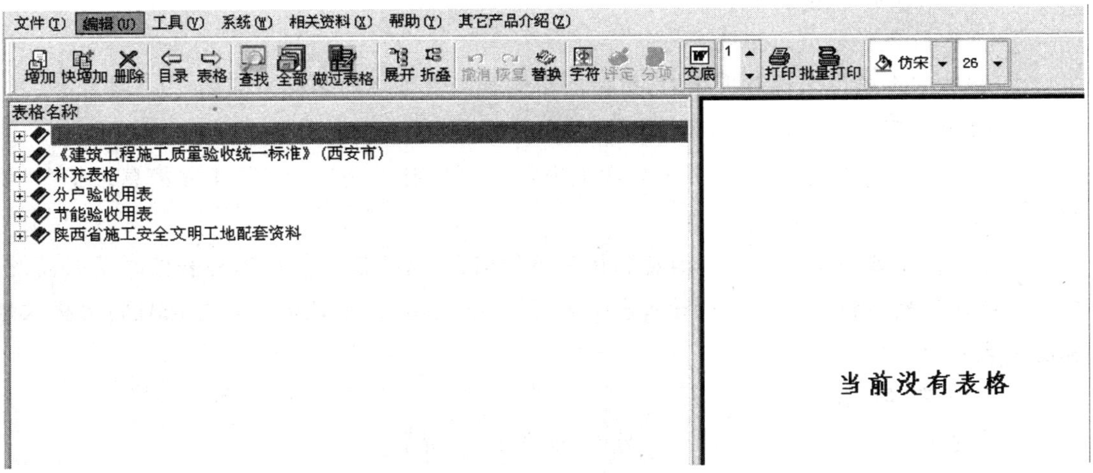

图 9-10　主界面窗口

(2) 非初次使用该软件系统

如果非初次使用该软件系统，那么可以在软件主界面窗口(图 9-10)中单击“文件”→“项目管理”，如图 9-11 所示，弹出项目管理窗口，如图 9-12 所示，可在此单击“新建工程”，以下操作按图 9-8、图 9-9、图 9-10 所示程序进行。

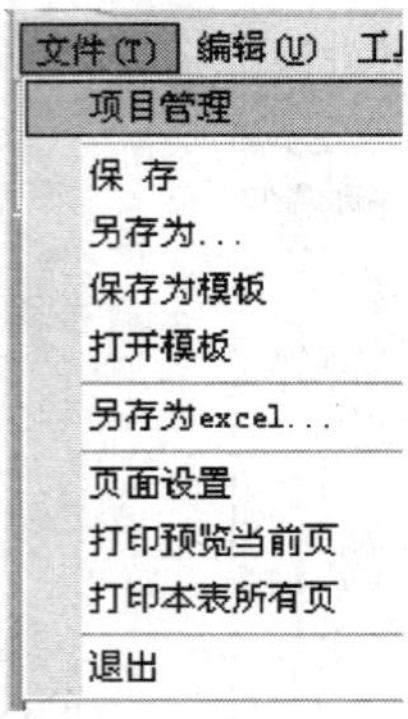

图 9-11　选择“项目管理”

图 9-12　项目管理窗口

如果要想打开已存在的工程，则首先在图 9-10 窗口选中该工程，然后双击或单击“打开此工程”即可使用。

(3) 工程基本信息设置

系统初始化操作完毕后弹出“工程信息维护”窗口，如图 9-9 所示。在左侧目录内单击“+”号，展开相应节点，找到需要填写内容的节点，在右侧输入工程基本信息，如工程名称、工程地址、建筑类型等。

在填写工程基本信息时应注意以下几点。

① 工程信息必须填写正确。

② 在有多个单位名称及人名时，可按回车键加入其他单位名称及人名。

③ 修改工程信息时，最好不要修改默认的信息名称。

在填写工程信息退出后，若需要再次编辑，可在“系统”菜单下找到“工程信息维护”对话框，再次输入工程对应的基本信息。

信息列表主要包括工程基本信息和相关单位信息，这些信息都是填写表格时所必需的，并且在新建表格时将由系统自动导入表格中。因此，完整、规范地输入这些信息将会极大地提高填表效率。

2. 技术资料编辑

在填完工程信息后进入编辑操作界面，如图 9-13 所示。

其中“系统自带的标准模板”分别按“工程资料管理规程”和“组卷目录”排序，用于显示系统中的资料表格模板。但是系统自带的标准模板不允许删除、修改。标准资料中的表格只有在新建成表格之后，才能对其进行填写、编辑等处理操作。

“用户表格编辑区”是表格填写的工作区域，用于显示当前所选表格内容。

“系统工具栏”用于集中显示与表格填写、编辑有关的工具按钮。

“系统菜单”用于集中显示与标准资料、工程资料有关的功能按钮。

下面将按照资料编辑表格填写的一般步骤介绍软件相关的操作。

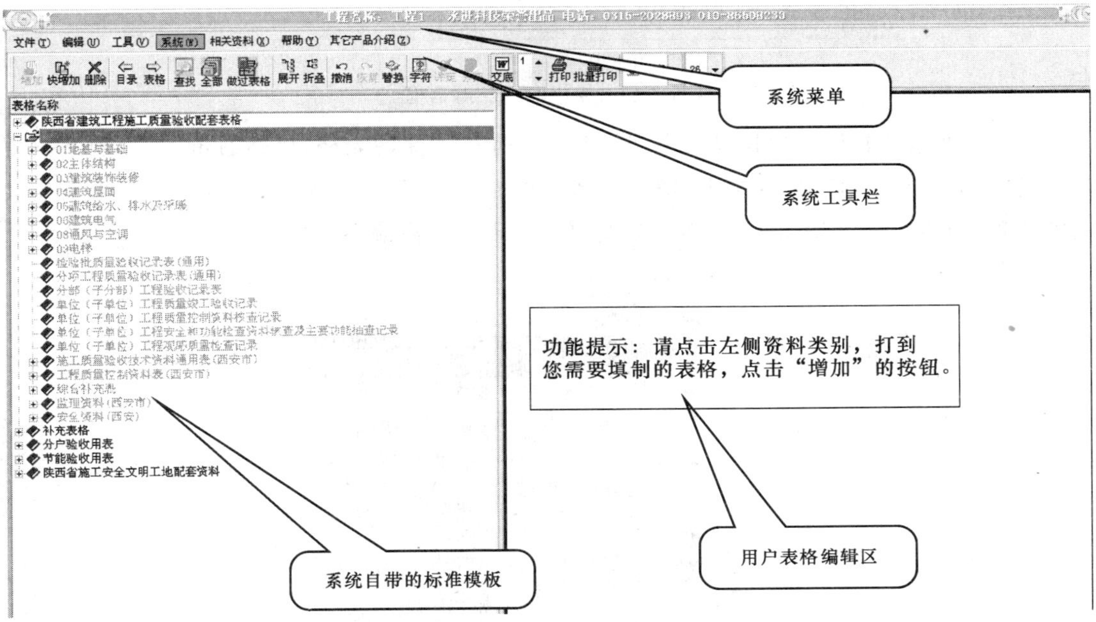

图 9-13　编辑操作界面

(1) 浏览标准模板目录

在表格新建时，可以让标准模板按工程资料管理标准(规程)分类目录排序过滤，如图 9-14 所示。

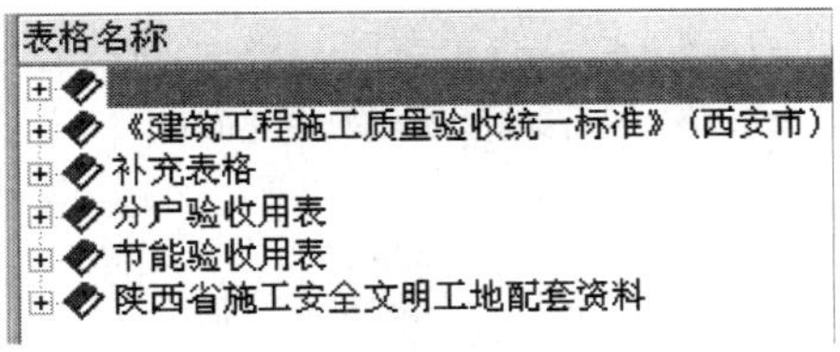

图 9-14　标准模板目录

在选用标准模板时，用鼠标单击图中左侧的“＋”展开模板目录，根据文字提示选择对象也可以在主界面上单击“查找”按钮，出现如图 9-15 所示对话框，输入需要查找的模板名称，单击“确认”按钮，所有和查找表格名称相同的表格就会按顺序排列在界面的左侧，用鼠标单击所选中的表格名称，用户表格编辑区将显示所选中的表格。如“监理日志”，在用户表格编辑区中就会显示所选择的表格。这样就完成了“监理日志”表格模板文件的选择。

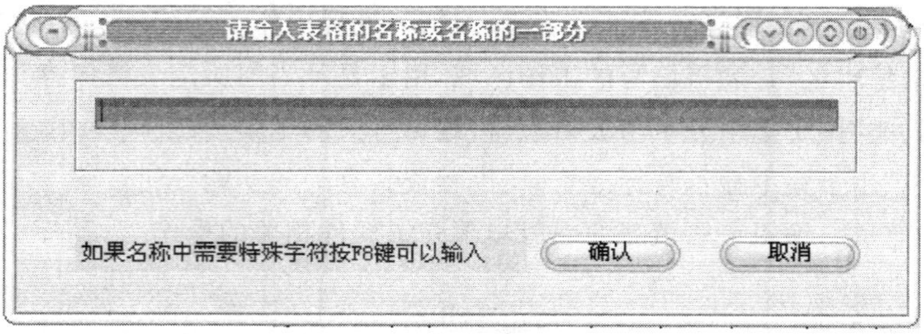

图 9-15　模板“查找”对话框

(2) 在技术资料标准模板目录中查找实际工程所需要的表格，鼠标右击，即出现下拉菜单，如图 9-16 所示，再用鼠标单击“增加”，则出现如图 9-17 所示的对话框，然后输入新建表格的名称，单击“确认”按钮，一个新的表格将会出现在表格编辑区中。

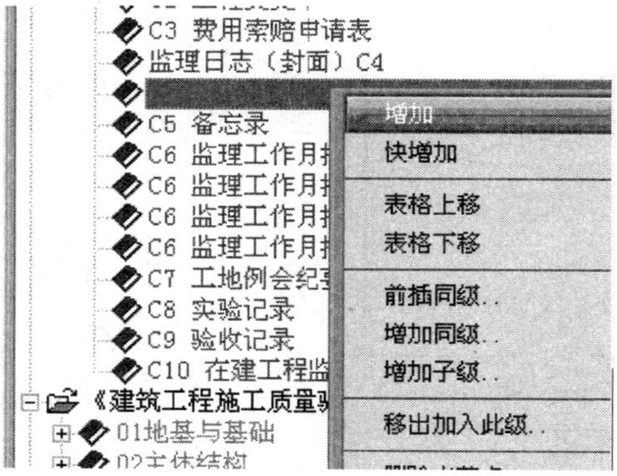

图 9-16　下拉菜单

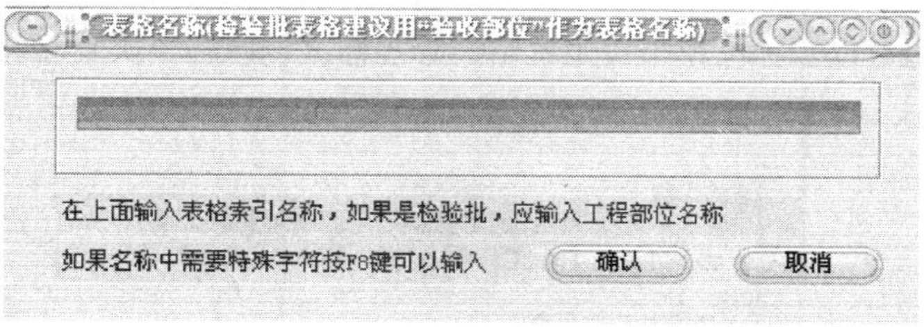

图 9-17　“增加”对话框

(3) 填写表格。完成了向当前工程资料目录中新建表格操作后，接下来便是如何填写表格。该软件系统提供了方便快捷的多种表格填写功能，如自动导入表头信息、智能填充、自动评测、自动计算、汇总、自动生成统计表等。

① 表头信息栏目的填写

在当前工程资料目录中生成了具体的表格之后，系统会自动将当前工程的基本信息和相关单位信息导入每一张新建表格的表头。如工程名称、分部(子分部)工程名称、施工单位等。

如果表格中某个栏目的信息存在多种选择（如工程中存在两个分包单位），则用户可以双击该栏，并从弹出的对话框中选择，如图 9-18 所示。用户也可以根据实际工程来修改自动导入的表头信息，用鼠标选中要修改信息的单元格，输入实际数据即可。

图 9-18　栏目信息选择对话框

② 表头信息栏目的填写

- 检验批表格中的"施工执行标准名称及编号"。施工执行标准是指企业标准（或引用的推荐标准，但必须经企业认可为企业标准），企业标准应有名称及编号、编制人、批准人、批准时间、执行时间。检验批表格中的"施工执行标准名称及编号"栏目中应该输入施工单位的企业标准名称及编号。如果施工企业没有自己的企业标准名称及编号，则可以在该栏中输入斜线"/"或划斜线。
- 检验批表格中的"验收部位"。检验批表格中的"验收部位"栏目应保证唯一性，一般应填写"楼层＋轴线"的组合信息。

③ 表格中间检测数据栏目的填写

表格中间检测数据栏目一般分为两种：定量数据栏目和定性数据栏目。其中，定量数据栏目需要填写实际检测数据（如检验批表格中常见的 10 个单元格）；定性数据栏目则需要将实际检测数据与规范或设计要求相比较来判定其结果"合格（√）"、"不合格（×）"或"本工程不需要进行该项检验（/）"（如检验批表格中常见的大单元格）。

在实际工程中，定性数据栏目的填写通常有以下三种情况。

- 只需要进行检测就可以定性的情况。如土方回填检验批中"一般项目"第 1 项"回填土料"栏，该栏目只需在现场直接鉴别是否符合设计要求。此类栏目的填写只需在单元格中间打"√"表示合格即可。
- 需要借助其他资料才能证明合格的情况。如钢筋加工检验批中主控项目第 1 项"力学性能检验"栏，该栏目需要具体的钢筋力学性能检验报告来证明是否合格。此类栏目的填写就需要在单元格中间填写具体的钢筋力学性能检验报告的编号，然后从该栏最右侧下拉框中选择“√”。

- 根据实际有可能不需要填写的情况。对于工程不需要进行的检验项目,在此栏目的“施工单位检查评定记录”项中应该选择“/”。

④ 表尾评定结果栏目的填写

检验批表格的表尾部分包括“施工单位检查评定结果”和“监理(建设)单位验收结论”两个栏目。本系统对这两个栏目的评语做了规范化处理,列出了常用评语,实际填写时一般只需从系统提供的评语中选择相应一条即可。当然,也可以根据工程实际情况直接输入自己的评语。

⑤ 表格的保存及导出

- 表格保存。表格中数据填写完毕之后,就要保存表格。系统为用户提供了自动保存功能,或者直接单击菜单栏上的“文件”→“保存”按钮。但在此处必须注意的是在单元格中输入数据或修改了之后,一定要按回车键或单击单元格后,再单击“保存”按钮。
- 表格导出。软件系统中的每一张表格都可以输出成 Excel 格式。其操作方法如下:选择要导出成 Excel 文件的表格,然后选择“文件”→“另存为 excel”。

9.4 填写范例

1. 施工现场质量管理检查记录表格的填写

施工现场质量管理检查记录是对健全质量管理体系的具体要求,是实施施工质量验收规范的保证。在工程开工前,由施工单位现场技术负责人填写,监理单位的总监理工程师(或建设单位项目技术负责人)签字验收。在施工过程中,要进行抽查。

(1) 建立表格

试用该管理软件,表格建立的操作程序是相同的。建立表格前,先把常用的信息在“系统”→“工程信息维护”中填写好,在以后其他的表格里再遇到相同的情况,软件自动完成填写。新建表格时,如果用户掌握资料的具体名称和所属章节,可以直接单击各章节前面的“十”逐级找到要填写的资料,如果用户没有记住所用的表格名称或编号,所以可以利用软件的查找功能,单击工具栏中“查找”按钮,在弹出的查找窗口中输入要查找资料名称所包含的全部文字或部分文字“施工现场质量检查记录”,如图 9-19 所示,单击“确认”按钮,窗口弹出《施工现场质量检查记录》表格,如图 9-20 所示。

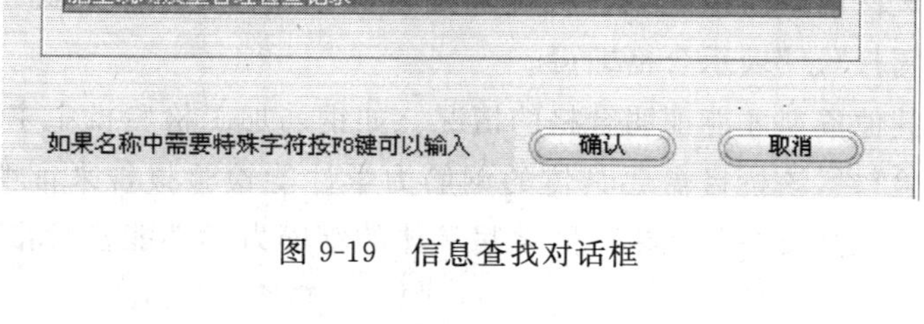

图 9-19 信息查找对话框

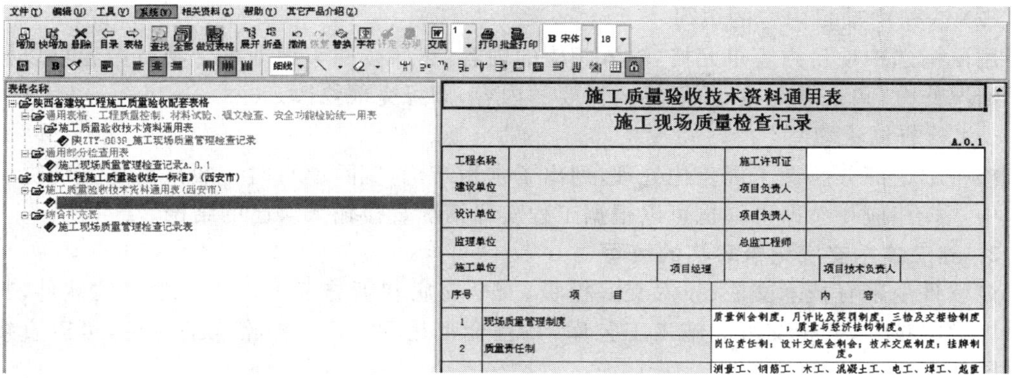

图 9-20　“查找”记录

在表格模板上单击鼠标右键，选择“增加”选项或者直接点击工具栏上的“增加”按钮，出现如图 9-21 所示的界面，填写好表格名称（检验批验收表格建议用“验收部位”作为表格名称），单击“确定”按钮，《施工现场质量检查记录》表格就建立起来了（如图 9-22 所示）。

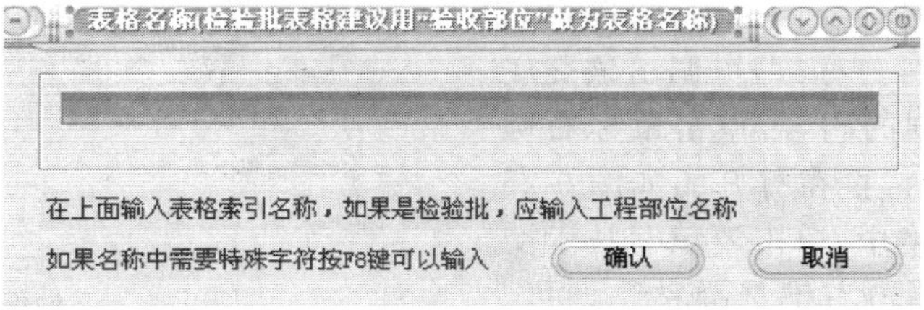

图 9-21　“查找名称”对话框

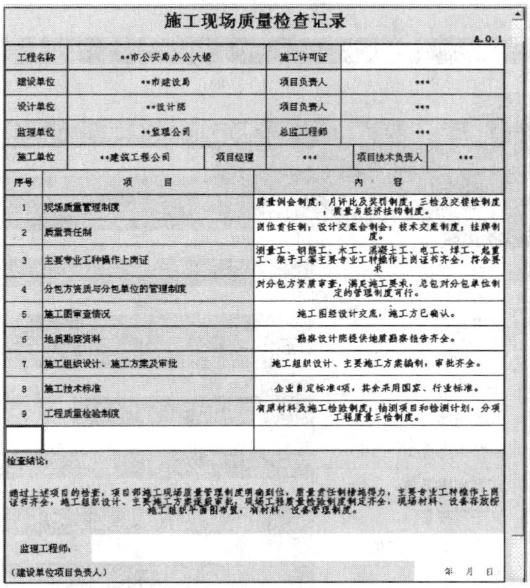

施工现场质量检查记录

A.0.1

工程名称	**市公安局办公大楼		施工许可证		
建设单位	**市建设局		项目负责人	***	
设计单位	**设计院		项目负责人	***	
监理单位	**监理公司		总监工程师	***	
施工单位	**建筑工程公司	项目经理	***	项目技术负责人	***

序号	项　目	内　容
1	现场质量管理制度	质量例会制度；月评比及奖罚制度；三检及交接检制度；质量与经济挂钩制度。
2	质量责任制	岗位责任制；设计交底会制会；技术交底制度；挂牌制度。
3	主要专业工种操作上岗证	测量工、钢筋工、木工、混凝土工、电工、焊工、起重工、架子工等主要专业工种操作上岗证书齐全，符合要求
4	分包方资质与分包单位的管理制度	对分包方资质审查，满足施工要求，总包对分包单位制定的管理制度可行。
5	施工图审查情况	施工图经设计交底，施工方已确认。
6	地质勘察资料	勘察设计院提供地质勘察报告齐全。
7	施工组织设计、施工方案及审批	施工组织设计、主要施工方案编制，审批齐全。
8	施工技术标准	企业自定标准4项，其余采用国家、行业标准。
9	工程质量检验制度	有原材料及施工检验制度，抽测项目和检测计划，分项工程质量三检制度。

检查结论：

通过上述项目的检查，项目部施工现场质量管理制度明确到位，质量责任制措施得力，主要专业工种操作上岗证书齐全，施工组织设计、主要施工方案逐级审批，现场工程质量检验制度制定齐全，现场材料、设备存放按施工组织平面图布置，有材料、设备管理制度。

监理工程师：

（建设单位项目负责人）　　年　月　日

图 9-22　表格建立完成

（2）表格中项目内容的填写

用鼠标选中项目内容单元格，输入相应的内容，然后按回车键即可。项目内容可以根据实际情况修改，单击单元格，然后输入需要的内容，即可完成修改。

（3）检查结论填写

检查结论部分已做了规范化处理，列出了常用结论，实际填写时一般只需从系统提供的评语中选择相应一条即可。也可以根据工程实际情况直接输入自己的结论。

2. 施工技术交底记录表格的填写

该软件里带有技术交底、技术交底模板、安全交底和新施工工艺 4 个附带的软件，其中含有大量的技术、安全交底和施工工艺库，并且全都是 Word 文档格式的文件，可以直接复制粘贴使用。

（1）建立表格

重复表格建立的程序，建立《施工技术交底记录》表格。

（2）表格填写

① 交底目录库中已有可用文档的表格填写。点击工具栏上的“技术交底”，弹出通用 Word 文档编辑窗口（如图 9-23 所示）。系统自动将库存交底目录提供给用户，用户只需双击目录中的资料名称，即可调出该交底文档，选中需要复制的内容，单击鼠标右键复制，如图 9-24 所示，再在打开的如图 9-25 所示的技术交底表格中，单击要填写技术交底内容的单元格，单击右键选择粘贴即可。最后填写好的表格如图 9-26 所示。

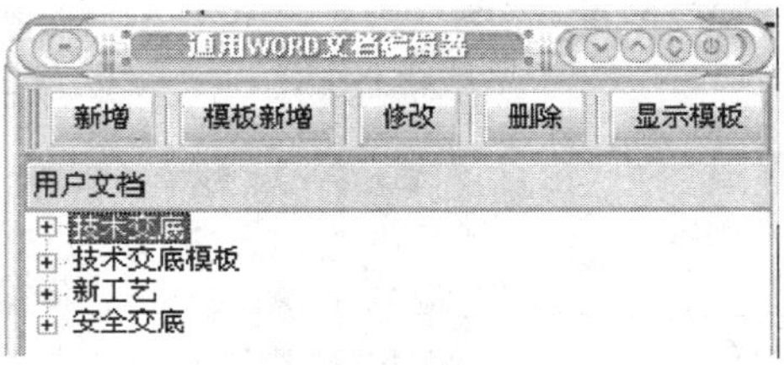

图 9-23 文档编辑栏

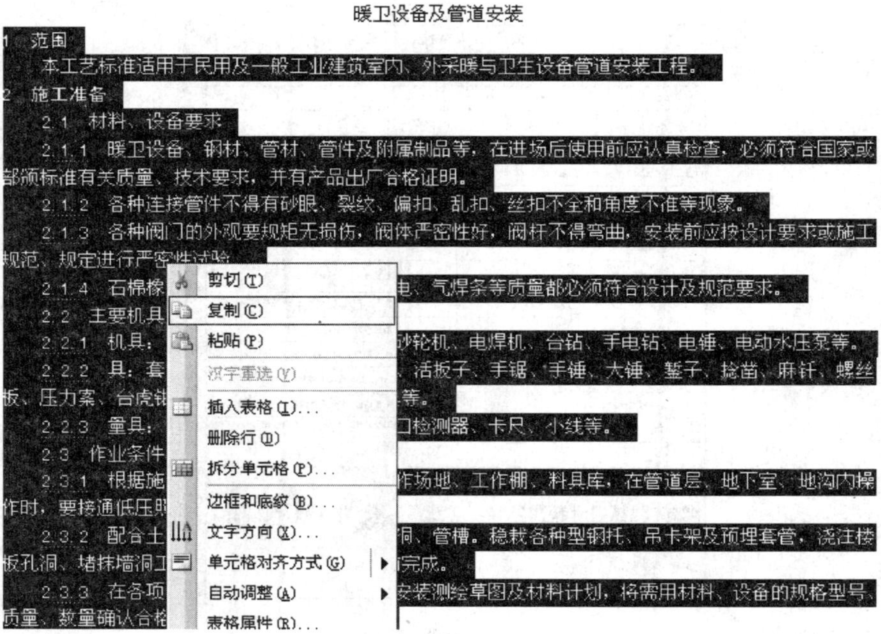

图 9-24 选择复制

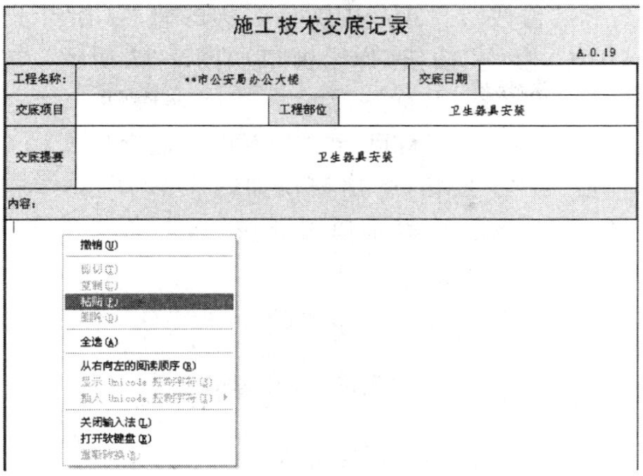

图 9-25　粘贴复制内容

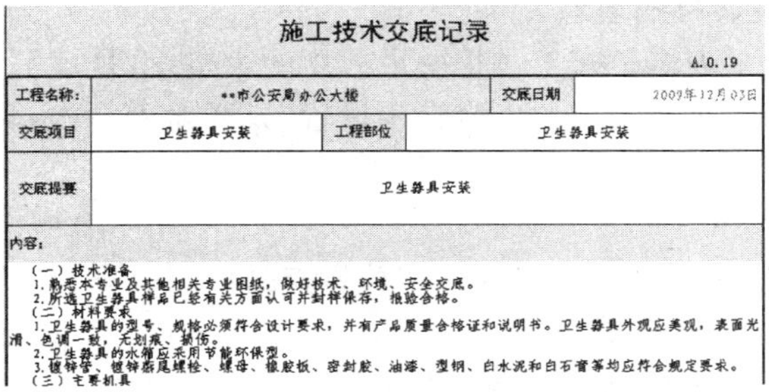

图 9-26　填写完成

② 交底目录库中没有可用文档的表格填写。在图 9-23 所示的窗口中，如果“技术交底”目录中没有需要的交底文档，可单击“新增”按钮，增加一个空白文档，进行编辑。编辑的过程为：先单击技术交底前的“＋”，自动打开隐藏的资料目录，单击“增加”按钮弹出新增窗口，如图 9-27 所示。输入新的节点名称，选择一个节点类别后，单击“确定”按钮，自动在相应级别后增加需要的节点。在隐藏的资料目录中选中一个资料，单击“模板新增”按钮（“模板新增”相当于复制），弹出窗口如图 9-28 所示，输入节点名称后单击“确定”按钮复制当前资料，目录中将以新的文件名存在。

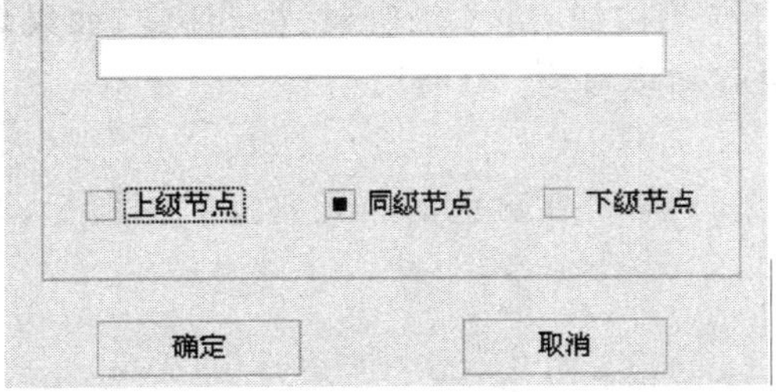

图 9-27　“模板新增”对话框

图 9-28　重命名

③ 目录库中文档名称的修改。目录库中文档名称的修改(相当于重命名),按照以下过程进行:选中一个资料,单击“修改”按钮,弹出窗口如图 9-27 所示。输入新的资料名称,单击“确定”按钮,资料即被设置为新的名称。

④ 目录库中文档的删除。如果资料目录中有不需要的交底文档,可使用软件“删除”功能。选中资料名称后,单击“删除”按钮,弹出窗口如图 9-29 所示,单击“确定”按钮,删除该文档,使目录结构更清晰。“显示模板”表示单击此按钮,自动打开模板,用户可根据实际需要对用户文档和模板文档进行各种操作。

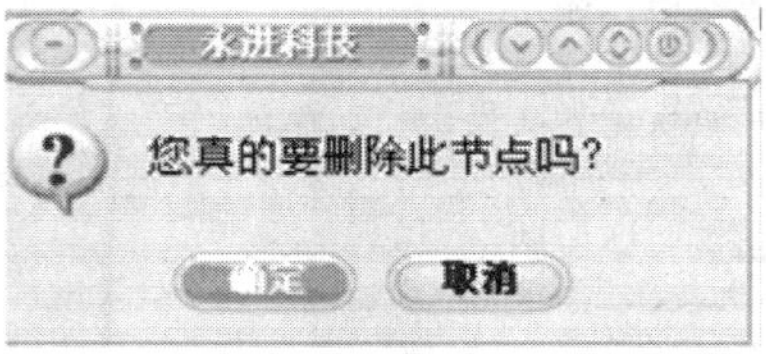

图 9-29 “删除”对话框

3. 检验批质量验收表格的填写

检验批质量验收记录表格是施工过程中最常用的表格,也是填写比较麻烦的表格,该软件已经把相应的需要多次重复填写的内容自动设置,只要输入一次,软件便会把其设置好的内容自动填写进去,避免了重复的录入。

(1) 常用信息填写

在新建表格之前,先在信息栏内填好常用信息,在以后其他的检验批质量验收表格中再遇到相同的信息,软件会自动完成填写。

(2) 新建《________检验批质量验收》表格

重复新建表格的程序,建立《________检验批质量验收》表格,建好之后,如图 9-30 所示,可以看到建好的表格里的工程名称、施工单位、施工执行标准的名称及编号等基本信息都已经自动完成填写。“验收部位”即新建表格名称。

(3) 表格的填写

“施工单位检查评定记录”项定性栏目根据“施工质量验收规范规定”标准相比较来判定其结果“合格(√)”、“不合格(×)”或“本工程不需要进行该项检验(/)”。定量栏目数据栏目的 10 个单元格需要填写实际检测数据,在表格空白处,操作键盘进行内容的填写。

“监理(建设)单位验收记录”在其下拉表格中“符合要求”、“合格”、“不合格”三项中选择其中之一。

该系统对“施工单位检查评定结果”这个栏目的评语做了规范化处理,列出了常用评语,实际填写时一般只需从系统提供的评语中选择相应一条即可。当然,也可以根据工程实际情况直接输入自己的评语。或者单击工具栏中“评定” 按钮,对本份资料进行评定,如果填写的随机数据符合标准要求,软件会导出评定结果自动填写为“合格”。

(4) 标准对照

如果要查看检查项目对应的国家标准相关条文内容,可在黄色的单元格上右击鼠标,即可查看对应的国家标准相关条文内容。

(5) 日期的填写

表格中的日期单元格的填写,双击就可以选择需要填写的日期。

钢筋加工检验批质量验收记录表
GB50204-2002

（Ⅰ）　010602 [0][1]
020102

单位（子单位）工程名称				**市公安局办公大楼											
分部（子分部）工程名称				地基与基础						验收部位				1-16	
施工单位		**建筑工程公司								项目经理				***	
施工执行标准名称及编号				×××公司混凝土结构工程施工工艺标准（×××）											
施工质量验收规范的规定					施工单位检查评定记录										监理(建设)单位验收记录
主控项目	1	力学性能检验		第5.2.1条	√										符合要求
	2	抗震用钢筋强度实测值		第5.2.2条	√										
	3	化学成分等专项检验		第5.2.3条	√										
	4	受力钢筋的弯钩和弯折		第5.3.1条	√										
	5	箍筋弯钩形式		第5.3.2条	√										
一般项目	1	外观质量		第4.2.4条	√										符合要求
	2	钢筋调直		第4.3.3条	√										
	3	钢筋加工的形状、尺寸	受力钢筋顺长度方向全长的净尺寸	±10	4	-10	-1	-2	5	-1	-3	7	9	1	
			弯起钢筋的弯折位置	±20	-3	4	-20	10	2	-10	13	7	-9	15	
			箍筋内净尺寸	±6	1	2	3	0	3	0	3	-3	-3	0	
施工单位检查评定结果			专业工长（施工员）								施工班组长				
			主控项目全部合格，一般项目符合设计及施工规范要求												

图9-30　检验批质量验收记录表格

4. 分项工程质量验收记录填写

(1) 新建《＿＿＿＿＿分项工程质量验收记录》

重复新建表格的程序，新建《＿＿＿＿＿分项工程质量验收》表格（或单击"分部分项工程"）软件会自动生成《＿＿＿＿＿分部分项质量验收》表格（如图9-31所示），表格中的"工程名称"、"施工单位"、"项目经理"等通用信息均已自动完成填写。

＿＿＿＿＿＿＿＿＿＿**分项工程质量验收记录**

工程名称	**市公安局办公大楼	结构类型		检验批数	
施工单位	**建筑工程公司	项目经理	***	项目技术负责人	***
分包单位		分包单位负责人		分包项目经理	
序号	检验批部位、区、段	施工单位检查评定结果		监理(建设)单位验收结论	

图9-31　分项工程质量验收记录表格

做完一个分项工程的所有检验批质量验收表格后，单击工具栏"分项"按钮，也可以利用软件的功能根据检验批的部位和检查评定结果自动生成分项工程评定表：《＿＿＿＿分项工程质量验收》表格（如图 9-32 所示）。

砖砌体 分项工程质量验收记录

工程名称	××市公安局办公大楼	结构类型	框架	检验批数	力劳动
施工单位	××建筑工程公司	项目经理	×××	项目技术负责人	×××
分包单位	-	分包单位负责人	-	分包项目经理	-
序号	检验批部位、区、段	施工单位检查评定结果		监理(建设)单位验收结论	
1	1-11轴管沟砌体	√		合格	
2	11-22轴管沟砌体	√		合格	

图 9-32　分项工程评定表

（2）表格的填写

表格中未填写部分用鼠标选中要填写的单元格，输入实际内容即可，如图 9-32 所示。

5. 分部（子分部）施工质量验收记录填写

在验收完分部（子分部）所含的所有分项工程后，软件可自动根据分项工程质量验收的数据汇总成分部（子分部）质量验收表格。

9.5　组　　卷

为了方便用户对资料进行存档及上报等工作，该软件提供了电子档案功能，减轻了用户的工作量，用户可根据需要进行选择。

做好所有的表格之后，需要报监理机构或档案馆审批时，如果需要报电子表格形式，并且表格比较少的话，可以直接用软件里的菜单"文件"→"另存为 excel"，将做好的表格导出为 Excel 表格（如图 9-33 所示），出现如图 9-34 所示的"另存为"对话框，选择保存路径，单击"保存"按钮，那么表格将以 Excel 表格的形式保存到所选择的路径下（如果无法保存，请回到安装目录下打开"陕西易先建安资料管理软件"文件夹，双击"组件注册"，然后单击"确定"按钮，回到软件系统中，表格便可以成功保存）。

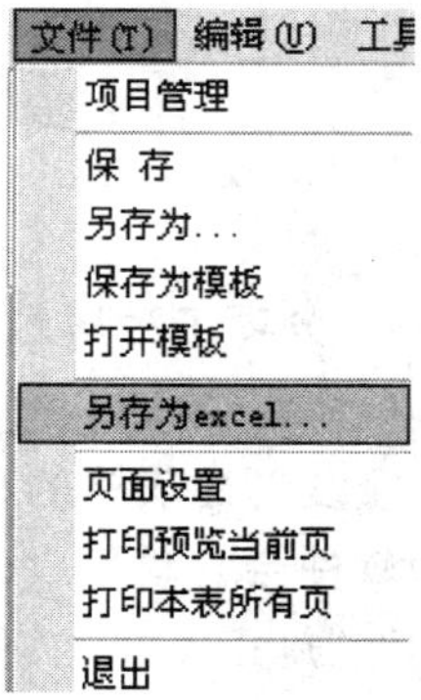

图 9-33　另存为 excel

如果需要全部表格的话，可使用电子组卷功能，一次性地把所有的表格全部导出，成为独立的文件；还可以在任何一台计算机上打印，但是组卷后将不能修改表格里的内容。具体操作如下。

单击菜单中的"工具"→"电子档案"→"组卷设置及资料上报"，如图 9-35 所示，在弹出的对话框（如图 3-36）中选择要导出的表格，可选择"系统模板"或"当前工程"，然后选择组卷方式："普通组卷"或"压缩组卷"及组卷单位（组卷单位可选中多个）。可根据需要，通过双击相应表格后的建设单位、施工单位、监理单位、档案馆等单元格自动调出"▲"，表示规范之外需要上报的，系统默认"●"表示规范范围之内。

单击"组卷"按钮，弹出"另存为"对话框，选择相应的路径后，输入文件夹名，单击"保存"

按钮即可。系统将组卷后的文件存放在输入的文件夹下，同时默认在本系统的上报文件夹下存放组卷后的文档，根据需要用户复制即可。如果是普通组卷，用户可将组卷后的文件夹下的文件刻成光盘，将光盘插入到光驱中，系统将自动播放资料。

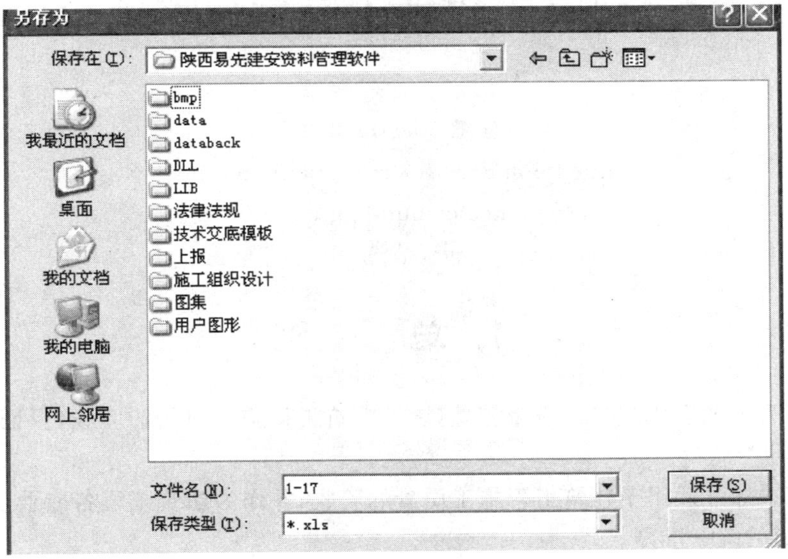

图 9-34　“另存为”对话框

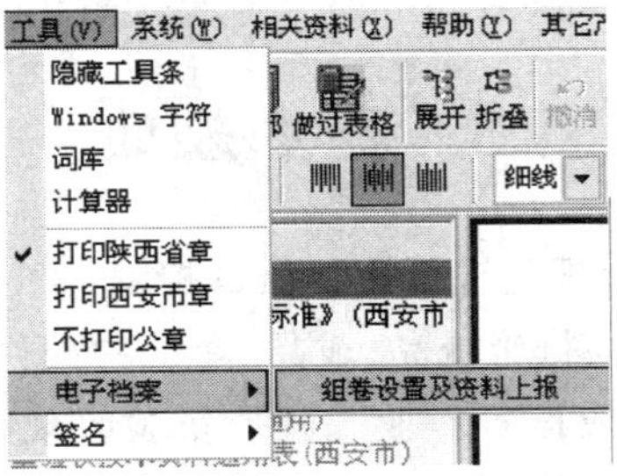

图 9-35　选择“组卷设置及资料上报”

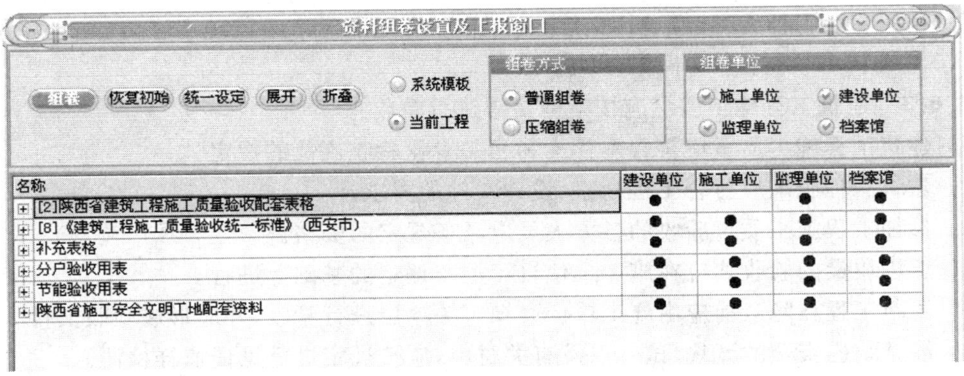

图 9-36　资料组卷设置及上报窗口

附录 1 建筑工程施工质量验收统一标准

（GB 50300—2001）
Unified standard for constructional quality acceptance of building engineering
（节选）

1. 总 则

1.0.1 为了加强建筑工程质量管理，统一建筑工程施工质量的验收，保证工程质量，制订本标准。

1.0.2 本标准适用于建筑工程施工质量的验收，并作为建筑工程各专业工程施工质量验收规范编制的统一准则。

1.0.3 本标准依据现国家有关工程质量的法律、法规、管理标准和有关技术标准编制。建筑工程各专业工程施工质量验收规范必须与本标准配合使用。

3. 基本规定

3.0.2 建筑工程应按下列规定进行施工质量控制：

1. 建筑工程采用的主要材料、半成品、成品、建筑构配件、器具和设备应进行现场验收，凡涉及安全、功能的有关产品，应按各专业工程质量验收规范规定进行复验，并应经监理工程师（建设单位技术负责人）检查认可。

2. 各工序应按施工技术标准进行质量控制，每道工序完成后，应进行检查。

3. 相关专业工种之间，应进行交接检验，并形成记录。未经监理工程师（建设单位技术负责人）检查认可，不得进行下道工序施工。

3.0.3 建筑工程施工质量应按下列要求进行验收：

1. 建筑工程施工质量应符合本标准和相关专业验收规范的规定。
2. 建筑工程施工应符合工程勘察、设计文件的要求。
3. 参加工程施工质量验收的各方人员应具备规定的资格。
4. 工程质量的验收均应在施工单位自行检查评定的基础上进行。
5. 隐蔽工程在隐蔽前应由施工单位通知有关单位进行验收，并应形成验收文件。
6. 涉及结构安全的试块、试件以及有关材料，应按规定进行见证取样检测。
7. 检验批的质量应按主控项目和一般项目验收。
8. 对涉及结构安全和使用功能的重要分部工程应进行抽样检测。

9. 承担见证取样检测及有关结构安全检测的单位应具有相应资质。

10. 工程的观感质量应由验收人员通过现场检查,并应共同确认。

3.0.4 检验批的质量检验,应根据检验项目的特点在下列抽样方案中进行选择:

1. 计量、计数或计量-计数等抽样方案。

2. 一次、二次或多次抽样方案。

3. 根据生产连续性和生产控制稳定性情况,尚可采用调整型抽样方案。

4. 对重要的检验项目当可采用简易快速的检验方法时,可选用全数检验方案。

5. 经实践检验有效的抽样方案。

4. 建筑工程质量验收的划分

4.0.1 建筑工程质量验收应划分为单位(子单位)工程、分部(子分部)工程、分项工程和检验批。

4.0.2 单位工程的划分应按下列原则确定:

1. 具备独立施工条件并能形成独立使用功能的建筑物及构筑物为一个单位工程。

2. 建筑规模较大的单位工程,可将其能形成独立使用功能的部分为一个子单位工程。

4.0.3 分部工程的划分应按下列原则确定:

1. 分部工程的划分应按专业性质、建筑部位确定。

2. 当分部工程较大或较复杂时,可按材料种类、施工特点、施工程序、专业系统及类别等划分若干子分部工程。

4.0.4 分项工程应按主要工程、材料、施工工艺、设备类别等进行划分。

4.0.5 分项工程可由出一个或若干检验批组成,检验批可根据施工及质量控制和专业验收需要按楼层、施工段、变形缝等进行划分。

4.0.6 室外工程可根据专业类别和工程规模划分单位(子单位)工程。

5. 建筑工程质量验收

5.0.1 检验批合格质量应符合下列规定:

1. 主控项目和一般项目的质量经抽样检合格。

2. 具有完整的施工操作依据、质量检查记录。

5.0.2 分项工程质量验收合格应符合下列规定:

1. 分项工程所含的检验批均应符合合格质量的规定。

2. 分项工程所含的检验批的质量验收记录应完整。

5.0.3 分部(子分部)工程质量验收合格应符合下列规定:

1. 分部(子分部)工程所含分项工程的质量均应验收合格。

2. 质量控制资料应完整。

3. 地基与基础、主体结构和设备安装等分部工程有关安全及功能的检验和抽样检测结果应符合有关规定。

4. 观感质量验收应符合要求。

5.0.4 单位(子单位)工程质量验收合格应符合下列规定：

1. 单位(子单位)工程所含分部(子分部)工程的质量均应验收合格。

2. 质量控制资料应完整。

3. 单位(子单位)工程所含分部工程有关安全和功能的检测资料应完整。

4. 主要功能项目的抽查结果应符合相关专业质量验收规范的规定。

5. 观感质量验收应符合要求。

5.0.5 当建筑工程质量不符合要求时,应按下列规定进行处理：

1. 经返工重做或更换器具、设备的检验批,应重新进行验收。

2. 经有资质的检测单位检测鉴定能够达到设计要求的检验批,应予以验收。

3. 经有资质的检测鉴定达不到设计要求、但经原设计单位核算认可能够满足结构安全和使用功能的检验批,可予以验收。

4. 经返修成加固处理的分项、分部工程,虽然改变外形尺寸但仍能满足安全使用要求,可按技术处理方案和协商文件进行验收。

5.0.6 通过返修或加固处理仍不能满足安全使用要求的分部工程、单位(子单位)工程,严禁验收。

6. 建筑工程质量验收程序和组织

6.0.1 检验批及分项工程应由监理工程师(建设单位项目技负责人)组织施工单位项目专业质量(技术)负责人等进行验收。

6.0.2 分部工程应由总监理工师(建设单位项目负责人)组织施工单位项目负责人和技术、质量负责人等进行验收;地基与基础、主体结构分部工程的勘察、设计单位工程项目负责人和施工单位技术、质量部门负责人也应参加相关分部工程验收。

6.0.3 单位工程完工后,施工单位应自行组织有关人员进行检查评定,并向建设单位提交工程验收报告。

6.0.4 建设单位收到工程验收报告后,应由建设单位(项目)负责人组织施工(含分包单位)、设计、监理等单位(项目)负责人进行单位(子单位)工程验收。

6.0.5 位工程有分包单位施工时,分包单位对所承包的工程项目应按本标准规定的程序检查评定,总包单位应派人参加。分包工程完成后,应将工程有关资料交总位包单。

6.0.6 当参加验收各方对工程质量验收意见不一致时,可请当地建设行政主管部门或工程质量监督机构协调处理。

6.0.7 单位工程质量验收合格后,建设单位应在规定时间内将工程竣工验收报告和有关文件,报建设行政管理部门备案。

附录 2　建设工程文件归档整理规范

（GB/T 50328—2001）

Code for construction project document filing and arrangement

（节选）

1. 总　　则

1.0.1　为加强建设工程文件的归档整理工作，统一建设工程档案的验收标准，建立完整、准确的工程档案，制定本规范。

1.0.2　本规范适用于建设工程文件的归档整理以及建设工程档案的验收，专业工程按有关规定执行。

1.0.3　建设工程文件的归档整理除执行本规范外，尚应执行现行有关标准的规定。

3. 基本规定

3.0.1　建设、勘察、设计、施工、监理等单位应将工程文件的形成和积累纳入工程建设管理的各个环节和有关人员的职责范围。

3.0.2　在工程文件与档案的整理立卷、验收移交工作中，建设单位应履行下列职责：

1. 在工程招标及与勘察、设计、施工、监理等单位签订协议、合同时，应对工程文件的套数、费用、质量、移交时间等提出明确要求；

2. 收集和整理工程准备阶段、竣工验收阶段形成的文件，并应进行立卷归档；

3. 负责组织、监督和检查勘察、设计、施工、监理等单位的工程文件的形成、积累和立卷归档工作，也可委托监理单位监督、检查工程文件的形成、积累和立卷归档工作；

4. 收集和汇总勘察、设计、施工、监理等单位立卷归档的工程档案；

5. 在组织工程竣工验收前，应提请当地的城建档案管理机构对工程档案进行预验收，未取得工程档案验收认可文件，不得组织工程竣工验收；

6. 对列入城建档案馆（室）接收范围的工程，工程竣工验收后 3 个月内，向当地城建档案馆（室）移交一套符合规定的工程档案。

3.0.3　勘察、设计、施工、监理等单位应将本单位形成的工程文件立卷后向建设单位移交。

3.0.4　建设工程项目实行总承包的，总包单位负责收集、汇总各分包单位形成的工程档案，并应及时向建设单位移交，各分包单位应将本单位形成的工程文件整理立卷后及时移交总包单位。建设工程项目由几个单位承包的，各承包单位负责收集整理立卷其承包项目的工程文件，并应及时向建设单位移交。

3.0.5 城建档案管理机构应对工程文件的立卷归档工作进行监督、检查、指导，在工程竣工验收前，应对工程档案进行预验收，验收合格后，须出具工程档案认可文件。

4. 工程文件的归档范围及质量要求

4.1 工程文件的归档范围

4.1.1 对与工程建设有关的重要活动，记载工程建设主要过程和现状，具有保存价值的各种载体的文件，均应收集齐全，整理立卷后归档。

4.1.2 工程文件的具体归档范围应符合本规范要求。

4.2 归档文件的质量要求

4.2.1 归档的工程文件应为原件。

4.2.2 工程文件的内容及其深度必须符合国家有关工程勘察、设计、施工、监理等方面的技术规范、标准和规程。

4.2.3 工程文件的内容必须真实、准确，与工程实际相符合。

4.2.4 工程文件应采用耐久性强的书写材料，如碳素墨水、蓝黑墨水，不得使用易褪色的书写材料，如红色墨水、纯蓝墨水、圆珠笔、复写纸、铅笔等。

4.2.5 工程文件应字迹清楚、图样清晰、图表整洁、签字盖章手续完备。

4.2.6 工程文件中文字材料幅面尺寸规格宜为 A4 幅面(297 mm×210 mm)，图纸宜采用国家标准图幅。

4.2.7 工程文件的纸张应采用能够长期保存的韧力大、耐久性强的纸张，图纸一般采用蓝晒图，竣工图应是新蓝图，计算机出图必须清晰，不得使用计算机出图的复印件。

4.2.8 所有竣工图均应加盖竣工图章。

1. 竣工图章的基本内容应包括："竣工图"字样、施工单位、编制人、审核人、技术负责人、编制日期、监理单位、现场监理、总监。
2. 竣工图章示例如下：(略)
3. 竣工图章尺寸为：50 mm×80 mm。
4. 竣工图章应使用不易褪色的红印泥，应盖在图标栏上方空白处。

4.2.9 利用施工图改绘竣工图，必须标明变更修改依据，凡施工图结构、工艺、平面布置等有重大改变，或变更部分超过图面 1/3 的，应当重新绘制竣工图。

4.2.10 不同幅面的工程图纸应按《技术制图复制图的折叠方法》(GB 106093—89)统一折叠成 A4 幅面(297 mm×210 mm)，图标栏露在外面。

5. 工程文件的立卷

5.1 立卷的原则和方法

5.1.1 立卷应遵循工程文件的自然形成规律，保持卷内文件的有机联系，便于档案的保管和利用。

5.1.2 一个建设工程由多个单位工程组成时，工程文件应按单位工程组卷。

5.1.3 立卷可采用如下方法：

1. 工程文件可按建设程序划分为工程准备阶段的文件、建立文件、施工文件、竣工图、竣工验收文件5部分。
2. 工程准备阶段文件可按建设程序、专业、形成单位等组卷。
3. 监理文件可按单位工程、分部工程、专业、阶段等组卷。
4. 施工文件可按单位工程、分部工程、专业、阶段等组卷。
5. 竣工图可按单位工程、专业等组卷。
6. 竣工验收文件可按单位工程、专业等组卷。

5.1.4 立卷过程中宜遵循下列要求：

1. 案卷不宜过厚，一般不超过40 mm。
2. 案卷内不应有重份文件，不同载体的文件一般应分别组卷。

5.2 卷内文件的排列

5.2.1 文字材料按事项、专业顺序排列。同一事项的请示与批复、同一文件的印本与定稿、主件与附件不能分开。并按批复在前、请示在后，印本在前、定稿在后，主件在前、附件在后的顺序排列。

5.2.2 图纸按专业排列，同专业图纸按图号顺序排列。

5.2.3 既有文字材料又有图纸的案卷，文字材料排前，图纸排后。

5.3 案卷的编目

5.3.1 编制卷内文件页号应符合下列规定：

1. 卷内文件均按有书写内容的页面编号，每卷单独编号，页号从“1”开始。
2. 页号编写位置：单面书写的文件在右下角，双面书写的文件，正面在右下角，背面在左下角，折叠后的图纸一律在右下角。
3. 成套图纸或印刷成册的科技文件材料，自成一卷的，原目录可代替卷内目录，不必重新编写页码。
4. 案卷封面、卷内目录、卷内备考表不编写页码。

5.3.2 卷内目录的编制应符合下列规定：

1. 卷内目录式样宜符合本规范附录B的要求（略）。
2. 序号：以一份文件为单位，用阿拉伯数字从“1”依次标注。

3. 责任者：填写文件的直接形成单位和个人，有多个责任者时，选择两个主要责任者，其余用“等”代替。

4. 文件编号：填写工程文件原有的文号或图号。

5. 文件题名：填写文件标题的全称。

6. 日期：填写文件形成的日期。

7. 页次：填写文件在卷内所排的起始页号，最后一份文件填写起止页号。

8. 卷内目录排列在卷内文件首页之前。

5.3.3 卷内备考表的编制应符合下列规定：

1. 卷内备考表的式样宜符合本规范附录 C 的要求（略）。

2. 卷内备考表主要标明卷内文件的总页数，各类文件页数（照片张数），以及立卷单位对案卷情况的说明。

3. 卷内备考表排列在卷内文件的尾页之后。

5.3.4 案卷封面的编制应符合下列规定：

1. 案卷封面印刷在卷盒、卷夹的正表面，也可采用内封面形式，案卷封面的式样宜符合附录 D 的要求（略）。

2. 案卷封面的内容应包括：档号、档案馆代号、案卷题名、编制单位、起止日期、密级、保管期限、共几卷、第几卷。

3. 档号应由分类号、项目号和案卷号组成，档号由档案保管单位填写。

4. 档案馆代号应填写国家给定的本档案馆的编号，档案馆代号由档案馆填写。

5. 案卷题名应简明、准确地揭示卷内文件的内容，案卷题名应包括工程名称、专业名称、卷内文件的内容。

6. 编制单位应填写案卷内文件的形成单位或主要责任者。

7. 起止日期应填写案卷内全部文件形成的起止日期。

8. 保管期限分为永久、长期、短期三种期限、各类文件的保管期限详见附录 A（略）。

永久是指工程档案需永久保存；

长期是指工程档案的保存期限等于该工程的使用寿命。

短期是指工程档案保存 20 年以下。

同一案卷内有不同保管期限的文件，该案卷保管期限应从长。

9. 密级分为绝密、机密、秘密三种，同一案卷内有不同密级的文件，应以高密级为本卷密级。

5.3.5 卷内目录、卷内备考表、案卷内封面应采用 70 g 以上白色书写纸制作，幅面统一采用 A4 幅面。

5.4 案卷装订

5.4.1 案卷可采用装订与不装订两种形式，文字材料必须装订，既有文字材料，又有图纸的案卷应装订。装订应采用线绳三孔左侧装订法，要整齐、牢固、便于保管和利用。

5.4.2 装订时必须剔除金属物。

5.5 卷盒、卷夹、案卷脊背

5.5.1 案卷装具一般采用卷盒、卷夹两种形式：

1. 卷盒的外表尺寸为 310 mm×220 mm，厚度分别为 20 mm、30 mm、40 mm、50 mm。

2. 卷夹的外表尺寸为 310 mm×220 mm，厚度一般为 20～30 mm。

3. 卷盒、卷夹应采用无酸纸制作。

5.5.2 案卷脊背

案卷脊背的内容包括档号、案卷题名、式样宜符合附录 E(略)。

6. 工程文件的归档

6.0.1 归档应符合下列规定：

1. 归档文件必须完整、准确、系统，能够反映工程建设活动的全过程，文件材料归档范围详见附表 A(略)，文件材料的质量符合 4.2 的要求。

2. 归档的文件必须经过分类整理，并应组成符合要求的案卷。

6.0.2 归档时间应符合下列规定：

1. 根据建设程序和工程特点，归档可以分阶段分期进行，也可以在单位或分部工程通过竣工验收后进行。

2. 勘察、设计单位应当在任务完成时，施工、监理单位应当在工程竣工验收前将各自形成的有关工程档案向建设单位归档。

6.0.3 勘察、设计、施工单位在收齐工程文件并整理立卷后，审查合格后向建设单位移交。建设单位、监理单位应根据城建档案管理机构的要求对档案文件完整、准确、系统情况和案卷质量进行审查。

6.0.4 工程档案一般不少于两套，一套由建设单位保管，另一套(原件)移交当地城建档案馆(室)。

6.0.5 勘察、设计、施工、监理等单位向建设单位移交档案时，应编制移交清单，双方签字、盖章后方可交接。

6.0.6 凡设计、施工及监理单位需要向本单位归档的文件，应按国家有关规定和本规范附录 A(略) 的要求单独立卷归档。

7. 工程档案的验收与移交

7.0.1 列入城建档案馆(室)档案接收范围的工程，建设单位在组织工程竣工验收前，应提请城建档案管理机构对工程档案进行预验收，建设单位未取得城建档案管理机构出具的认可文件，不得组织工程竣工验收。

7.0.3 列入城建档案馆(室)档案接收范围的工程，建设单位在工程竣工验收后 3 个月内，必须向城建档案馆(室)移交一套符合规定的工程档案。

7.0.4 停建、缓建建设工程的档案，暂由建设单位保管。

7.0.6 建设单位向城建档案馆(室)移交工程档案时，应办理移交手续，填写移交目录，双方签字、盖章后交接。

附录3 《中华人民共和国建筑法》(节选)

第一条 为了加强对建筑活动的监督管理,维护建筑市场秩序,保证建筑工程的质量和安全,促进建筑业健康发展,制定本法。

第二条 在中华人民共和国境内从事建筑活动,实施对建筑活动的监督管理,应当遵守本法。本法所称建筑活动,是指各类房屋建筑及其附属设施的建造和与其配套的线路、管道、设备的安装活动。

第七条 建筑工程开工前,建设单位应当按照国家有关规定向工程所在地县级以上人民政府建设行政主管部门申请领取施工许可证;但是,国务院建设行政主管部门确定的限额以下的小型工程除外。按照国务院规定的权限和程序批准开工报告的建筑工程,不再领取施工许可证。

第八条 申请领取施工许可证,应当具备下列条件:

(一) 已经办理该建筑工程用地批准手续;

(二) 在城市规划区的建筑工程,已经取得规划许可证;

(三) 需要拆迁的,其拆迁进度符合施工要求;

(四) 已经确定建筑施工企业;

(五) 有满足施工需要的施工图纸及技术资料;

(六) 有保证工程质量和安全的具体措施;

(七) 建设资金已经落实;

(八) 法律、行政法规规定的其他条件。

建设行政主管部门应当自收到申请之日起十五日内,对符合条件的申请颁发施工许可证。

第九条 建设单位应当白领取施工许可证之日起三个月内开工。因故不能按期开工的,应当向发证机关申请延期;延期以两次为限,每次不超过三个月。既不开工又不申请延期或者超过延期时限的,施工许可证自行废止。

第十条 在建的建筑工程因故中止施工的,建设单位应当自中止施工之日起一个月内,向发证机关报告,并按照规定做好建筑工程的维护管理工作。建筑工程恢复施工时应当向发证机关报告;中止施工满一年的工程恢复施工前,建设单位应当报发证机关核验施工许可证。

第十一条 按照国务院有关规定批准开工报告的建筑工程,因故不能按期开工或者中止施工的,应当及时向批准机关报告情况。因故不能按期开工超过六个月的,应当重新办理开工报告的批准手续。

第十五条 建筑工程的发包单位与承包单位应当依法订立书面合同,明确双方的权利和义务。发包单位和承包单位应当全面履行合同约定的义务。不按照合同约定履行义务的,依法承担违约责任。

第二十九条 建筑工程总承包单位可以将承包工程中的部分工程发包给具有相应资质条件的分包单位;但是,除总承包合同中约定的分包外,必须经建设单位认可。施工总承包的,建筑工程主体结构的施工必须由总承包单位自行完成。建筑工程总承包单位按照总承包合同的约定对建设单位负责;分包单位按照分包合同的约定对总承包单位负责,总承包单位和分包单位就分包工程对建设单位承担连带责任。禁止总承包单位将工程分包给不具备相应资质条件的单位。禁止分包单位将其承包的工程再分包。

第三十一条 实行监理的建筑工程,由建设单位委托具有相应资质条件的工程监理单位监理。建设单位与其委托的工程监理单位应当订立书面委托监理合同。

第三十二条 建筑工程监理应当依照法律、行政法规及有关的技术标准、设计文件和建筑工程承包合同,对承包单位在施工质量、建设工期和建设资金使用等方面,代表建设单位实施监督。工程监理人员认为工程施工不符合工程设计要求、施工技术标准和合同约定的,有权要求建筑施工企业改正。工程监理人员发现工程设计不符合建筑工程质量标准或者合同约定的质量要求的,应当报告建设单位要求设计单位改正。

第三十三条 实施建筑工程监理前,建设单位应当将委托的工程监理单位、监理的内容及监理权限,书面通知被监理的建筑施工企业。

第三十八条 建筑施工企业在编制施工组织设计时,应当根据建筑工程的特点制定相应的安全技术措施;对专业性较强的工程项目,应当编制专项安全施工组织设计,并采取安全技术措施。

第四十二条 有下列情形之一的,建设单位应当按照国家有关规定办理申请批准手续:

(一)需要临时占用规划批准范围以外场地的;

(二)可能损坏道路、管线、电力、邮电通信等公共设施的;

(三)需要临时停水、停电、中断道路交通的;

(四)需要进行爆破作业的;

(五)法律、法规规定需要办理报批手续的其他情形。

第四十五条 施工现场安全由建筑施工企业负责。实行施工总承包的,由总承包单位负责。分包单位向总承包单位负责,服从总承包单位对施工现场的安全生产管理。

第四十六条 建筑施工企业应当建立健全劳动安全生产教育培训制度,加强对职工安全生产的教育培训;未经安全生产教育培训的人员,不得上岗作业。

第五十一条 施工中发生事故时,建筑施工企业应当采取紧急措施减少人员伤亡和事故损失。并按照国家有关规定及时向有关部门报告。

第五十八条 建筑施工企业对工程的施工质量负责。建筑施工企业必须按照工程设计图纸和施工技术标准施工。不得偷工减料。工程设计的修改由原设计单位负责,建筑施工企业不得擅自修改工程设计。

第五十九条 建筑施工企业必须按照工程设计要求、施工技术标准和合同的约定,对建筑材料、建筑构配件和设备进行检验,不合格的不得使用。

第六十七条 承包单位将承包的工程转包的,或者违反本法规定进行分包的,责令改正,没收违法所得。并处罚款,可以责令停业整顿,降低资质等级;情节严重的,吊销资质证书。

附录4 《中华人民共和国安全生产法》(节选)

第一条 为了加强安全生产监督管理,防止和减少生产安全事故,保障人民群众生命和财产安全,促进经济发展,制定本法。

第二条 在中华人民共和国领域内从事生产经营活动的单位(以下统称生产经营单位)的安全生产,适用本法;有关法律、行政法规对消防安全和道路交通安全、铁路交通安全、水上交通安全、民用航空安全另有规定的,适用其规定。

第十七条 生产经营单位的主要负责人对本单位安全生产工作负有下列职责:

(一)建立、健全本单位安全生产责任制;

(二)组织制定本单位安全生产规章制度和操作规程;

(三)保证本单位安全生产投入的有效实施;

(四)督促、检查本单位的安全生产工作,及时消除生产安全事故隐患;

(五)组织制定并实施本单位的生产安全事故应急救援预案;

(六)及时、如实报告生产安全事故。

第二十一条 生产经营单位应当对从业人员进行安全生产教育和培训,保证从业人员具备必要的安全生产知识,熟悉有关的安全生产规章制度和安全操作规程,掌握本岗位的安全操作技能。未经安全生产教育和培训合格的从业人员,不得上岗作业。

第二十二条 生产经营单位采用新工艺、新技术、新材料或者使用新设备。必须了解、掌握其安全技术特性,采取有效的安全防护措施,并对从业人员进行专门的安全生产教育和培训。

第二十三条 生产经营单位的特种作业人员必须按照国家有关规定经专门的安全作业培训,取得特种作业操作资格证书,方可上岗作业。

第二十六条 建设项目安全设施的设计人、设计单位应当对安全设施设计负责。

第二十七条 矿山建设项目和用于生产、储存危险物品的建设项目的施工单位必须按照批准的安全设施设计施工,并对安全设施的工程质量负责。

矿山建设项目和用于生产、储存危险物品的建设项目竣工投入生产或者使用前,必须依照有关法律、行政法规的规定对安全设施进行验收;验收合格后,方可投入生产和使用。验收部门及其验收人员对验收结果负责。

第二十八条 生产经营单位应当在有较大危险因素的生产经营场所和有关设施、设备上,设置明显的安全警示标志。

第二十九条 安全设备的设计、制造、安装、使用、检测、维修、改造和报废,应当符合国家标准或者行业标准。

生产经营单位必须对安全设备进行经常性维护、保养。并定期检测,保证正常运转。维护、保养、检测应当作好记录,并由有关人员签字。

第三十条 生产经营单位使用的涉及生命安全、危险性较大的特种设备，以及危险物品的容器、运输工具，必须按照国家有关规定，由专业生产单位生产，并经取得专业资质的检测、检验机构检测、检验合格，取得安全使用证或者安全标志，方可投入使用。检测、检验机构对检测、检验结果负责。

涉及生命安全、危险性较大的特种设备的目录由国务院负责特种设备安全监督管理的部门制定，报国务院批准后执行。

第三十一条 国家对严重危及生产安全的工艺、设备实行淘汰制度。

生产经营单位不得使用国家明令淘汰、禁止使用的危及生产安全的工艺、设备。

第三十二条 生产、经营、运输、储存、使用危险物品或者处置废弃危险物品的，由有关主管部门依照有关法律、法规的规定和国家标准或者行业标准审批并实施监督管理。

生产经营单位生产、经营、运输、储存、使用危险物品或者处置废弃危险物品。必须执行有关法律、法规和国家标准或者行业标准。建立专门的安全管理制度。采取可靠的安全措施，接受有关主管部门依法实施的监督管理。

第三十三条 生产经营单位对重大危险源应当登记建档，进行定期检测、评估、监控，并制定应急预案，告知从业人员和相关人员在紧急情况下应当采取的应急措施。

生产经营单位应当按照国家有关规定将本单位重大危险源及有关安全措施下应急措施报有关地方人民政府负责安全生产监督管理的部门和有关部门备案。

第三十八条 生产经营单位的安全生产管理人员应当根据本单位的生产经营特点。对安全生产状况进行经常性检查；对检查中发现的安全问题，应当立即处理；不能处理的，应当及时报告本单位有关负责人。检查及处理情况应当记录在案。

第三十九条 生产经营单位应当安排用于配备劳动防护用品、进行安全生产培训的经费。

第四十条 两个以上生产经营单位在同一作业区域内进行生产经营活动，可能危及对方生产安全的，应当签订安全生产管理协议，明确各自的安全生产管理职责和应当采取的安全措施，并指定专职安全生产管理人员进行安全检查与协调。

第四十一条 生产经营单位不得将生产经营项目、场所、设备发包或者出租给不具备安全生产条件或者相应资质的单位或者个人。

生产经营项目、场所有多个承包单位、承租单位的，生产经营单位应当与承包单位、承租单位签订专门的安全生产管理协议，或者在承包合同、租赁合同中约定各自的安全生产管理职责；生产经营单位对承包单位。承租单位的安全生产工作统一协调、管理。

第五十九条 安全生产监督检查人员应当将检查的时间、地点、内容、发现的问题及其处理情况，作出书面记录。并由检查人员和被检查单位的负责人签字；被检查单位的负责人拒绝签字的，检查人员应当将情况记录在案。并向负有安全生产监督管理职责的部门报告。

第六十条 负有安全生产监督管理职责的部门在监督检查中，应当互相配合，实行联合检查；确需分别进行检查的，应当互通情况，发现存在的安全问题应当由其他有关部门进行处理的，应当及时移送其他有关部门并形成记录备查，接受移送的部门应当及时进行处理。

第八十三条 生产经营单位有下列行为之一的，责令限期改正；逾期未改正的，责令停止建设或者停产停业整顿，可以并处五万元以下的罚款；造成严重后果，构成犯罪的，依照刑法有关规定追究刑事责任：

（一）矿山建设项目或者用于生产、储存危险物品的建设项目没有安全设施设计或者安全设施设计未按照规定报经有关部门审查同意的；

（二）矿山建设项目或者用于生产、储存危险物品的建设项目的施工单位未按照批准的安全设施设计施工的；

（三）矿山建设项目或者用于生产、储存危险物品的建设项目竣工投入生产或者使用前，安全设施未经验收合格的；

（四）未在有较大危险因素的生产经营场所和有关设施、设备上设置明显的安全警示标志的；

（五）安全设备的安装、使用、检测、改造和报废不符合国家标准或者行业标准的；

（六）未对安全设备进行经常性维护、保养和定期检测的；

（七）未为从业人员提供符合国家标准或者行业标准的劳动防护用品的；

（八）特种设备以及危险物品的容器、运输工具未经取得专业资质的机构检测、检验合格，取得安全使用证或者安全标志，投入使用的；

（九）使用国家明令淘汰、禁止使用的危及生产安全的工艺、设备的。

第八十六条 生产经营单位将生产经营项目、场所、设备发包或者出租给不具备安全生产条件或者相应资质的单位或者个人的，责令限期改正，没收违法所得；违法所得五万元以上的，并处违法所得一倍以上五倍以下的罚款；没有违法所得或者违法所得不足五万元的。单处或者并处一万元以上五万元以下的罚款；导致发生生产安全事故给他人造成损害的。与承包方、承租方承担连带赔偿责任。

生产经营单位未与承包单位、承租单位签订专门的安全生产管理协议或者未在承包合同、租赁合同中明确各自的安全生产管理职责，或者未对承包单位、承租单位的安全生产统一协调、管理的，责令限期改正；逾期未改正的，责令停产停业整顿。

第八十七条 两个以上生产经营单位在同一作业区域内进行可能危及对方安全生产的生产经营活动，未签订安全生产管理协议或者未指定专职安全生产管理人员进行安全检查与协调的，责令限期改正；逾期未改正的，责令停产停业。

附录5　工程建设的程序

一、工程建设程序的含义

所谓工程建设程序是指一项工程的建设，从策划、提出、决策，再到建设实施，最后投产，交付使用，要经过项目建议书、可行性研究、勘察、设计、施工、调试，直至投产、交付使用的整个过程。在这整个过程的每个阶段的发展过程中都有其内在的规律，并且各个阶段以及各个阶段内的工作之间又都存在着不可随意颠倒，必须严格遵守的先后顺序关系。每一个建设岗位的从业人员和参建单位，都必须严格执行建设程序。

二、工程建设各阶段及主要工作内容

（一）项目建议书阶段

1. 项目建议书：项目建议书对拟建项目提出的初步设想，是向国家有关部门提出建设某一项目的建议性文件。它是通过论述拟建项目的建设必要性、可行性以及获利、收益的可能性，来推荐项目建设，供国家有关部门选择并确定是否进行下一步的可行性研究阶段工作。项目建议书批准之后，项目即可列入项目建设前期工作计划，就可以进行下一步的可行性研究工作。

2. 项目建议书阶段工作的主要内容：拟建项目的必要性及其依据；建设方案、建设规模、建设地点的初步设想；建设条件方面的初步分析；建设项目的投资估算及资金筹措设想；建设项目的进度安排；项目的效益估算。

3. 项目建议书的审批程序：按照我国的现行规定，项目建议书应根据其拟建建设项目的规模大小，来决定报送哪一级主管部门进行审批。对于大中型及限额以上的建设项目，其项目建议书应先报该行业归口的主管部门，同时抄送国家发改委，并要求委托具有相应资质的工程咨询单位评估后才能审批；对于重大建设项目的项目建议书，应由国家发改委报国务院审批；对于小型和限额以下建设项目的项目建议书，按建设项目的隶属关系由部门或地方发改委审批。

（二）可行性研究阶段

1. 可行性研究：可行性研究是指在建设项目建议书批准之后，建设项目决策之前，对与建设项目有关的工程、技术、经济等方面的条件和情况，进行调查、研究、分析，并对多种可能的方案进行比较论证，以及对项目建成后的经济效益、社会效益、环境效益进行预测和综合评价的一种投资决策分析研究方法。它为建设项目投资决策提供依据，同时也为项目的实验、设计、贷款或融资、申请开工建设、实施、竣工验收、投产、移交。运行一段时间后的评价等工作提供依据。

2. 可行性研究阶段的主要工作内容：从项目建设和生产经营的整个过程来分析项目的可行性，看其建设是否有必要；技术方案是否可行；生产建设条件是否具备；项目建设是否经济合理；项目建成后的经济效益、社会效益、环境效益如何等。

3. 可行性研究报告的审批程序：与项目建议书的审批程序基本相同。批准后的可行性研究报告是建设项目的最终决策文件，一经审查通过，拟建的建设项目便正式获准立项。

（三）设计阶段

1. 设计单位及设计阶段的划分：在建设项目批准立项之后、施工之前，需要进行工程项目的设计工作。设计单位一般是通过招投标的过程优选出来的。

设计一般分为初步设计、技术设计和施工图设计三个阶段进行。

(1) 初步设计阶段：初步设计是依据批准的可行性研究报告和与建设项目有关的设计基础资料，通过对建设项目全面、系统地分析研究，并进行概略的计算，并形成对建设项目总体安排的结果。

(2) 技术设计阶段：一般是为了解决初步设计中存在的重大的技术问题(如初步设计中能够确定，则该阶段可以省去)。

(3) 施工图设计阶段：在初步设计及技术设计的基础上，对工程项目具体化，是组织施工的重要依据。

2. 各设计阶段的主要工作。

(1) 初步设计阶段：在指定的时间和空间条件下，在批准的投资额度和质量要求下，做出技术可行、经济合理的设计；编制出工程项目的总概算。

(2) 技术设计阶段：完成工艺流程、工作参数；建筑结构；设备选型等重大问题的最后决策。

(3) 施工图设计阶段：对拟建项目进行无安眠系统的安排，完整、准确、无误地表达出建筑物的外形、结构体系及建筑系统的组成、内部空间的分割情况以及它和周围环境的协调关系，使工程建设项目的设计达到施工安装的要求。

3. 设计的审批程序。

(1) 初步设计审批程序：与可行性研究报告的审批程序基本相同。必须注意，初步设计阶段。不得随意改变已经批准了的可行性研究报告中所确定的建设规模、建设方案、建设标准、建设地址和投资等条件。如果初步设计提出的总概算超过可行性研究报告确定的投资额的10%，或者其他主要指标方面需要变更时，应重新向原审批单位申报审批。

(2) 施工图设计审批程序：根据我国《建设工程质量管理条例》的规定，建设单位应将设计单位的施工图设计文件、报当地相应一级建设行政主管部门或其他有关部门进行施工图设计审查，批准后方可进行施工；未经审查批准的施工图设计文件不得使用。

（四）施工准备阶段

1. 施工准备阶段的划分：在施工图设计批准之后，工程开工建设之前的一段时间，为施工准备阶段。

2. 施工准备阶段的工作内容：主要是各项施工的准备工作。如组建项目法人；征地、拆迁；平整场地；三通一平；设备及材料招标与采购；工程报建；委托监理；工程施工的招投标；办理施工许可证等。

3. 工程开工审批：在具备开工条件之后，建设单位应向当地建设主管部门提出《开工报告》申请工程开工建设，获准后，工程建设项目进入下一阶段，即施工安装阶段。

（五）施工安装阶段

1. 施工安装阶段的划分：从工程项目办理完开工申请，并获得了施工许可证之后到工程施工完成并验收合格的整个过程。

2. 施工安装阶段的主要工作内容：就是按照设计进行施工安装，建成工程实体。

3. 施工安装阶段的工作要求：在这一阶段应认真做好进度、造价、质量、安全方面的控制，并且要切实抓好中间质量验收和竣工验收环节。

（六）生产准备阶段

1. 生产准备阶段的划分：从工程建设项目竣工验收之后到项目投产使用之前，建设单位进行各项生产准备工作，这一阶段是由建设阶段转入生产和经营阶段的重要衔接环节（有些大型的生产建设项目，从工程施工开始，就已经进入生产准备阶段）。

2. 生产准备阶段的主要工作内容：组建管理机构；制定有关制度和规定；招聘并培训生产管理人员及营销人员；进行设备安装、调试、工程验收；签订供货及运输协议；进行工具、器具、备品、备件等的采购等相关工作。

3. 生产准备阶段的工作要求：建设单位应当做好计划、组织、指挥、协调、控制等相关工作，为进入正式生产做好一切准备。

（七）竣工验收阶段

在具备竣工验收条件之后，建设单位即可组织勘察、设计、施工、监理等有关单位进行竣工验收。一个工程建设项目的竣工验收是考核其建设的最终成果如何和检验其设计及施工质量如何的关键步骤，是由投资成果转入生产或使用的重要标志。无论是何种工程建设项目，都须在其竣工验收合格后，才可交付使用。竣工验收之后，按照《建设工程质量管理条例》的规定，工程便进入保修阶段。

（八）投产使用阶段

在工程竣工验收合格之后，工程便可移交给使用单位进行生产运行管理。工程建设项目就进入了投产使用阶段。

附录6　建设工程的主要管理制度

一、建设项目决策咨询评估制度

建设项目项目建议书和可行性研究报告均应根据其拟建建设项目的规模大小，来决定报送哪一级主管部门进行审批，并要求委托具有相应资质的工程咨询单位进行评估论证后才能批准立项。

二、项目法人责任制度

（一）项目法人的组建

1. 项目法人的名称：国有企事业单位在进行经营性大中型建设工程建设时，必须在建设阶段组建项目法人。项目法人的组建可按照《中华人民共和国公司法》（以下简称《公司法》的规定设立有限责任公司或国有独资公司、股份有限公司等。

2. 项目法人的设立时间：一般应在项目建议书批准之后开始组建。

3. 项目法人的组建程序：一般先由项目投资方组建项目法人筹备组，来具体负责项目法人的筹建工作，并在申报项目可行性研究报告时，同时提出项目法人组建方案。

项目可行性报告经过审查批准后，便可正式成立项目法人，并按有关规定确保资金及时到位和办理公司设立登记。未组建项目法人的项目，不予审批可行性研究报告。

4. 法人章程的审批程序：对国家的重点建设项目的公司章程，需报送国家发改委备案；其他的建设项目的公司章程，可按隶属关系分别向主管的有关部门或当地发改委备案。

（二）项目法人职责

项目法人对建设项目的策划、资金筹措、建设实施、经营管理、债务偿还、资产的增值保值等实行全过程负责。从而进一步建立和完善投资的约束机制，规范建设单位的市场行为。

三、工程招标投标制度

（一）招标范围和规模

根据我国招标投标法的有关规定，凡是达到下列条件和规摸的工程建设项目的勘察、设计、施工、监理以及与工程建设有关的重要设备和材料的采购，均应履行招标程序：

1. 大型基础设施、公用事业等关系社会公共利益、公众安全的项目；
2. 大部或部分使用国有资金投资或国家融资的项目；
3. 使用国际组织或者外国政府贷款、援助资金的项目；
4. 法律或者国务院规定的其他项目。

（二）招标的方式

招标方式有公开招标和邀请招标。

（三）招标的程序及各阶段的主要工作内容

招标过程可以分为招标准备阶段、招标投标阶段和决标成交三个阶段。

1. 招标准备阶段工作内容主要包括：择优选择招标代理机构，向有关行政监督部门备案，编制招标文件，编制标底等；

2. 招标投标阶段工作内容主要包括：对外发布招标公告，投标人资格预审，确定投标人，组织投标人踏勘工程建设项目的现场，书面澄清和修改招标文件，投标人编制投标文件，投标文件送达及签收；

3. 决标成交阶段工作内容主要包括：开标、评标，宣布中标单位，发出中标通知书，订立书面合同，并向有关行政监督部门提交关于招标投标情况方面的报告。

四、工程建设的监理制度

（一）委托监理的工程建设项目中建设各方的关系

建设单位一般是通过招标投标方式择优选定工程监理单位，并与其选定的监理企业签订书面的委托监理合同。

在委托监理的工程建设项目中，建设单位与工程监理企业是委托与被委托的合同关系；监理单位与勘察单位、设计单位、施工单位、材料及设备采购单位之间是监理与被监理的关系。勘察单位、设计单位、施工单位、材料及设备供应等单位应当按照与建设单位签订的有关建设工程合同的规定接受监理。

（二）建设工程的监理范围

建设部在《建设工程监理范围和规模标准规定》中规定了下列建设工程必须实行监理：

1. 国家重点建设工程。即依据《国家重点建设项目管理办法》所确定的对国民经济和社会发展有重大影响的骨干项目。

2. 大中型公用事业工程。即工程项目总投资额在3千万元以上的供水、供电、供气、供热等市政工程项目；科技、教育、文化等建设项目；体育、旅游、商业等建设项目；卫生、社会福利等建设项目及其他公用事业的建设项目。

3. 成片开发建设的住宅小区工程。即建筑面积在5万m^2以上的住宅工程项目。

4. 利用外国政府或者国际组织贷款、援助资金的工程项目。包括使用世界银行、亚洲开发银行等国际组织贷款资金的建设项目，使用外国政府及其机构贷款资金的建设项目；使用国际组织或者外国政府援助资金的建设项目。

5. 国家规定必须实行监理的其他工程。项目总投资在3千万元以上关系社会公共利益和公众安全的交通运输、水利建设、城市基础设施、生态环境保护、信息产业、能源等基础设施建设项目，以及学校、影剧院、体育场馆等建设项目。

（三）建设工程监理工作的主要内容

建设工程监理工作的主要内容是：控制建设工程的投资、进度、质量、安全；进行建设工程合同管理；协调建设单位、勘察单位、设计单位、施工单位、材料及设备采购单位以及其他有关单位的工作关系。

（四）项目监理部的组建

1. 项目监理部的组成：工程监理企业在签订委托监理合同之后，其项目监理部应当马上组建成立。项目监理部应由总监理工程师、专业监理工程师和监理员组成，必要时还可以配备总监理工程师代表。

2. 项目监理部的工作制度及权限：工程建设项目监理实行总监理工程师负责制。总监理工程师行使合同赋予工程监理企业的权限，全面负责受委托的监理工作。如果承担的是工程建设项目施工阶段的监理业务，项目监理机构必须进驻施工现场。

（五）建设工程监理程序

1. 总监理工程师组织有关专业监理工程师编写监理规划；

2. 专业监理工程师编写监理细则；

3. 根据监理规划和监理细则，积极开展监理工作；

4. 在工程达到竣工验收条件后，总监理工程师应组织专业监理工程师进行竣工预验收，并签署预验收意见；

5. 在监理工作结束之后，项目监理部应当向建设单位提交监理档案资料并作出监理工作总结。

五、项目承发包合同管理制度

（一）合同管理制度的意义

为了使勘察单位、设计单位、施工单位、材料设备供应单位、监理等单位依法履行各自的责任和义务，在工程建设过程中必须实行合同管理制度。这一制度的实施对工程项目的建设，提供了法律上的支持，也为参建各方的维权工作提供了必要的法律基础。

（二）合同管理制度的基本内容

1. 工程建设的勘察、设计、施工、材料设备采购和监理业务都要依法订立相应的合同。

2. 各类合同都要有明确的质量要求、履约担保、违约处罚等内容，违约方都要依法承担相应的民事责任或者法律责任。

六、施工项目经理制度

（一）项目经理责任制的含义及构成

1. 项目经理责任制的含义：项目经理责任制是指以项目经理为责任主体的施工项目管理目标责任制度。

2. 项目经理责任制的制度构成包括：项目经理部在企业中的管理定位，项目经理应具备的条件，项目经理部的管理运作机制，项目经理的责任、权限和利益定位，项目管理目标责任书的内容等。施工企业应在其各项项目管理制度中对以上各项给予规定。

3. 项目经理上岗基本条件：目前我国的施工企业在进行施工项目管理时，实行项目经理责任制度。项目经理必须在取得建筑工程施工项目经理资格证书之后才能上岗。

《国务院关于取消第二批行政审批项目和改变一批行政审批项目管理方式的决定》（国发【2003】5号）规定："取消建筑施工企业项目经理资质核准，由注册建造师代替，并设立过渡期"，并将过渡的时间定为五年，即从国发【2003】5号文印发之日起至2008年2月27日止。在过渡期限内，凡持有项目经理资质证书或者建造师注册证书的人员，经其所在企业聘用后均可担任工程项目施工的项目经理。过渡期满后，大、中型工程项目施工的项目经理必须由取得建造师注册证书的人员担任；但取得建造师注册证书的人员是否担任工程项目施工的项目经理，由企业自主决定。

（二）企业管理层、项目管理层和劳务作业层的关系

1. 企业管理层应对项目管理层工作的全过程进行指导、监督和检查，并应在项目管理目标责任书中明确项目经理的责任、权力和利益。

2. 项目管理层是施工企业在施工现场进行项目管理的组织机构，应充分做好资源的优化配置及动态管理方面的工作，要服从企业管理层的指导、监督、检查及调控。

3. 劳务作业层是指在工程项目过程中所使用的施工企业自有的劳务人员和施工企业以外的劳务施工队伍。他们均以分包人的地位与项目管理层建立劳务分包关系。

4. 企业管理层与劳务作业层之间应签订劳务分包合同，而项目管理层与劳务作业层之间应建立共同履行劳务分包合同的关系。

（三）施工企业项目经理的工作性质

1. 建筑施工企业的项目经理（简称项目经理），是指受施工企业法定代表人委托对工程项目施工过程全面负责的项目管理者，是建筑施工企业法定代表人在承包的建设工程项目上的委托代理人。

2. 项目经理是一个工作岗位的名称，而建造师是一种执业资格，而应注意这两个概念的区别和关系。取得建造师执业资格的人员表示其知识和能力符合建造师执业的要求，但

其在施工企业中是否担任项目经理，则由企业视工作需要和安排而定。

3. 项目经理岗位是保证工程项目建设质量、安全、工期、成本等的重要管理岗位。实施建造师执业资格制度，不影响落实项目经理岗位责任制。

（四）施工企业项目经理的地位和作用及特征

1. 项目经理是施工企业任命的一个工程建设项目的项目管理班子的负责人，其主要任务应是项目目标的控制与组织协调，但他并不一定是一个企业法定代表人在工程项目上的代表人。从法律方面来讲，对二者赋予的权限范围不一样。

2. 项目经理是一个管理岗位，不是一个技术岗位，也不是技术职称，更不是执业资格。他是一个组织系统中的管理者，至于他是否有人权、财权、材料和设备的采购权等，应由其企业的管理层来定。

3. 项目经理应接受企业法定代表人的领导，接受企业管理层、建设单位、监理单位的检查与监督。一个施工项目从开工到竣工，企业不得随意撤换项目经理，一般只有在施工项目发生重大安全、质量事故或项目经理违法、违纪时，施工企业才可撤换项目经理。

4. 每个项目经理只能担任一个施工项目的管理工作，当其负责管理的施工项目临近竣工阶段且经建设单位同意时，才可以兼任另一项工程的项目管理工作。

（五）施工企业项目经理的职责

项目经理应根据企业法定代表人授权的范围、时间和内容，对施工项目自开工准备之日起至竣工验收之日止，实行全过程和全面的管理。在其承担工程项目施工管理的过程中，应履行以下职责。

1. 贯彻执行国家和工程所在地政府的有关法律、法规和政策，执行企业的各项管理制度。

2. 严格执行财务制度，加强财经管理，正确处理好国家、企业和个人的利益关系。

3. 执行项目承包合同中由项目经理负责履行的各项条款。

4. 对工程项目施工进行有效控制，认真执行有关技术规范、标准和规程。积极推广和应用新技术，确保工程质量和工期。实现安全文明施工，努力提高经济效益。

（六）项目经理的管理权力

1. 项目经理的权力来源：项目经理的权力来源企业法定代表人授权；与本企业法定代表人签订项目承包含同。

2. 项目经理的权力内容：

（1）组织所承担的工程项目施工管理的项目管理班子。

（2）参与施工项目投标，以企业法定代表人的代表身份处理与所承担的工程项目有关的外部关系，并可接受企业法定代表人的委托签署有关合同。

（3）指挥工程项目建设的生产经营活动；调配和管理所承担的工程项目的人力、资金、物资、机械设备等。

（4）选择所承担的工程项目的施工作业队伍。

(5) 对所承担的工程项目的施工进行合理的经济分配。

(6) 企业法定代表人授予的其他管理权力。

(七) 项目经理的任务

施工企业项目经理是在一个施工项目上施工单位的总组织者、总协调者和总指挥者，其任务包括项目的行政管理和项目管理两个方面。其在项目管理方面的主要任务是施工成本控制、施工进度控制、施工质量控制、施工的安全管理、工程合同管理、工程信息管理、工程组织与协调等。

(八) 项目经理部的性质

1. 项目经理部是在项目经理组建并领导下的施工项目管理组织机构，负责施工项目从开工之日起至竣工之日止的工程施工的全过程管理工作，也是履行施工合同的主体组织机构。

2. 项目经理部作为项目管理的组织机构，具有计划、组织、控制、指挥、协调等职能。又是一次性的组织机构，随着项目的开工而组建，伴随项目的竣工验收而解体。

3. 项目经理部是项目经理的工作班子，直接受项目经理的领导和指挥，同时也接受企业职能部门的业务指导和管理服务，包括监督、检查和考核等。

(九) 项目经理部的组织形式及奖惩制度

1. 根据施工企业及承担的施工项目的具体情况，来确定项目经理部的管理任务和组织形式，确定项目经理部的层次，设立其中的职能部门、工作岗位，并确定各岗位的工作人员及其职责、权限等。

2. 由项目经理根据其项目管理目标责任书进行各个目标的分解，组织相关人员制定项目经理部的规章制度及目标责任考核、奖惩制度。

(十) 项目经理部的解体

项目经理部具备下列条件之后，便可宣告解体。

1. 工程已经竣工验收。

2. 施工现场最后清理完毕，并已协助本施工单位与建设单位签订了工程质量保修书。

3. 与各分包单位已经结算完毕，并与企业管理层办理完有关手续。

4. 项目管理目标责任书已经履行完毕，经企业管理层审计合格。

(十一) 项目经理部的规章制度

项目经理部的规章制度一般应包括：

1. 项目分包及劳务管理制度；

2. 项目管理人员岗位责任制度；

3. 项目技术管理制度；

4. 项目进度管理制度；

5. 项目质量管理制度；
6. 项目安全管理制度；
7. 项目成本核算制度；
8. 项目的计划与统计管理制度；
9. 项目的材料及设备管理制度；
10. 项目的施工现场管理制度；
11. 项目施工日志制度；
12. 项目信息管理制度；
13. 项目分配与奖励制度；
14. 项目例会制度；
15. 项目组织协调制度等。

七、建设工程质量保修制度

（一）工程质量保修书的内容

《建设工程质量管理条例》中规定，工程建设的承包单位在向建设单位提交工程竣工验收报告时，应当同时出具质量保修书。质量保修书中应当明确工程的保修范围、保修期限和保修责任等。

（二）建设工程的最低保修期限

在正常使用条件下，建设工程的最低保修期限为：

1. 基础设施工程、房屋建筑的地基基础工程和主体结构工程，为设计文件规定的该工程的合理使用年限；
2. 屋面防水工程、有防水要求的卫生间、房间和外墙面的防渗漏，为5年；
3. 供热与供冷系统，为2个采暖期、供冷期；
4. 电气管线、给排水管道、设备安装和装修工程，为2年；
5. 其他项目的保修期限由发包方与承包方约定。

（三）建筑工程保修期的计算

建设工程的保修期，自竣工验收合格之日起计算。建设工程在保修范围和保修期限内发生质量问题的，施工单位应当履行保修义务，并对造成的损失承担赔偿责任。

参 考 文 献

［1］ 中华人民共和国建设部.建筑工程施工质量验收统一标准(GB 50300—2001).北京:中国建筑出版社,2007.

［2］ 中华人民共和国建设部.建设工程文件整理归档规范(GB T50328—2001).北京:中国建筑出版社,2007.

［3］ 中华人民共和国建设部.施工质量验收技术资料整编实施细则.北京:中国建筑出版社,2007.8.

［4］ 郭泽林.资料员专业管理实务.北京:中国建筑出版社,2007.

［5］ 《易先资料管理》软件.陕西.